Kohlhammer

**Beiträge zur Wissenschaft vom Alten und Neuen Testament**

Herausgegeben von

Walter Dietrich
Ruth Scoralick
Reinhard von Bendemann
Marlis Gielen

Band 243

Walter Dietrich

# Hauptfiguren und Kernthemen der Samuelbücher

## Studien zu den Geschichtsüberlieferungen des Alten Testaments IV

Verlag W. Kohlhammer

1. Auflage 2023


Gesamtherstellung: W. Kohlhammer GmbH, Stuttgart

Print:
ISBN 978-3-17-044484-3

E-Book-Format:
pdf: 978-3-17-044485-0

# Inhaltsverzeichnis

# Vorwort

Der vorliegende ist der vierte und absehbar letzte Band mit «Studien zu den Geschichtsüberlieferungen des Alten Testament», die hauptsächlich zu Stoffen der Samuelbücher entstanden sind. Die Aufsätze liefern Seiten- und Hintergrundinformationen insbesondere zu meinem bisher fünfbändigen Samuel-Kommentar («Biblischer Kommentar Altes Testament», Neukirchen und Göttingen 2011 bis 2023) und zu der allgemeinverständlichen Einführung «Die Samuelbücher heute lesen» (Zürich 2022).

Die hier vorgelegten Beiträge verdanken sich verschiedenen Anlässen bzw. Publikationsprojekten: Vortragsreihen, Sammelbänden, einer Festschrift, Zeitschriftheften. Besonders zu erwähnen sind Arbeiten, die für englischsprachige Sammelwerke angefordert wurden und hier in ihrer deutschen Grundfassung publiziert werden. Diese und einige weitere Beiträge sind bisher unveröffentlicht.

Die unterschiedlichen Entstehungsbedingungen sind nicht zugunsten einer einheitlichen äußeren Form verwischt worden. So sind manche Beiträge sprachlich betont leicht zugänglich, andere etwas anspruchsvoller gehalten; manche haben viele Fußnoten, manche wenige, manche gar keine; manche werden durch Bibliographien abgeschlossen, andere nicht. In einer «milden Form» wurden sie aber doch vereinheitlicht: etwa in der Wiedergabe von Bibelstellen (etwa vom englischen zum im deutschsprachigen Raum üblichen System) oder in der Rechtschreibung (etwa Schweizer «ss» zu deutschem «ß»). Weggelassen wurden lokale Konkretisierungen (z. B. Hinweise auf Abbildungen oder Texte in Handouts). Stillschweigend behoben wurden zudem Fehler, die sich am Ersterscheinungsort eingeschlichen hatten.

Da die Beiträge innerhalb weniger Jahre entstanden sind, sollte es nicht verwundern, dass es gelegentlich Berührungen zwischen ihnen gibt. (Wortgleiche Passagen werden sich aber nicht finden lassen!) Ich habe mich beispielsweise in letzter Zeit intensiv mit einem lange Zeit verschollenen Oratorium aus der Beethoven-Zeit und mit einem kürzlich erschienenen Drama befasst. Da ich über keine übermenschlichen Kapazitäten verfüge, habe ich auf diese Texte in verschiedenen Zusammenhängen Bezug genommen, wobei sich jedoch jeweils die Perspektive ändert. So kann man den ersten Beitrag als eine Art Überblick über einige literarische Kunstwerke lesen, von denen dann in den nachfolgenden Beiträgen einzelne noch einmal ausführlich beleuchtet werden. Wie sagt der Prediger Salomo im vierten Kapitel seines Buchs? «Zwei haben es besser als einer» und «Der dreifache Faden zerreißt nicht so bald».

Die Bibliographie am Schluss des Bandes ist auch eine Art «dritter Faden». Vorangegangen sind zwei andere Bibliographien, die eine über Veröffentlichungen der Jahre 1972 bis 2008, die zweite über die Jahre 2009 bis 2019 – und nun diese über die Jahre 2019 bis 2024. Um noch einmal den Prediger Salomo zu zitieren: «Des Bücherschreibens ist kein Ende» (Koh 12,12). Hier hat der Prediger allerdings nur begrenzt recht: Beim Einzelnen endet das Bücherschreiben eben doch, früher oder später.

Gern möchte ich jenen danken, die mir geholfen haben, diese Aufsatzsammlung auf den Weg zu bringen: zuerst all jenen, die mich zur Abfassung der einzelnen Arbeiten angeregt haben; sodann meiner studentischen Mitarbeiterin Sophie Haug fürs Korrekturlesen, meiner Tübinger Kollegin und Mitherausgeberin Ruth Scoralick für die Zustimmung zur Aufnahme in die «Beiträge zur Wissenschaft vom Alten und Neuen Testament» und dem Verlag Kohlhammer, namentlich Herrn Florian Specker im Lektorat für Theologie, für die Besorgung des Layout, schließlich der Reformierten Kirche Bern-Jura-Solothurn sowie der Burgergemeinde Bern für Zuschüsse zur Senkung des Ladenpreises.

Bern, im Herbst 2023 *Walter Dietrich*

# Die Hauptfiguren der Samuelbücher und ihre literarische Wirkungsgeschichte. Samuel, Saul und David in Libretto, Drama und Roman

## 1. Methodische Vorüberlegungen

Die Samuelbücher sind etwas wie ein antiker Geschichtsroman. Sie beschreiben einen bestimmten Zeitabschnitt in der Geschichte Israels: die Zeit der Staatsbildung. Das geschieht in chronologischer Abfolge, ein Ereignis entwickelt sich aus dem anderen, so dass eine geschichtliche Ereigniskette entsteht. Zugleich geschieht dies entlang den Biographien einzelner Personen, deren Lebensläufe sich zum Teil überschneiden, wodurch sie ebenfalls wie Glieder einer Kette ineinandergreifen. Die drei Hauptpersonen sind der Gottesmann Samuel und die Könige Saul und David. Samuel dominiert die erste Hälfte des 1. Samuelbuchs (1Sam 1–15), Saul wird durch Samuel eingeführt und bestimmt das Geschehen bis zum Ende des 1. Samuelbuchs (1Sam 9–31), David hat mit Samuel wie mit Saul zu tun und ist dann die Zentralfigur bis zum Ende des 2. Samuelbuchs (1Sam 16 – 2Sam 24). Neben diesen Dreien bevölkern noch viele weitere Personen die Bühne der Samuelbücher, und auch ihre Lebensläufe werden in Teilen sichtbar, jedoch nicht so umfassend wie die der drei Hauptfiguren; hervorzuheben sind etwa die Königskinder Michal und Jonatan, Tamar und Abschalom, oder die Generäle Abner und Joab, oder die Priester Abjatar und Zadok. Das gesamte Personengeflecht der Samuelbücher in seiner Einbindung in eine bestimmte Zeitgeschichte verlockt zu literarischer Nachgestaltung.

Zahlreiche moderne Literaten haben sich an dem Samuelstoff versucht. Drei literarische Werke sollen hier ins Bild gerückt werden: das Libretto eines Oratoriums vom Anfang des 19. sowie ein Roman und ein Drama vom Anfang des 21. Jahrhunderts. Die Abfassungszeiten liegen weit auseinander, auch die Textgenres. Und doch sind alle drei Werke Reflexe der modernen westlichen Welt auf die alten Bibeltexte. Die drei Hauptfiguren der Samuelbücher kommen uns in ihnen nahe. Der Jahrtausende breite «garstige Graben» zwischen der Bibel und uns Heutigen ist, wenn wir diese Werke lesen, ganz oder teilweise zugeschüttet, genauer: Jene drei Autoren haben ihn übersprungen und nehmen ihre Zeit, unsere Zeit, hinein in die biblische Welt.

In den Werken neuzeitlicher Kunst, die sich biblischer Stoffe annehmen, werden diese Stoffe zeitgenössisch. Es sind aber nicht mehr die alten Stoffe; die zeitgeschichtlichen Hintergründe und die Inhalte verschieben sich. Künstler sind nicht dazu verpflichtet, geschichtliche Stoffe «historisch korrekt» darzubieten. Historikerinnen und Historiker werden sich darum bemühen, darin aber auch nie völlig erfolgreich sein. Immer lesen Spätere in die Zeugnisse der Früheren ihre eigene Zeit hinein. Zugleich lesen sie die alten Zeugnisse in die Jetztzeit hinein, transportieren sie aus geschichtlicher Ferne in unsere Nähe. So kann, bei aller Adaption an die Moderne, das Einst einwirken aufs Jetzt.

Moderne Literaten, die sich mit der Bibel befassen, verfremden und vergegenwärtigen sie gleichzeitig. Sie treten zwischen heutige Bibellesende und die Bibel, sind Mittler zwischen zwei Welten. Ihre Leserinnen und Leser müssen ihnen nicht alles glauben, müssen nicht alles schön und gut, erhellend und weiterführend finden, was sie schreiben. Sie können sie kritisieren, sich von ihnen distanzieren, sich aber auch von ihnen inspirieren lassen. Diese Autoren schreiben nicht «Gottes Wort», sondern bestenfalls *darüber*. Sie helfen zu fragen, ob hinter ihren und den biblischen Texten irgendwo eine Stimme der Transzendenz hörbar wird, etwas, das «unmittelbar angeht», das gültig war und bleibt, egal, wer sich ihm wie annähert.

Exegeten und Exegetinnen sind trainiert in einem bestimmten Blick auf die Bibel – einem mehr historischen oder einem mehr literaturwissenschaftlichen, einem mehr religiösen oder eher agnostischen –, Literatinnen und Literaten haben einen anderen, einen künstlerischen Blick, der in die Tiefe menschlicher Regungen, Gefühle, Wünsche und Ängste reicht und diese in Beziehung setzt zur Bibel. Beide Weisen des Umgangs mit der Bibel haben ihren Sinn, doch kann die Exegese von der Literatur Dinge lernen, die sie selbst kaum in den Blick bekäme. Wer biblische Texte zu Kunstwerken formt, sieht an ihnen anderes, oft *mehr*, als jemand, der oder die sie rational und methodengeleitet analysiert. Sprachlich sind Literaturwerke exegetischen Werken ohnehin in der Regel weit überlegen. Es gibt Romane zu biblischen Stoffen – auch zu denen der Samuelbücher –, deren Lektüre mehr lohnt (und zudem vergnüglicher ist) als die der meisten wissenschaftlichen Bücher.

Moderne literarische Werke zu biblischen Texten sind nicht diese Texte selbst. Die Bibel ist allen Auslegungen – fachlichen wie künstlerischen – immer voraus: jedenfalls zeitlich, oft auch sachlich. Die Weisheit und der Glaube biblischer Autoren übersteigt allermeist die Aufnahmefähigkeit und das Wiedergabevermögen ihrer Interpretinnen und Interpreten. So müssen es sich exegetische wie literarische Werke zur Bibel gefallen lassen, befragt zu werden auf die Höhe ihres Niveaus bezüglich der Aufnahme ihrer Vorlage, anders: Jede Auslegung der Bibel muss sich an der Bibel selbst prüfen lassen. Also ist der Vergleich der biblischen Texte mit ihrer Rezeption unabdingbar.

Umgekehrt bedarf der Bibeltext sehr oft großer Bemühungen, ihn zu verstehen, da er sich ob seines Alters und seiner kulturellen Fremdheit dem raschen Zugriff Heutiger verschließt. Die Bibel ist also auch angewiesen auf ihre Rezeption, geschehe sie duch Wissenschaftlerinnen oder Künstler. Diese beiden Gruppen von Interpretierenden können gegeneinander keinen Vorrang beanspruchen, sondern haben ernsthaft und bescheiden ihre je eigene Arbeit zu tun: unabhängig voneinander und, wenn möglich, im Hören aufeinander.

So ist das Folgende der Versuch eines Exegeten der Samuelbücher, möglichst sorgfältig auf die Interpretationen zu hören, welche die drei Hauptfiguren der Samuelbücher in drei modernen literarischen Kunstwerken erfahren und das Verhältnis dieser Interpretationen zur biblischen Vorlage zu erkunden.

## 2. Samuel im Oratorium «Il Samuele» von Giovanni Simone Mayr und Bartolomeo Merelli

Der biblische Samuel spielt eine ganze Reihe von Rollen: Er ist Priester, Prophet, Richter, Volkstribun, Wundertäter, Seher, Königsmacher und Königskritiker (Letzteres sogar noch aus der Totenwelt heraus). Im Oratorium des Komponisten Giovanni Simone Mayr (1763–1845) und seines Librettisten Bartolomeo Merelli (1794–1879) spiegelt sich davon nur Weniges. Das hat seinen Grund in dem speziellen entstehungsgeschichtlichen Hintergrund des Werkes. Es wurde im Jahr 1821 geschaffen zur Feier der Amtseinsetzung eines neuen Bischofs im oberitalienischen Bergamo. Als biblischer Stoff für eine «azione sacra» zu solchem Anlass bot sich die Geschichte des jungen Samuel an, der ja in jugendlichen Jahren in ein hohes geistliches Amt gelangte. Was er später in diesem Amt – und in noch anderen Ämtern – tat, konnte bei einer Bischofseinsetzung ausgeblendet bleiben.

Anders als die biblischen Erzähler lässt der Librettist Samuel nicht nach und nach heranreifen: vom Kindes- über das Knaben- zum Erwachsenenalter, vielmehr folgt er dem Ideal der Einheit von Ort und Zeit: Die gesamte Handlung des Oratoriums spielt an *einem* Ort, dort, wo Samuel und sein Lehrmeister Eli Dienst tun (in der Bibel heißt der Ort bzw. das Heiligtum Schilo), und sie erstreckt sich über gerade nur *einen* Tag. Sie zerfällt in zwei ungleich große Teile. Im ersten, kürzeren geht es um Samuels Familie, seine Mutter, seinen Vater, seine Geschwister, die zusammen zu dem Heiligtum pilgern, an dem Samuel in Obhut des alten Priesters lebt; sie wollen dort ein Erntefest feiern und den jungen Samuel erstmals treffen. Die Eltern sind einander herzlich zugetan, erinnern sich jener Zeit, als sie Klein-Samuel im Heiligtum abgaben, freuen sich unbändig auf das Wiedersehen, die Kinder machen sich Gedanken, wie ihr Bruder wohl die mitgebrachten Geschenke aufnehmen wird. Es ist eine familiär-fromme Idylle. Samuels Eltern singen berührend zärtliche Duette, ein Pilgerchor stimmt ein jubelndes Erntedanklied an, das Orchester spielt eine mitreißende «Marcia», Mutter Hanna trägt ihr berühmtes Lied vor, das später zur Vorlage von Marias «Magnificat» wurde (vgl. 1Sam 2,1–10 und Lk 1,46–55). Die Stimmung ist heiter und festlich, kurzum: Man erhält Einblicke weniger in die biblische Welt als in ein bürgerlich-katholisches Milieu im Oberitalien des frühen 19. Jahrhunderts.

Dahinein bricht das aufregende Geschehen des zweiten Teils. Man erfährt, dass die Zustände an jenem Heiligtum und im ganzen Land verlottert sind und dass der Oberpriester Eli dessen (und seiner verderbten Söhne) nicht Herr wird, weshalb Gott beschließt, sich an ihm vorbei an den untadeligen jungen Samuel zu wenden. In der Bibel findet sich dazu ein kunstvoll gestalteter Berufungsbericht (1Sam 3): Gott kann sich dem unerfahrenen Samuel kaum erkennbar machen; dreimal ruft er ihn im Schlaf an, dreimal läuft der Junge zu seinem Meister in der Meinung, dieser habe gerufen. Endlich dämmert dem alten Mann, dass da etwas Außergewöhnliches im Gang ist, und dank seiner Anleitung wird Samuel der Offenbarung teilhaftig. Deren Inhalt ist freilich erschreckend, in erster Linie für Eli, und nur zögernd mag Samuel dem alten Mann die Wahrheit eröffnen, die dieser ohne Aufbegehren akzeptiert. Ein modernes Oratorium kann schlecht Gott persönlich auftreten, ihn schon gar nicht aus der Dunkelheit einen Schlafenden anrufen lassen. Merelli löst das Problem so, dass er den Offenbarungsvorgang nicht direkt schildert, sondern Samuel im Nachhinein darüber berichten lässt:

> Herrlicher Gott, du machtest einen armen Diener
> deiner höchsten Pracht, deiner Stimme würdig?
> O, unaussprechliche Güte! ...
> Doch deine Äußerungen waren voller Entrüstung.
> Ach! Wie, auf welche Weise kann man sie Eli offenbaren? ...
> Ihm, der für mich immer ein liebevoller Vater war.»
>
> (Gran dio, facesti un servo umile
> degno del tuo sommo splendor, della tua voce?
> Oh ineffabile bontà! ...
> Ma i tuoi detti fur ripieni sol di sdegno.
> Ah! Come ad Eli, come mai revelarli? ...
> A lui che sempre mi fu padre amoroso.)

Die darauffolgende Begegnung zwischen Samuel und Eli gestaltet das Oratorium einfühlsam aus: Als Eli Samuel zur Rede stellt, windet sich dieser: «O mein Vater! (Ah padre mio!)» Eli: «Was sehe ich? Welche Verstörtheit! (Che miro? Qual turbamento?)» Samuel, zur Seite: «O, ich Armer! (Ahimé)». Es folgt ein Duett, in dem beide harmonisch, aber zu teils voneinander abweichenden Texten singen. Samuel: «Unseliger! Welches Unglück haben ihm die gottlosen Kinder bereitet! Grausamer und schrecklicher kann selbst der Tod nicht sein.» Gleichzeitig Eli: «Wie hast du, o Stimme der Natur, zum Herzen so sehr gesprochen! Grausamer und schrecklicher kann selbst der Tod nicht sein.» Und weiter Eli: «Ach! Wenn auch der Blitz mich und meine Söhne trifft, bist du, Gott, weise, ist deine Strenge gerecht. Ich bete deinen heiligen, höchsten Willen an.» Währenddessen Samuel: «Ach! Wenn du den Blitz schleuderst, der die Schuldigen verbrennt, so bist du, o

Gott, doch weise, ist deine Strenge gerecht. Jedoch für ihn allein flehe ich dich an, hab Mitleid mit ihm!»

Im Oratorium folgt bald darauf eine höchst seltene Kunstform: ein «Melodram», ein Sprechgesang. Der Wechsel in dieses Genre ist äußerst tiefsinnig: Normale Menschen mögen über Unerhörtes ins Singen geraten, ein Oratoriensänger hingegen verfällt ins Sprechen. So auch der sonst so sangesfreudige «Samuele», wenn er mitteilt, was ihm über die verwahrlosten Zustände seiner Zeit offenbart worden ist:

> «Unreine Hände bringen Opfergaben rings an den Altar,
> verwahrlost ist der Tempel,
> der Festtag ist verstummt.
> Ach, welcher Anblick, Herr! Rache brodelt!
> Der göttliche Hauch verzehrt euch alle, ihr Gottlosen.»
>
> (Impure man recano tributo all' ara intorno,
> negletto è il tempio,
> muto quasi è il festivo giorno.
> Ah quai sguardi o Signor! vendetta ruggé
> Il soffio divin, empi, vi strugge tutti.)

Dieser Text hat in 1Sam 3 keine Vorlage. Könnte es sein, dass der Librettist hier eine in ein biblisches Gewand gekleidete Botschaft an seine Zuhörerschaft richten möchte?

Im Oratorium reagieren die Menschen, die Samuel in dieser Weise wettern hören, mit Empörung: «Welch unerhörte Schmähung (quale oltraggio inudito)!» Samuel, voll heiligen Zorns, beschwört daraufhin ein furchtbares Gewitter herab (vgl. 1Sam 12,18). Die Leute rufen entsetzt: «Ach, was für ein Getöse! ... was für ein Zittern! (Ah! Qual fragor! ... qual tremito!)», Samuels Eltern bitten den Sohn inständig um Fürsprache bei Gott – und der lässt sich erweichen. Das Unwetter hört schlagartig auf (nach hochdramatischen nun plötzlich liebliche Klänge im Orchester!), und Eli sieht sich veranlasst, den so wunderbar bewährten jungen Samuel zum Leiter der gottesdienstlichen Versammlung und faktisch zu seinem Nachfolger zu bestimmen. Alle sinken vor Samuel in die Knie, doch der zeigt sich ungemein bescheiden: «Ach, nicht mir – Gott allein sei Ruhm und Ehre (Ah non a me ... soltantoa Dio sia gloria e onor)!» Wieder meint man die Botschaft an die Zuhörerschaft – besonders den jungen Bischof – zu hören: Vollmacht *und Demut* machen den vorbildlichen geistlichen Würdenträger aus!

Man sieht: Der biblische Samuel ist in diesem Oratorium nicht Gegenstand historisch distanzierter Betrachtung, sondern Anlass zur Reflexion der eigenen Zeitumstände. Dazu greift der Librettist aus der ersten Hälfte des 1. Samuelbuchs diejenigen Elemente und Sätze heraus, die ihm für die Gestaltung einer «azione sacra» aus Anlass einer Bischofsweihe geeignet erscheinen. Passagen aus den Kapiteln 1Sam 2, 3, 7 und 12 werden neu angeordnet und verbunden, übertragen und ausgeschmückt, dem aktuellen Anlass und dem Empfinden des Publikums angepasst – und vor allem: vom Komponisten mit einer hinreißenden Musik unterlegt. So entsteht ein Werk, das einerseits gut biblisch, andererseits aber vollkommen neuzeitlich ist, das die biblische Erzählung aus der Vergangenheit herüberholt in die Gegenwart.

## 3. Saul im gleichnamigen Drama von Botho Strauß

Botho Strauß (geboren 1944) gilt als einer der wichtigsten deutschsprachigen Schriftsteller der Gegenwart. Er hat Romane, Gedichte, Essays, Kurzgeschichten und vor allem Theaterstücke verfasst – zuletzt das Drama «Saul», erschienen 2019 und bisher noch nicht aufgeführt. Es ist nicht besonders lang: sechzig, nicht sehr eng bedruckte Textseiten, dazu ein kleiner Anhang mit Hintergrundinformationen. Die Zahl der *dramatis personae* ist begrenzt: Saul, Samuel, Jonatan, David, ein Bote, die Frau von En-Dor, dazu «das Volk», das unisono spricht, und «das Licht», die göttliche Stimme.

Das Stück gliedert sich in fünfzehn Szenen, die ungefähr der biblischen Vita Sauls folgen: vom Volksbegehren nach einem König (1Sam 8) über die Königswerdung Sauls (1Sam 9–11), die Geschichten von ihm, Jonatan und David (1Sam 13–14; 16–18; 20; 24), die Totenbeschwörung in En-Dor (1Sam 28) bis zur Schlacht von Gilboa und Davids Trauer um die Gefallenen (1Sam 31; 2Sam 1). Dem Textgenre gemäß, ist die biblische Erzählhandlung weitestgehend in Figurenrede umgeformt. Dabei gebrauchen die Protagonisten eher zu wenig als zu viel Worte, womit die Darstellung etwas Holzschnittartiges, Archaisches erhält. Dazu passt die Sprache: Sie ist modern – und doch altertümlich. Der Autor selbst spricht von einer «AT-Diktion», um die er sich bemüht habe und an die «eine eigene, gar ins Heutige stilisierte poetische Sprache niemals» heranreichen könne (79). So reden die Figuren dieses Stücks nicht geradezu biblisch, aber in einem biblisch wirkenden Tonfall. Saul etwa nennt Gott den «maßlos Gewaltigen, der da verströmt Zärtlichkeit und Grausamkeit, Wundertat und Blutgericht» (44).

Dieses Zitat stammt aus der zehnten Szene, der längsten des Stücks (sie umfasst neun Druckseiten gegenüber sonst meist nur zwei bis fünf), in der es um das Verhältnis Sauls und seines Sohns Jonatan geht. Zugrunde liegt das Kapitel 1Sam 20, in dem bekanntlich die Freunde David und Jonatan vereinbaren, die Haltung Sauls zu David zu testen, indem dieser dem gemeinsamen Abendessen fernbleibt, Jonatan ihn entschuldigt – und sich an Sauls Reaktion zeigen soll, ob er gegen David wohlwollend oder feindselig eingestellt ist. Die betreffende Szene im Drama beginnt mit der Regieanweisung «An der Tafel»; die Handlung setzt also bei 1Sam 20,25 ein, wo Saul bereits am Tisch sitzt und den fehlenden David vermisst: «Wo bleibt mein Harfner? Ist dein Freund schon so ein mächtiger Freund, daß er dem König Geduld abfordern darf?» Diese gereizt wirkende Frage findet sich in der Bibel nicht. Als Jonatan, wie verabredet, den abwesenden Freund entschuldigt, fährt Saul auf: «Du bist sein Knecht. Du küßt ihm die Füße. Des Königs Sohn – eines Hirtenjungen Dienstmann. Mißachtest deinen Rang, begibst dich in Gefahr, mißachtet zu werden von denen, die dir dienen sollen» (39). An dieser Stelle ist die Bibel eher gröber als die Nachdichtung: «Sohn einer verdrehten Aufrührerin! Habe ich's nicht gewusst, dass du den Sohn Isais erwählt hast – zu deiner Schande und zur Schande der Scham deiner Mutter?! Denn so lange der Sohn Isais lebt auf dem Erdboden, wirst du dein Königtum nicht festmachen» (1Sam 20,30f). Strauß überhört den obszönen Tonfall der biblischen Vorlage, hält sich sonst aber dicht an diese – bisher; im Fortgang der Szene wird sich das ändern.

Als Saul von Jonatan verlangt, er solle David herbeischaffen, damit er ihn ausschalten könne, antwortet der Prinz: «Du willst David töten lassen? Warum? Was hat er dir getan?» (40) Das steht fast wörtlich so in der Bibel – woraufhin dort Saul seinen Sohn mit dem Spieß bedroht (1Sam 20,32f). Strauß indes fügt an dieser Stelle eine große Ausweitung ein, in der Vater und Sohn ihr Verhältnis klären. «David ist mein Freund», sagt Jonatan. «Ich werde ihn schützen und ihn vor jedem Übel bewahren. Eher erwürge ich dich. Du Herrscher, der nicht herrschen kann» (40). Auf diese überaus heftige Attacke reagiert Saul nicht etwa wütend, sondern halb verzagt, halb liebevoll: «Wenn jetzt der Tod käme, ich würde nicht nein sagen. [...] Da sind etliche um mich, die sehen mich schief an und prophezeien meinen Untergang. Doch ich gehe geradeaus vorbei und sage jedem: Dein Blick berührt mich nicht mehr. Denn mein Gang ist ausgerichtet nur auf einen einzigen, das ist mein Sohn» (40). Jonatan charakterisiert den Seelenzustand des Vaters so: «Der Sturm hat die Eiche gezaust» (41). Saul lässt sich in der Zuneigung zu seinem Sohn nicht beirren: «Was ich befehle oder nur denke im Stillen, immer neigt sich's zu dir, und dir zuliebe geschieht's, auf daß nicht einer dir so nahe komme wie ich, dem du folgen wirst auf dem Thron» (42). Damit ist ein verbreitetes Phänomen angesprochen: Der Vater will das geliebte Kind an sich ketten.

Jonatan löst sich aus der Umklammerung und verweist auf den Freund: «David ist der Gesalbte. [...] Längst ist David bestimmt, und das Volk wünscht ihn zum König. Anders als dich, von dem das Volk nicht weiß, wie es ihn loswerden kann» (42). Auf diese schwere Kränkung antwortet Saul mit einer bitter-wütenden Klage: «Ich sehe das schöne Gesicht meines Sohns von Niedertracht und Bosheit verzerrt. Ich sehe den einzigen Menschen, den ich liebe, sich winden wie ein Wurm um das erbärmliche Wort: David, David. O mein Herr und Gott, ich sehe den hohen Sohn zum gewöhnlichen Freund eines gewöhnlichen Mannes gesunken. [...] Da erhebt voll Bitterkeit der Vater die Faust gegen seinen Erben und ruft ihm zu: Gib mir meine Teile wieder! Du hast meine Blutgaben mißachtet, verschleudert, verhöhnt, denn dich selbst hast du vergeben an einen unwürdigen Mann» (42f). In diesen Worten vermengen sich aristokratischer Dünkel und blinde Sohnesliebe zu einer destruktiven Substanz.

Jonatan bekennt sich als geprägt durch den Vater, jetzt aber entfremdet von ihm: «Viel hast du gegründet in mir, mehr noch hast du zerstört» (43). Daraufhin bricht Saul ein, gibt seinen Minderwertigkeitsgefühlen gegenüber David Ausdruck: «Du tust den falschen Schritt, so denk ich vor jedem Schritt. Immer an mein Fehlgehen denk ich beim Gehen. Niemand, der rechtgeht [David zum Beispiel!], denkt dabei an sein Rechtgehen. Tät er's, wär's sein erster Fehltritt. Ich fürchte mich vor seiner [Davids!] Richtigkeit. Seine Helligkeit sticht mir ins Auge. Wie furchtbar er strahlt! Die Weiber spreizen die Knie, sie wiehern vor Lust, wenn er vorbeikommt» (43f). Jonatan spürt die Schwäche des Vaters: «Du kreist um dich selbst wie eine abgerissene Rose im Flußstrudel. [...] Du vernachlässigst dich, Vater. Es mangelt dir an täglicher Pflege und Sorgfalt. Du läßt auch die Mahlzeiten aus. Nun iß, Vater. Ich bereite dir das Mahl, etwa Kleines mußt du essen, sonst sinkst du vor Schwäche in den Staub» (44) – folgt die unglaubliche Regieanweisung: *Jonathan füttert Saul.* König Saul ist zum Pflegefall geworden, Jonatan sein Pfleger!

Doch dann plötzlich bemerkt Saul, dass das ganze Spiel zwischen Jonatan und David abgekartet war – und schon folgt die Anweisung: *Er schleudert den Spieß gegen Jonathan, der ihm ausweicht* (45). In der Bibel springt Jonatan daraufhin auf und eilt davon, seinen Freund zu warnen und zur Flucht zu treiben (1Sam 20,34–38). Im Drama dagegen folgt noch ein höchst aufschlussreicher Wortwechsel zwischen Vater und Sohn. Jonatan «*(erschrocken)* Vater ... ich bin's ... Was tust du?» Darauf Saul: «Ah! Du sprichst. Du sprichst. Du bist jetzt kein Tier mehr?» Auf ein Tier also meinte Saul den Spieß geworfen zu haben! Jonatans Versicherung «Ich war nie ein Tier» beantwortet Saul traurig-resigniert: «Du bist jetzt kein Tier mehr, nein? Du bist mein Sohn. Siehst du. So ist es nun. Ein Getäuschter täuscht sich immer weiter» (46). Jonatan merkt, wie sehr sich sein Vater verändert hat: «Kaum erkenn ich dich noch, Vater, inmitten deiner Plagen. Ein Kranz von Irrlichten schwebt um deine Stirn.» Darauf benennt Saul den eigentlich Schuldigen an seinem Zustand: «Gott hat mich verworfen, Jonathan. Er läßt nicht ab, er straft seinen Knecht noch, wenn er kniet und bereut. Seine Pfeile durchbohren meine Stirn, meine Gedanken gehen in Flammen auf. Es ist, was ich weiß, furchtbar. [...] Höre, Jonathan: Ich werde bald nicht mehr gescheit sein» (46).

Strauß' Saul ist ein von Gott Verführter und Verlassener. Gott hat ihn in ein Amt gestoßen, für das er nicht gemacht war. Er hatte das von Anfang an geahnt. Als Samuel ihm bei der Salbung ankündigt, er solle «ein anderer Mensch» werden, fragt er zaghaft: «Warum darf ich nicht bleiben, wer ich bin?» (17) Strauß' Drama ist nach seinen eigenen Worten der «Versuch über einen ersten König der Israeliten, dem alles schiefgeht, ‹Gottes falsche Wahl›» (79). Saul ist in seinen Augen der «Urdepressive», kein Versager, sondern ein «Mißerwählter» (83). Dieses Drama ist also eine Tragödie. Einen tragischen Helden verurteilt man nicht, mit ihm hat man Mitleid.

In dieser Linienführung hebt sich Strauß' Drama ab von einer weitgehend negativen Wirkungsgeschichte der Saul-Gestalt. In den Samuelbüchern erscheint diese noch als ambivalent, in der Chronik aber ist sie dunkel eingefärbt. Ein einziges Kapitel ist dort Saul gewidmet, und zwar einzig seinem Sterben (1Chr 10), das am Ende so kommentiert wird: «Saul starb seiner Untreue wegen, die er Jhwh gegenüber begangen hatte» (1Chr 10,13). Im übrigen Alten Testament (genauso wie im Neuen) sucht man König Saul vergebens; er wird faktisch totgeschwiegen. Das blieb auch in der Folge so – Ausnahmen wie der Komponist Georg Friedrich Händel, der Maler Rembrandt van Rijn und der Theologe Karl Barth bestätigen die Regel. In unseren Tagen nun hat der Dramatiker Botho Strauß dem ersten König Israels erneut ein ehrenvolles Denkmal gesetzt. Er machte ihn zum Urbild einer heute enorm weitverbreiteten Krankheit: der Depression – und damit zum Bruder ungezählter Menschen, die unter ihr leiden. So wird Saul, sosehr er in einer anderen Zeit und einer fremden Welt lebt, zu unserem Zeit- und Weggenossen.

## 4. David im Roman «Batseba» von Stanka Hrastelj

Die 113 Seiten des Romans verteilen sich auf 193 Kapitel. Diese sind bemerkenswert kurz: von einer Zeile bis zu einer, höchstens zwei Seiten Länge. Sie tragen Überschriften, die oft rätselhaft sind oder in die Irre führen. Auf diese Weise erhält das Werk etwas Verwischtes, schwer Fassbares. Die Titelfigur Batscheba kommt keineswegs in allen Kapiteln vor. Neben ihr bevölkern zahlreiche Figuren die Erzählbühne: solche, die man aus der Bibel kennt (David, Urija, Abigajil, Abschalom, Tamar – ein «Verzeichnis der biblischen Personen» listet sie alle auf: 120–122), aber auch andere (zwei Leibwächter, Batschebas alte Schulfreundin, der Innenminister und seine Gattin, der Wirtschaftsminister, der Kabinettchef, der Bischof, der General, beim Namen genannte Theaterschauspieler, ein Arzt, ein Fotograf, ein Rastafari und viele mehr).

Die Handlung lehnt sich streckenweise an die der Samuelbücher an. Insbesondere der Abschalom-Aufstand ist gut wiederzuerkennen. Er beginnt mit einem Ergebnis der «Meinungsforschung», das Abschalom viel beliebter zeigt als David (103). David «dachte schwere Gedanken, gab sich ihnen fast ganz hin, hätte fast aufgegeben» – doch dann wurde ihm klar, «dass Gott Pläne mit ihm hatte, denen er sich nicht widersetzen durfte, und dass dieser dunkle Schatten nur vorübergehend war» (110). Schließlich hat sich Abschalom «richtig verheddert in dieser Botanik und sich dem Schwert präsentiert» (114). «Der König kehrte mit seinem Stab an den Hof zurück, das Volk empfing ihn wie einen Christus, warf Blumen und Grünzeug unter die Räder des gepanzerten Autos» (116).

Gelegentlich werden Bibelstellen aufgerufen (mehrmals das Hohelied, auch die Erzählung vom weisen Salomo 1Kön 3, transferiert auf David, oder einzelne Psalmen, etwa Ps 22 in auffälliger Ausführlichkeit), noch häufiger jedoch zeitgenössische slowenische (oder bosnische oder noch andere) Poeten und Philosophen, dazu Volkslieder, Märchen usw. Auskunft über die verwendeten Quellen gibt eine umfangreiche Aufstellung der «Zitate und Referenzen» (123–134). Das Buch wird eingangs bestimmt «Für die Leser von Poesie». Der Roman selbst will offenbar etwas sein wie narrative Poesie: impressionistisch hingetupft, modern verrätselt, postmodern dekonstruktiv. Zwischen direkter und gedachter Rede ist kaum zu unterscheiden, Gedanken und Sätze führen in Anakoluthe oder ins Nichts, manche Aussagen wären höchstens dann verständlich, wenn sie erklärt würden – doch umständliche Erklärungen sind nicht Sache der Poesie.

Dem Buch vorausgeschickt ist eine «Triggerwarnung: Selbstverletzende Handlungen in verschiedener Form, sexuelle Gewalt.» Das sagt bereits viel: Die Titelheldin ist eine verführerische, sportliche, begabte, arbeitsame und einfallsreiche, aber gefährdete Frau, die wiederholt sich selbst Verletzungen zufügt (mit einer scharfen Klinge, mit Zigarettenstummeln) und sexuelle Übergriffe erleidet (von verschiedenen Männern, ohne sich ernsthaft zur Wehr zu setzen). Sie lebt im heutigen Slowenien, hat aber einen «König David» zum Mann. Natürlich gibt es im heutigen Slowenien keinen König. So spielt der Roman-David auch eher die Rolle eines Staatspräsidenten, der nur den nostalgischen Titel «König» trägt.

«König» David verhält sich, wie das heute ein Staatschef tun mag: Er macht Staatsbesuche (31), er leidet unter Zahnschmerzen (95), er trifft Mätressen (deren Nummern er in seinem Telefonbuch hat, 56), darunter zwei Zwillingsschwestern «von bezaubernder Schönheit», die er aber trotz ihrer Geilheit «langweilig» findet (83). Er unternimmt publikumswirksam eine Canyoning-Tour (mit «einer richtigen Höhlenforscherausrüstung», 38). Er spielt Backgammon und Schach (Ersteres gewinnt er gegen Batscheba achtmal, Letzteres verliert er dreimal, 43). Daneben ist er aber auch etwas eher Ungewöhnliches: Musiker, genauer: Musik-Star, der die Bühnen ganz Europas bespielt. Sein neues Album «Psalmen vol. 2» rührt die Menschen zu Tränen und wird zum internationalen Hit (58). Für ihn ist es das «einzig Wahre ...: auf der Bühne zu stehen, von Menschenmassen umgeben zu sein, die auf jede seiner Bewegungen reagierten, Macht zu haben, die ultimative Intensität zu erleben, bis zum letzten Quant, Wahnsinn, Wahnsinn» (62).

Die Doppelrolle Davids als Staatsmann und Musiker wird medienwirksam vermarktet: «Neben einem persönlichen Profil hatte David noch zwei Facebook-Seiten, die natürlich von anderen betreut wurden, von PR-Leuten. Auf der einen Seite wurden königliche und staatliche Angelegenheiten veröffentlicht, die andere dokumentierte sein Leben als Musikstar, hin und wieder wurden ein paar private Fotos gepostet, damit die Koryphäe als Mensch aus Fleisch und Blut gezeigt wurde, der mit beiden Beinen auf demselben Erdboden stand, auf dem der Pöbel wandelte» (68f).

Batscheba ist, ungeachtet aller möglichen Rivalinnen, Davids Vorzugsfrau. Auch im Roman ist sie zunächst die Frau Urijas, eines recht dumpf wirkenden Offiziers, der irgendwann im Krieg fällt. Die Erstbegegnung mit David ereignet sich ganz anders als in der Bibel: nicht, weil er sie beobachtete, als sie sich wusch (2Sam 11), sondern als «sie im Stadtcafé mit einer Kollegin aus einer anderen Abteilung» über eine zeitgenössische «Geistesgröße» namens Tomaž Pandur diskutierte; «ein galanter Herr belauschte sie, sie sahen nur seinen Rücken, dann stand er auf, verbeugte sich leicht vor den Damen, beglich ihre Rechnung und ging. Sie fragten den Kellner, wer der freundliche Unbekannte gewesen sei, und er flüsterte ganz leise *König David, inkognito*» (15). Die weitere Annäherung an sie wird in einem der kürzesten Kapitel des Buchs so beschrieben: «18. Batseba ist hocherfreut» – das ist die Überschrift; der Text: «*König David höchstpersönlich … Irre!*» (15). Gemessen an der um Vieles ambivalenteren biblischen Darstellung ist dies doch recht plump: Batscheba «freut sich» über eine Einladung! Schließlich ist sie bei ihm: «Weder wollte sich David dagegen wehren noch wünschte er es, es hatte ihn prima vista erwischt, er ließ sie an den Hof bringen, die Macht tat das ihre» (18f). Und dann: «Er lief ihr nach, bat, flehte, öffnete seine Geldbörse. *Sieg um Sieg, schau, Sieg um Sieg,* jauchzte und sang es in Batsebas Brust» (21) – wiederum: recht plump.

Die Ehe bahnt sich an. David stattet ihren Eltern auf dem Land einen Besuch ab. Als das Brautpaar den Sternhimmel betrachtet, glänzt sie mit Wissen aus dem «Astronomiezirkel in der Schule», und «[d]anach trieben sie unter der Milchstraße die unterschiedlichsten Sachen. Die göttlichen Sterne funkelten» (21). Wenig später ringt sie mit ihrem «Bräutigam» um den Titel «Königin»; er sucht ihn ihr mit allen möglichen Erklärungen zu verweigern, schwadroniert davon, «dass das Wichtigste sei, dass sie einander ergeben liebten, so werde ihre Ehe beinhart, und die Pforten der Unterwelt würden sie nicht überwältigen» usw. – doch dann ganz unvermittelt: «Er war wie Wachs in ihren Händen» (22). Das Kapitel 38 mit dem Titel «Batsebas Seligkeit» beginnt so: «Wie hätte es ihr nicht imponieren sollen: In ihrer Beziehung herrschte nichts als echte Nähe, so erlebte sie das, denn es störte ihn nicht, wenn sie dabei war, wenn er sich duschte, seine Nasenhaare zupfte, sein großes oder kleines Geschäft verrichtete (jeweils im Sitzen, was für ein Galan!), und alles an ihr gefiel ihm […], und er wiederholte, dass es ihm unglaublich gefalle, dass ihn alles an ihr verrückt mache» (24) – eine junge Liebe eben, die sich später zwar eintrübt, nie aber ganz erlischt. Von alledem steht in der Bibel nichts – glücklicherweise. Wer mehr wissen will, als die Bibel erzählt, kann sich in diesem Roman informieren: in erster Linie aber wohl über Erfahrungen (oder Imaginationen) von Frauen im heutigen Slowenien.

# 5. Rückblick

Die präsentierten Beispiele für die Rezeption der Samuelbücher in neuzeitlicher Prosaliteratur sind grundverschieden: nicht nur, was die Entstehungszeit, sondern auch, was das Textgenre und die Textintention betrifft. Alle drei sieht man je eine Hauptfigur der Samuelbücher in die jeweilige Gegenwart herüberholen, anders gesagt, alle drei behandeln anhand des biblischen Stoffs Gegenwartsfragen: Was lehrt der biblische Samuel über die Kirche und ihr Bischofsamt, was lehrt der biblische Saul über das Problem menschlicher Depressivität, und was lehrt der biblische David über das Verhältnis machtgewohnter Männer gegenüber Frauen?

Der Roman «Batseba» entfernt sich am weitesten von der biblischen Vorlage, stellt diese in gewisser Weise auf den Kopf. Das Drama «Saul» gestaltet den Titelhelden um in ein Opfer von Kräften, denen er nicht gewachsen ist, bleibt aber in Aufbau und Sprache nah an der biblischen Vorlage. Das Oratorium «Il Samuele» benutzt den biblischen Stoff eklektisch, lässt die Titelfigur zu einer geistlichen Führungsfigur aufsteigen, aber nicht in die Gefilde praktischer Politik vordringen, in der das biblische Vorbild sich weithin bewegt.

Die Gattung des Oratoriums hat den unschätzbaren Vorteil, dass sich in ihm zwei Künste verbinden: Musik und Literatur. Die beiden anderen Werke müssen sich allein aufs Wort verlassen – wobei das Drama, was man ihm sehr wünschen würde, sich auch der Schauspielkunst bedienen könnte.

Insgesamt zeigt die intertextuelle Lektüre der Samuelbücher und der drei vorgestellten Kunstwerke auf, zu welch vielfältiger, reichhaltiger und tiefgründiger Rezeption diese biblischen Texte anzuregen vermögen.

## *Bibliographische Angaben zu den behandelten literarischen Werken*

Stanka Hrastelj, Batseba. Erlangen 2022.
*Ljubljana 2018. Aus dem Slowenischen von Metka Wakounig.*

Giovanni Simone Mayr / Bartolomeo Merelli, Il Samuele. Azione Sacra in due parti. Bergamo 1821.
*Vollständiger italienischer Text mit deutscher Übersetzung und erklärendem Begleittext in: Walter Dietrich (Hg.), Samuelmusik. Die Rezeption des biblischen Samuel in Geschichte, Musik und Bildender Kunst (Studies of the Bible and Its Reception, 19), Berlin/Boston 2021, 218–263.*

Botho Strauß, Saul. Hamburg 2019.

# Der kleine Samuel. Die ungewöhnliche Kindheit eines Großen der biblischen Geschichte

Das Alte Testament ist in sehr weiten Teilen *Erzählung* und schildert die Geschichte des antiken Israel und das Leben der Menschen damals. Es ist erstaunlich, wie selten es von Kindern erzählt. Man erfährt wohl, dass manche wichtige Ahnen viele Kinder hatten, doch was diese Kinder *in ihrer Kindheit erlebten*, erfährt man nicht. Es gibt wenige Ausnahmen.

Um zu Beginn einen Blick ins Neue Testament zu werfen: Dort wird recht ausführlich die Geburt des kleinen Jesus erzählt, die von Engeln und Menschen als pures Wunder angesehen worden sein soll und die den König Herodes in Jerusalem dermaßen erregte, dass er die Ermordung aller männlichen Neugeborenen in Betlehem anordnete, um so den möglichen Rivalen auszuschalten; Jesus, Maria und Josef entkamen dem Massaker und flüchteten für einige Zeit außer Landes, nach Ägypten – frühes Beispiel einer durch Gewalt und Terror bedrohten Kindheit.

Recht deutliche Konturen gewinnen auch die beiden Söhne Abrahams, Ismael und Isaak, die miteinander spielten, von der Mutter des einen aber als Rivalen angesehen wurden, worauf die Mutter des anderen mit ihrem Kind aus dem Haus gejagt wurde, sodass beide um ein Haar in der Steppe umgekommen wären.

Eine weitere, gewichtige Ausnahme ist der kleine Samuel, um den es jetzt gehen soll.

Eine Nebenbemerkung: Die eben Genannten sind allesamt *Jungen*; von der Kindheit von *Mädchen* erfahren wir rein gar nichts, ja, schon von ihrer puren Existenz eher zufällig – und nur deswegen, weil sie als junge Frauen die Aufmerksamkeit von Männern erweckten – sehr zu ihrem Nachteil: Ich meine die Jakob-Tochter Dina und die David-Tochter Tamar, die beide vergewaltigt wurden.

Nun aber zum kleinen Samuel. Er ist in mancher Hinsicht und eigentlich schon pränatal eine Ausnahmeerscheinung. Denn sein Leben begann damit, dass es nicht beginnen wollte. Die Frau, die ihn schließlich gebar, bekam zunächst keine Kinder. Das war in einer Gesellschaft, die keine staatlich regulierte Sozial- und auch keine Altersversicherung kannte, ein besonderes Unglück. Es ist auffällig, dass gerade die Mütter später berühmt gewordener Männer in ihren jungen Jahren unter diesem Unglück litten: Sara, die Hauptfrau des Erzvaters Abraham, ehe sie Isaak gebar; Rachel, die Lieblingsfrau des Erzvaters Jakob, ehe sie Josef und Benjamin zur Welt brachte; an der Schwelle zum Neuen Testament Elisabeth, die Frau des Priesters Zacharias und spätere Mutter des Johannes, des sog. «Täufers».

Unfruchtbar, so wird in 1Sam 1 erzählt, war auch Hanna, die Lieblingsfrau eines gewissen Elkana. Dieser konnte sich, was Nachkommenschaft betraf, dadurch schadlos halten, dass ihm eine Nebenfrau namens Peninna zahlreiche Kinder schenkte. Hanna aber war unglücklich. Die Familie zog jährlich von ihrem Wohnort Rama zu dem überregional bekannten Heiligtum von Schilo, einer Ortschaft im mittelpalästinischen Bergland. Die festliche Stimmung bewirkte in Hanna jeweils nur eine Steigerung ihrer Traurigkeit, zumal Peninna sie wegen ihrer Unfruchtbarkeit hänselte. Ein Beruhigungsversuch ihres Gemahls schlug fehl, sie sprang auf und begab sich «vor Jhwh», ins Allerheiligste des Tempels also. Dort führte der Oberpriester Eli Aufsicht. Von seinem Sitz am Eingang aus wurde er einer Frau gewahr, die offenbar hochgradig erregt war, gestikulierte, die Lippen bewegte, aber nicht hörbar redete. Der Priester, in der Meinung, sie sei betrunken, wollte sie des Heiligtums verweisen. Da setzte sie sich zur Wehr: Sie sei keine Frau, die nicht wisse, was sich gehört, sie habe heftigen Kummer und habe diesen vor der Gottheit ausgebreitet. Darauf Eli, einigermaßen erschrocken und kleinlaut: «Jhwh möge deine Bitte erfüllen!»

Der Priester wusste gar nicht, was Hanna erbeten hatte, die Leserinnen und Leser der Geschichte aber wissen es: dass Gott ihr ein Kind schenken möge! Im Gegenzug sei sie bereit, dieses Kind – einen Sohn natürlich! – Gott zu überlassen, das heißt, es wegzugeben ans Heiligtum, an die dortige Priesterschaft. Das ist verblüffend: ein Kind zu erbitten – und es gleichzeitig weggeben zu wollen. Es gibt zwei mögliche Erklärungen. Entweder Hanna ist vor allem *eines* wichtig: dass sie Mutter wird; und wenn sie Gott nur durch ein solches Versprechen dazu bringen kann, sie zur Mutter zu machen, nun, dann eben so! Oder: Die Frau hat einen eher politischen Plan; sie möchte ihren Sohn so platzieren, dass er, als Priester, Einfluss gewinnt, vielleicht den Kultbetrieb in Schilo, womöglich die gesamte Gesellschaft um dieses Heiligtum herum in neue Bahnen lenkt.

Historisch drängt sich die Frage auf, ob es solche Überstellungen von Kindern an Heiligtümer seinerzeit öfter gegeben hat, ob Hanna also etwas tat, was gang und gäbe war oder ob sie eine absolute Ausnahme darstellt. Wäre sie arm gewesen, sodass die Familie das Kind nicht hätte durchbringen können, wäre der Vorgang einigermaßen verständlich. Doch Elkana war offenbar wohlhabend; dass er ein Kind seiner Hanna nicht hätte großziehen können, davon kann keine Rede sein. Dass eine Familie aufgrund religiöser Überzeugungen ein Kind ans Heiligtum gibt – so wie später manche christliche Familien Söhne oder Töchter an Klöster gegeben haben –, das wird sonst nirgendwo in der Bibel erzählt und ist mir auch sonst aus altorientalischer Literatur nicht bekannt. In dieser Hinsicht ist die Hanna-Geschichte also ziemlich einzigartig. Immerhin aber müssen die Erstrezipienten den Vorgang für möglich gehalten haben. Insofern handelt es sich also nicht um eine abstruse Geschichte.

Jedenfalls: Die Frau geht erhobenen Hauptes vom Allerheiligsten weg, beendet mit der Familie das Fest, zieht mit ihren Lieben nach Hause, wird von ihrem Mann «erkannt» – und bald darauf ist sie schwanger! Sie nennt das Kind, das sie gebiert, «Samuel» und erklärt diese Namengebung auf eine hebraistisch nicht ganz korrekte Weise: «Von Jahwe Zebaot habe ich ihn erbeten». Das Verb für «bitten», *šā'al*, hat die drei Konsonanten Schin, Alef und Lamed; in «Samuel» (hebräisch: *šᵉmû'ēl*) kommt, gut hörbar, der Konsonant Mem hinzu. Es scheint, als klängen hier das hebräische Nomen *šēm*, «Name», und die Gottesbezeichnung *'ēl* an. Heutige Philologie erklärt «Samuel» denn auch als «Der, über dem der Name El genannt ist» oder «Sein Name ist El». Hanna (bzw. der Erzähler oder die Erzählerin der Hanna-Geschichte) würden diesen Hinweis für kleinlich halten; eine Frau hat Gott um ein Kind «gebeten» und tatsächlich eines bekommen – fertig.

Es sei hier noch erwähnt, dass ein anderer Name viel besser zu der von Hanna gegebenen Etymologie passen würde als «Samuel», nämlich «Saul». So hieß bekanntlich der erste König Israels, den Samuel später küren half. *šā'ûl* besteht wie das Verb *šā'al* aus den drei Konsonanten Schin, Alef und Lamed – ohne störendes Mem. Das Partizip Passiv Maskulinum Singular von *šā'al* lautet sogar exakt wie der Königsname: *šā'ûl*. Und diese Verbform kommt in der Hanna-Geschichte tatsächlich vor. Wenn, dann hieß also *Saul* «der Erbetene», nicht Samuel. Es bleibt festzuhalten, dass in Samuels Geburtsgeschichte bereits der Name des Mannes aufklingt, den er später auf den Thron heben sollte, mit anderen Worten: Die Schicksale dieser beiden Männer sind von Beginn an ineinander verflochten.

Vorerst jedoch ist Samuel noch ein Kind, ein Baby. Es wurde, wie damals selbstverständlich, von der Mutter gestillt, und zwar vermutlich bis in sein drittes, vielleicht auch bis ins fünfte Lebensjahr, so war es damals üblich. Für Hanna ist dies der Grund, die Erfüllung ihres Gelübdes um einige Jahre hinauszuschieben. Sie konnte ja schließlich keinen Säugling ans Heiligtum geben. So geht sie, als ihr Mann und die Familie wieder nach Schilo hinaufziehen, um das Jahresfest zu feiern, nicht mit, sondern erklärt: «Wenn der Knabe entwöhnt ist, werde ich ihn hinbringen». Elkana ist einverstanden, und so kann man sich vorstellen, dass klein Samuel erste ungetrübte Kindheitsjahre im elterlichen Haus erlebt hat. Näheres darüber erfährt man nicht, auch nicht über das Verhältnis zu den zahlreichen Kindern der Peninna, seinen Halbgeschwistern. Immerhin ist später zu hören, dass Hanna nach Samuel noch einige weitere Kinder gebar – der Bann der Unfruchtbarkeit war gebrochen. Doch auch diese weiteren Kinder Hannas kommen nicht näher in den Blick. Vielmehr wird ein einzelnes, bestimmtes Ereignis mehrere Jahre nach Samuels Geburt berichtet: seine schließlich doch erfolgte Überstellung ans Heiligtum von Schilo. Hanna hielt, wenn auch erst nach einiger Zeit, Wort und gab Gott den ihr geschenkten ersten Sohn zurück. Der alte Priester Eli wird recht verdutzt dreingeschaut haben, als eine Frau mit einem Kleinkind an der Hand auf ihn zutrat und erklärte: «Ich bin die Frau, die bei dir hier gestanden hat, um zu Jahwe zu beten. Um diesen Knaben habe ich gebetet. Und Jhwh hat mir gegeben, was ich in meiner Bitte von ihm erbeten habe. Und auch ich habe ihn zu etwas von Jhwh Erbetenem gemacht. Alle Tage seines Lebens sei er ein Erbetener für Jhwh!» (1Sam 1,26–28) Auch die Übersetzung zeigt noch, dass hier mit dem Verb für «bitten», *šā'al*, gespielt wird. Sie, Hanna, hat Gott gebeten, und nun soll das Kind zum von Gott Erbetenen werden. Das heißt: Nimm bitte mein Kind an Sohnes Statt an – Gott will es so haben! Der Priester Eli war offenbar einverstanden und behielt das Kind.

Damals gab es noch keine Psychologie, erst recht keine Psychoanalyse. So können heutige Leserinnen und Leser nur mutmaßen, was es für den kleinen Samuel bedeutet haben mag, von der Mutter abgegeben und einem ihm wildfremden Mann anvertraut worden zu sein. Man kommt fast nicht umhin, mit einer «frühkindlichen Schädigung», einem schweren seelischen Trauma, zu rechnen. In der Bibel verlautet davon nichts. Wir hören nichts von Verstummen, ständigem Weinen oder Abmagern des Kindes, von Bettnässen und von Trotzreaktionen. Indem die Erzählung davon schweigt, entsteht der Eindruck, Samuel habe die Umstellung mühelos bewältigt. Es wäre m. E. auch bedenklich, irgendwelche Verhaltensweisen oder Charakterzüge des erwachsenen Samuel auf eine angenommene Traumatisierung in früher Kindheit zurückzuführen. Die Erzählungen über Samuel sind zu sagenhaft, zu archaisch, zu wenig psychologisch interessiert und historisch profiliert, als dass sie sich biografisch-analytisch ausdeuten ließen. Man muss bedenken, dass wir uns hier in einer sehr frühen, fast noch vorgeschichtlichen Phase der Geschichte Israels befinden, irgendwo an der Wende vom 2. zum 1. Jahrtausend v. u. Z. Die Samuel-Geschichten mögen jünger sein, erst in späterer Zeit aufgeschrieben, doch gerade so bieten sie keine präzisen Informationen über das Befinden und gar einzelne Seelenregungen des kleinen Samuel. Möglicherweise ist sogar die gesamte Kindheitsgeschichte Samuels fiktional. Jedenfalls haben wir nicht die Mittel zu einer tiefenpsychologischen Beurteilung dieses Kindes.

Umso berührender ist es, dass die biblischen Erzähler doch etwas über bleibende Kontakte der Mutter Hanna zu ihrem erstgeborenen Sohn berichten. Sie habe ihm, heißt es, jedes Jahr (d. h. wohl jeweils zum Jahresfest, das von der Familie weiterhin in Schilo begangen wurde) ein neues Mäntelchen gebracht. Kinder wachsen ja aus ihren Anziehsachen schnell heraus – das wird auch bei klein Samuel so gewesen sein. Und mindestens damit sollte der Priester Eli keine Unannehmlichkeiten haben. Vermutlich kamen die Eltern auch für Kost und Logis ihres Kindes am Heiligtum auf; denn damals brachten die Festpilger der Priesterschaft immer auch Naturalabgaben mit. (Es gab ja noch keine Kirchensteuern!) Schon bei der Übergabe Samuels soll Hanna dem Eli einen dreijährigen Stier, einen Epha Feinmehl (etwa 35 bis 40 Liter) und einen Krug Wein übergeben haben. Das wird in den Folgejahren ähnlich gewesen sein. Wieder erfährt man nicht, wie die jährlichen Besuche der Mutter beim Heiligtum auf den kleinen Jungen Samuel gewirkt haben: ob sie ihn froh oder traurig machten, ob er sehnlich darauf wartete oder die Eltern bald vergessen hatte und jeweils überrascht war, wenn sie wieder auftauchten.

Es ist jetzt an der Zeit, einige Blicke auf die Wirkungsgeschichte dieser ersten Erzählung der Samuelbücher zu werfen. Die späteren Rezipienten haben nämlich die Lücken, die der Text lässt, ausgefüllt und sich bestimmte Bilder von Hanna und von klein Samuel und vom Priester Eli gemacht. Ich beschränke mich auf wenige Beispiele.

Der russisch-jüdische Maler Marc Chagall (1887–1985) hatte eine mich zunächst sehr überraschende, dann aber überzeugende Vorstellung von der um ein Kind ringenden Hanna. Er malt sie nicht zart und abgehärmt, sondern stark und kraftvoll, eine wuchtige jüdische Frau, die dem lieben Gott durchaus Respekt einjagen konnte. Eine einstige Studentin von mir hat in einer Examensarbeit diese Chagall'sche Hanna so beschrieben: Sie «kniet, nicht brav und zahm, sondern dynamisch bewegt, eine kräftige Frau, bereit, jederzeit aufzuspringen, dem Angesprochenen entgegen. Ihr Gesicht ist zum Himmel erhoben, Auge und Mund weit geöffnet. Spricht sie? Schreit sie? Weint sie? Klagt sie? Ihre rechte Hand weist hin zu *Ihm*, zeigt, fordert heraus, gebietet. Sie ist denn auch rot koloriert – mit der Lebensfarbe. Hanna ist die Hauptfigur, es geht um ihr Leben. Auch ihr Ausdruck ist ganz Leben, ist Kampf, ist Verzweiflung und Kraft zugleich.»

Wie anders die Hanna des englischen Malers Frank W. W. Topham (1838–1929)! Sein Gemälde ist noch ganz im Stil der Romantik gehalten und zeigt die hübsche junge Mutter bei der Übergabe ihres reizenden Kindes an den würdevollen Eli. Die Szene hat etwas Idyllisches, Sanftes. Dass Hanna mit sich kämpfen, dass der Kleine oder auch der Alte sich sträuben könnten: davon ist nichts zu ahnen. Es ist eine idealtypische englisch-anglikanische Frömmigkeit und Gottergebenheit, die hier Ausdruck gewinnt.

Nehmen wir noch ein anderes Genre als die Malerei in den Blick. Der heute fast vergessene, seinerzeit aber hochberühmte Komponist Giovanni Simone Mayr (1763–1845), von Haus aus Deutscher, doch fast zeit seines Lebens in Bergamo wirkend und Lehrer so bedeutender Komponisten wie Donizetti und Rossini, schrieb – zu dem Libretto eines gewissen Bartolomeo Merelli, auch er eine Berühmtheit in seinen Tagen – ein Oratorium mit dem Titel «Il Samuele». Es handelt eigentlich *nur* von dem Kind Samuel, nicht von dem späteren Volkstribun, Königsmacher und Königskritiker. Dem Ideal der Einheit von Raum und Zeit folgend schildert es nicht mehrere Lebensjahre, sondern ein bestimmtes Ereignis im Leben des jungen Samuel: nämlich den ersten Besuch seiner Eltern und seiner jüngeren Geschwister im Heiligtum von Schilo. Vorgestellt ist die Szene so, dass seit seiner Übergabe an Eli schon einige Jahre vergangen sind, er also kein kleines Kind mehr, sondern ein schon etwas größerer Knabe ist. (Er singt aber nicht Tenor oder Bass, auch nicht Altus, sondern einen glockenhellen Sopran; man soll ihn sich wohl etwa zehnjährig vorstellen.) Das Oratorium setzt damit ein, dass die Familie sich auf dem Weg nach Schilo befindet und sich enorm auf die Begegnung mit Samuel freut. Gemalt wird eine italienische Familienidylle mit katholisch-kirchlichem Hintergrund aus dem frühen 19. Jahrhundert. Dann weitet sich der Blick auf die Zustände am Heiligtum von Schilo, wo Eli mit seinen ruchlosen Söhnen nicht zurande kommt und Gott dem jungen Samuel in einer nächtlichen Offenbarung schweres Unheil über das Haus Elis ankündigt. Bald danach trifft seine Familie ein, es folgt ein rührendes Wiedersehen mit bezaubernden Duetten und Quartetten. Als sich, bildlich gesprochen, alle in den Armen liegen, überkommt Samuel plötzlich ein transzendentes Erleben, er beklagt die verkommenen kultischen Zustände in Schilo und in ganz Israel, erntet Ablehnung durch das Volk, kündigt ein Strafgericht an, das sogleich eintrifft und nur dank seiner Fürsprache noch einmal abgewendet werden kann, woraufhin die ganze Gemeinde ihm als neuem Propheten huldigt. Dieses Oratorium wurde anlässlich der Installation eines neuen Bischofs in Bergamo komponiert und aufgeführt, und man erkennt deutlich, wie der biblische Stoff auf diesen Anlass hin transparent gemacht wird. Samuel wird zum Exempel für den Aufstieg eines geistlichen Führers in sein Amt. Dazu werden die Erzählungen in 1Sam 1–3 (und teilweise auch spätere) aufgenommen und umgestaltet – und vor allem wundervoll (etwa im Mozart-Stil) vertont.

Die biblische Vorlage des Oratoriums umfasst einen viel größeren Zeitraum. Da wird nicht nur von der bleibenden Verbundenheit der Mutter Hanna mit ihrem in Schilo aufwachsenden Sohn berichtet, wofür das jährlich überbrachte neue Mäntelchen ein Symbol ist. Geschildert wird auch die Verderbtheit der Eli-Söhne, die das Priesteramt für eigensüchtige Zwecke missbrauchen, während der junge Samuel sich nichts zuschulden kommen lässt, sondern in Frömmigkeit und Gottseligkeit heranwächst. Im Wortlaut: «Und der Junge Samuel machte beständig Fortschritte darin, groß und gut zu werden vor Jahwe und vor (den) Menschen» (1Sam 2,26). Bemerkungen dieser Art schieben sich in die Geschichte von der Familie Elis, die auf eine große Katastrophe zuläuft, während die Jugendgeschichte Samuels kulminiert in seiner Berufung durch Gott. Davon erzählt sehr eindrücklich das Kapitel 1Sam 3. Es erscheint mir angemessen, seinen Anfang in meiner eigenen, dem Urtext sehr nahen Übersetzung zu zitieren:

«Und der Knabe Samuel diente Jhwh vor Eli. Und das Wort Jhwhs war rar in jenen Tagen; Gesichte waren nicht verbreitet. Und an einem bestimmten Tag geschah es – und Eli lag an seinem Platz, ... da rief Jhwh Samuel an. Und er sagte: Hier bin ich. Und er lief zu Eli und sagte: Hier bin ich, weil du mich gerufen hast. Und er sagte: Ich habe nicht gerufen. Geh zurück, leg dich hin! Und er ging und legte sich hin. Und Jhwh fuhr fort, Samuel wieder zu rufen. Und er ging zu Eli und sagte: Hier bin ich, weil du mich gerufen hast. Und er sagte: Ich habe nicht gerufen, mein Sohn. Geh zurück, leg dich hin! ... Und Jhwh fuhr fort, Samuel zum dritten Mal zu rufen. Und er stand auf und ging zu Eli und sagte: Hier bin ich, weil du mich gerufen hast. Und Eli merkte, dass es Jhwh war, der nach dem Knaben rief. Und Eli sagte zu Samuel: Geh, leg dich hin. Und es soll sein, wenn er nach dir ruft, dass du sagst: Rede, Jhwh, denn dein Knecht hört. Und Samuel ging und legte sich an seinem Platz hin. Und Jhwh kam herein und stellte sich hin und rief wie die früheren Male: Samuel, Samuel! Und Samuel sagte: Rede, denn dein Knecht hört» (1Sam 3,1–10).

Die Erzählung macht Gebrauch vom klassischen Märchenmotiv der drei Fehlversuche, ehe dann der Vorgang endlich gelingt. Gott versucht dreimal vergeblich, sich beim schlafenden Samuel bemerkbar zu machen. Dieser denkt dreimal, Eli habe ihn gerufen. Nicht im Traum kommt er auf die Idee, es könne jemand anderes gewesen sein. Dann endlich dämmert dem Alten, dass etwas Außergewöhnliches im Gange ist. Er hilft dem Jungen, dieses Außergewöhnliche zu erfassen. Gott kündigt dem Knaben an, das Haus Elis werde demnächst untergehen. Und was tut Samuel? Er schläft bis zum Morgen – und weiß dann nicht, wie er seinem Meister das Gehörte beibringen soll. Scheu drückt er sich an ihm vorbei, um scheinbar routinemäßig die Tempeltüren zu öffnen. Und jetzt weiter im Text: «Und Eli rief Samuel und sagte: Samuel, mein Sohn! Und er sagte: Hier bin ich. Und er sagte: Was für ein Wort war es, das er zu dir geredet hat? Verbirg es nicht vor mir! Gott soll dir dies und auch noch jenes antun, wenn du vor mir ein Wort verbirgst von dem, was er zu dir geredet hat. Und Samuel meldete ihm all die Worte, und er verbarg nichts davon. Und er sagte: Es ist Jhwh. Was gut ist in seinen Augen, mag er tun» (1Sam 3,16–18). Samuel erweist sich also als ein pietätvoller, feinfühliger Knabe, der seinem Ziehvater Kummer ersparen will. Der Priester jedoch, der ja weiß, dass in der Nacht etwas Bedeutsames passiert ist, besteht auf der ganzen Wahrheit. Als er diese erfahren hat, zeigt er Größe. Gott, sagt er, möge tun, was er beschlossen hat. Ehe sich sein und seiner Söhne Schicksal erfüllt, beschreibt die Bibel noch den neuen Status, in den Samuel erhoben wurde (und greift damit über Samuels Kindesalter hinaus): «Und Samuel wurde groß, und Jahwe war mit ihm und ließ von all seinen Worten nichts zur Erde fallen. Und ganz Israel von Dan bis Beerscheba [d. h. von hoch im Norden bis tief in den Süden] erkannte, dass Samuel fest eingesetzt war zum Propheten Jhwhs» (1Sam 3,19f).

Das ist überraschend. Samuel bekommt hier noch einen weiteren Beruf zugeschrieben neben den mancherlei anderen, die er sonst noch ausübt. Er wird hier auch noch Prophet. Dabei läuft seine Kindheitsgeschichte ja auf etwas anderes hinaus: Er ist bei einem Priester aufgewachsen, wurde also im Priesterdienst unterwiesen, hat die Priestersöhne bald charakterlich übertroffen – eigentlich müsste er Priester werden, womöglich in der Nachfolge Elis. Historische Kritik macht es wahrscheinlich, dass es genau darum in der Geschichte von der nächtlichen Offenbarung ursprünglich ging: dass Eli in Samuel seinen Nachfolger fand.

Der Vorgang ist durchaus ungewöhnlich. Denn erstens war das Priesteramt damals erblich, und Samuel war nicht Elis Sohn. Und zweitens war Eli ein altehrwürdiger Gottesdiener, eine vielleicht nicht fehlerlose, aber doch respektgebietende Persönlichkeit. Klein Samuel war dagegen sozusagen nichts, ein völlig unbeschriebenes Blatt, ein Lehrling, ein Zögling. Doch *er* wird der Offenbarung Gottes gewürdigt, nicht Eli. Das hat im Verlauf der Auslegungsgeschichte einige Herren, die selbst langgediente, ehrwürdige Gottesdiener waren, irritiert. Ich meine die sog. Kirchenväter, die großen Lehrer der Alten Kirche vom 2. bis ins 6. Jahrhundert u. Z., von Beruf meist Bischöfe, gelehrte, fromme Männer, die mit Staunen wahrnehmen, dass Gott an Eli (also an ihresgleichen) vorbei den jungen Samuel (also einen Niemand) nach oben hob.

«Warum, um alles in der Welt, zeigte sich der Gott des Alls *Samuel*, der noch ein Jüngling war?», lautet eine «Quaestio» des Bischofs Theodoret von Kyrus (393–ca. 460) zu 1Sam 3. (Das war damals eine beliebte Art, die Bibel auszulegen: Fragen an sie zu stellen, auf die man dann eine Antwort zu geben suchte.) Die Antwort in diesem Fall ist: «Gott hat dieses (zarte) Alter dem grauen (Alter) vorgezogen; und er hat den Mann, der 98 Jahre gelebt hatte und 40 Jahre eines Doppelamtes gewürdigt war – er war nämlich Richter und Hoherpriester –, zurückgesetzt, als er mit dem kleinen Knaben verhandelte; damit lehrend, um wie viel überlegen dem Greisenalter die tugendgeschmückte Jugend ist.» Samuel wurde also erwählt einerseits wegen seiner Tugendhaftigkeit, andererseits wegen seiner Jugendlichkeit, auf die noch kein schwerer Sündenschatten gefallen war.

In einem ihm zugeschriebenen Kommentar zum 1. Samuelbuch interpretiert ein anderer Kirchenvater und eine der Gründergestalten des römischen Papsttums, Gregor der Große (540–604), 1Sam 3 in manchem ähnlich wie – und doch anders als Theodoret: Samuel bewahrt Eli gegenüber das «Gut des Gehorsams» (*bonum oboedientiae*) – etwas, worüber «die Leiter der Kirche» (*praelati sanctae ecclesiae*) leider nicht immer verfügten. Es dürfe nun aber nicht dazu kommen, dass die Schafe ihre Hirten richten; Richter der Hirten sei Gott allein. Man versteht, was das heißt: Die Jugendgeschichte Samuels berechtigt zu keinem Aufbegehren gegen die kirchliche Hierarchie! Als Gott Samuel anruft, zeigt dieser die höchste Form des Gehorsams (*altissima oboedientia*). Nur diese aber führt zur «inneren Gottesschau» (*interna dei contemplatio*). Samuel macht sich in vorbildlicher Weise durch Stillewerden, Hörbereitschaft und innere Sammlung (*per quietem operis, oris silentium et cogitationum superfluarum abiectionem*) bereit für die Begegnung mit Gott. In seinem Zögern, das von Gott Gehörte Eli weiterzusagen, äußert sich die «geschuldete Ehrfurcht» (*reverentia debita*) gegenüber dem höchsten Hirtenamt. Für Eli indes hat Gregor kaum ein gutes Wort. Schon, dass er sich allein schlafen legt, sei ein «schlimmer Fehler» (*lapsum pravitatis*); denn für Geistliche gezieme es sich, sich «im Kreis der Brüder aufzuhalten» (*in medio fratrum stare*). Eli pflegt auch nicht die wahre *contemplatio* und erfährt darum keine *interna visio*, keine innere Gottesschau. Ein solcher *praedicator* ist eine schlechte «Gotteslampe» (*lucerna dei*) – eine Anspielung auf das Ewige Licht im Heiligtum. Eli ist bei lebendigem Leib schon tot. Eine einzige Aufgabe hat er noch: dem unerfahrenen Samuel die Stimme Gottes erkennen zu helfen.

Soweit Gregor. Höchst erschreckend ist nun, dass es bei den Kirchenvätern auch eine antijüdische Wendung in der Deutung der Samuel-Gestalt gibt. Eine entscheidende Rolle spielt hier der berühmte Kirchenlehrer Augustinus (354–430). In seiner «Civitas Dei», in der er u. a. auch die biblische Geschichte neu deutet, stellt er Samuel an den Beginn der Prophetie in Israel – und damit an den Beginn der entscheidenden Wende (*mutatio*) vom alten (leiblich begründeten) Priestertum der Juden zum neuen (geistlichen) Priestertum in Jesus Christus (De civitate Dei XVII 5). Man könne und solle die gesamte Samuelgeschichte als Prophetie auf Christus hin lesen. Bereits der Name seiner Mutter, Hanna, die «Gnadenvolle», sei ein Hinweis auf «die christliche Religion» (*religio christiana*), in deren paulinischer Ausprägung der Begriff der «Gnade» ja eine zentrale Rolle spielt. Augustinus scheut sich auch nicht, die Verwerfung der Söhne Elis und die Erwählung Samuels als «schattenhafte Andeutung» der Verwerfung der Juden und der Erwählung Jesu Christi (und in seinem Gefolge der Kirche) zu deuten. Das ist ein in der Alten (und auch noch in der späteren) Kirche beliebtes Deutungsmuster: Alles, was im Alten Testament eher kritisch beleuchtet wird (z. B. der König Saul oder dessen Tochter, die Prinzessin Michal, oder eben, wie hier, der Priester Eli), wird mit dem Judentum gleichgesetzt, alles dort Gelobte (z. B. der König David, oder eben Samuel) mit Christus bzw. der Kirche. Das ist, gelinde gesagt, dreist: in dem Grund-Buch einer Schwesterreligion nach (selbst-)kritischen Aussagen zu fahnden und diese gegen jene Religion zu wenden, alle positiven Äußerungen aber auf sich selbst zu beziehen. War das Judentum seit jeher (auch) selbstkritisch, so verlor die Kirche, je mächtiger sie wurde, diese Fähigkeit immer mehr, wurde überheblich, rechthaberisch und sogar gewalttätig in der Durchsetzung ihrer Interessen. Und dafür musste sogar die Geschichte vom kleinen Samuel herhalten.

# Giovanni Simone Mayrs «Samuele». Das Libretto des Oratoriums und seine biblische Vorlage[1]

## 1. Die Gestalt Samuels in der Bibel und im «Samuele»

Die Gestalt Samuels steht in der Bibel wie ein Wächter am Eingangstor zu einer bedeutsamen Epoche der Geschichte Israels. *Bis* zu Samuel (und das heißt: ungefähr bis zum Wechsel vom 2. zum 1. Jahrtausend) war Israel ein lockerer Verbund von Stämmen, die im palästinischen Bergland ein bescheidenes, durch die Unbilden der Natur und durch äußere Feinde bedrohtes Leben führten (nicht ganz unvergleichbar der frühen Eidgenossenschaft, nur unseres Wissens nicht durch einen Treueid verbunden). *Nach* Samuel existierte Israel als Staat (genau genommen in Gestalt von zwei Königreichen), und diese Ära währte fast ein halbes Jahrtausend. Samuel soll es gewesen sein, der die ersten beiden Könige, Saul und David, eingesetzt hat.

Die Samuelbücher, deren Thema die Staatwerdung Israels ist, beginnen kaum zufällig mit Erzählungen nicht über Saul und David, sondern über Samuel. Damit wird demonstriert, dass in Israel (jedenfalls im biblischen Israel!) Epochenwechsel nicht durch politisch-ökonomische Veränderungen, auch nicht durch machtbewusste Menschen herbeigeführt werden, sondern durch Gott bzw. durch Gottesmänner. Der Priester und Prophet Samuel läuft den Königen Saul und David voraus; ohne ihn wären sie, so die Bibel, nicht auf den Thron gelangt – anders: Ohne Gottes lenkendes Eingreifen wäre Israel nicht zum Staat geworden.

Doch darauf liegt der Akzent des Oratoriums «Il Samuele» *nicht*. Sein Fokus richtet sich allein auf den Gottesmann Samuel, und zwar ehe dieser in die Lage kam, Könige einsetzen (und übrigens auch wieder verwerfen) zu können. Im «Samuele» geht es um den *jungen* Samuel, der eben erst im Begriff ist, zum geistlichen Führer Israels aufzusteigen. Wie er aus dieser Position heraus die Staatsbildung in Israel einleitet, kommt nicht mehr in den Blick.

---

1 Zitate aus dem Libretto des «Samuele» sind einer Übersetzung entnommen, die Raffaella Marelli (Genua) und Dr. Corinna Jäger (Bern) angefertigt haben und die im Anhang des von mir herausgegebenen Bandes «Samuelmusik. Die Rezeption des biblischen Samuel in Geschichte, Musik und Bildender Kunst» (SBR 19, Berlin/Boston 2021) abgedruckt ist. Die Zitate aus den Samuelbüchern stammen aus meinem Kommentar «*Samuel. 1Sam 1–12*» (BKAT VIII.1, Neukirchen-Vluyn 2011), andere Bibelzitate aus der Neuen *Zürcherbibel* (Zürich 2007) bzw. deren Anhang *Deuterokanonische Schriften* (Zürich 2019).

Nach der biblischen Darstellung[2] gelangte Samuel an seine Führungsfunktion durch gezieltes göttliches Handeln. Schon sein Leben begann auf höchst wundersame Weise. Seine Mutter Hanna soll – wie die Mütter mancher nachmals berühmter Männer – zunächst unfruchtbar gewesen sein. Gott selbst musste ihr den Mutterschoß öffnen, damit sie *den* empfangen und gebären konnte, den er brauchen wollte. Freilich, im Fall Samuels musste Gott dazu erst gebracht werden. In 1Sam 1 wird erzählt, wie Hanna bei einem Pilgerfest am Heiligtum von Schilo (in den Bergen Mittelpalästinas gelegen) vor Gott hintrat und ihm einen Handel vorschlug: Wenn du mir zu einem Sohn verhilfst, gebe ich ihn dir zum Dienst an diesem Heiligtum zurück. Der Priester von Schilo, Eli, beobachtete ihren stillen Gebetskampf, hielt sie für betrunken und wollte sie des heiligen Ortes verweisen. Als sie sich verwahrte und er seines Irrtums gewahr wurde, entschuldigte er sich und wünschte ihr, Gott möge ihre Bitte erfüllen. Prompt wurde sie bald darauf schwanger und gebar ihrem Mann Elkana einen Sohn, den sie «Samuel» nannte; diesen Namen erklärt sie als «Von Gott Erbetener» (was rein philologisch nicht ganz stimmt – aber hier geht es um Theologie, nicht um Philologie).

Nach einigen Jahren – sie hat den Kleinen inzwischen entwöhnt – löst Hanna ihr Gelübde ein, nimmt Samuel auf Pilgerreise mit nach Schilo und gibt ihn dort in die Obhut des gewiss verdutzten Priesters Eli. So bleibt klein Samuel am Tempel, während seine Familie an ihren Wohnort zurückkehrt. Von einem dadurch hervorgerufenen frühkindlichen Trauma berichtet die Bibel nicht, vielmehr davon, dass Samuel unter Elis Obhut prachtvoll gedieh und an Verständigkeit und Anständigkeit bald dessen eigene Söhne übertraf. Hanna, die nach Samuel noch weitere Söhne und Töchter gebar, vergaß ihren im Tempel verbliebenen Erstgeborenen nicht; immer wieder, so erfahren wir, kam sie mit der Familie zu Opferfesten nach Schilo und brachte ihrem Erstgeborenen jedes Mal ein neues Mäntelchen mit ...

## 2. Der erste Teil des «Samuele» und die Bibel

Genau an dieser Stelle setzt das Oratorium «Il Samuele» ein. Wir sehen bzw. hören Hanna und Elkana mit den inzwischen zur Welt gekommenen weiteren Kindern zu einem Erntedankfest nach Schilo pilgern. Sie werden dort zum ersten Mal Samuel begegnen und sind voller Vorfreude darauf. Die zurückliegende Zeit (mit der wunderbaren Geburt, der Übergabe an den Tempel, dem Heranwachsen Samuels) wird in dialogischen Rückblenden nur andeutend eingespielt. Auf der Bühne entfaltet sich ein rührendes Familienbild – etwa des beginnenden 19.

2 Zu ihr vgl. den Beitrag von Rainer Kessler in dem in Anm. 1 genannten Sammelband «Samuelmusik».

Jahrhunderts nach Christus! Mama und Papa sind einander von Herzen zugetan, besingen wechselseitig die Mutter- und die Vaterliebe:

> Ach, du bist sehr süß,
> Mutterliebe – Vaterliebe –
> dich immer aus der Brust hervorholen können …
> im Herzen der Kinder noch einmal leben können …
> vom Himmel gibt es keine bessere Belohnung.

Samuels Geschwister sind reizend, sie wollen dem Bruder etwas Schönes schenken: feine Handarbeiten die Mädchen, ein Lamm und ein Ziegenkitz die Jungen. Diese mustergültige Familie ist Teil einer großen Pilgergemeinde, die den Eingangschor intoniert: eine Rühmung Gottes, zu dessen Tempel man unterwegs ist, um «die Seligkeit seiner Wohltaten zu besingen».

So beginnt das Oratorium. Offenbar soll das Publikum abgeholt werden bei etwas, das es kennt und schätzt: fromme Wallfahrten, schöne Feste, unbeschwertes Familienleben, beschwingte Musik. Da ist noch nichts zu ahnen von den dramatischen Entwicklungen, die sich alsbald ereignen werden.

Das Libretto des «Samuele» stammt von einem gewissen Bartolomeo Merelli (1794–1879), der zu Beginn des 19. Jahrhunderts in Bergamo in Oberitalien lebte und jüngerer Zeitgenosse des dort wirkenden Kapellmeisters und Komponisten Giovanni Simone Mayr war (1763–1845). Bei diesem studierte er Komposition, schrieb für ihn einige Libretti – aber nicht nur für ihn, sondern auch für andere Komponisten. Schließlich avancierte er zum Impresario verschiedener Theater- und Opernhäuser, darunter der Mailänder Scala und des Theaters am Kärntnertor in Wien: ein berühmter und einflussreicher Mann also im damaligen europäischen Kulturleben.

Der «Samuele» entstand, wie es in der Widmung heißt, anlässlich der «Ankunft des hochverehrten und hochwürdigen Monsignore Pietro Mola». Dieser geistliche Herr wurde am 8. April 1821 als Bischof von Bergamo konsekriert; knapp zwei Monate später, am 2. Juni 1821 (von heute aus gesehen also vor nicht ganz 200 Jahren), wurde zu seinen Ehren in einem Festsaal (nicht in einer Kirche!) das Samueloratorium uraufgeführt[3]. Vor diesem Entstehungshintergrund erklärt sich, dass es in dem Werk nur um den *jungen* Samuel geht, insbesondere um seine Einsetzung zum Priester und Propheten; die Analogie zum frisch eingesetzten Bischof von Bergamo liegt auf der Hand.

Kehren wir zur Handlung des Oratoriums zurück. Wir sahen Hanna und ihre Familie als Teil einer großen Pilgerschar zum Heiligtum von Schilo ziehen, um dort zu feiern und Samuel zu begegnen. Die Fest- und Familienidylle wird freilich gesprengt durch etwas Unerwartetes, in dem sich Größeres ankündigt: Hanna überkommt eine Erleuchtung, aus der heraus sie einen längeren Gesang anstimmt. Ihre Umgebung lauscht ihr mit Verwunderung (und Bewunderung). Zu Gehör kommt das sog. Hanna-Lied (aus 1Sam 2,1–10), das seinerseits zur Vorlage

3 Vgl. dazu den Beitrag von Hans Peter Friedli in dem genannten Band «Samuelmusik».

für das berühmte «Magnificat» der Maria wurde (Lk 1,46–55). In beiden Liedern wird die unbändige Kraft Gottes besungen, die nicht nur von Kinderlosigkeit gequälten Frauen zu Nachwuchs verhilft, sondern mächtige Männer stürzen und machtlose aufsteigen, Hungrige satt und Satte hungrig werden lässt. Gott vermag gesellschaftliche Gegebenheiten auf den Kopf (bzw. auf die Füße!) zu stellen. Dies wird demnächst auch im Verhältnis Samuels und seines Mentors Eli geschehen: Der junge, noch unbekannte Samuel steigt auf, der alte, arrivierte Eli ab. (In den Samuelbüchern folgen dann noch viele weitere Beispiele: Saul steigt auf und wieder ab, David beerbt und überbietet ihn, viele Königstöchter und -söhne, Priester und Generäle, Königsberater und Kriegshelden tauchen auf und verschwinden wieder; doch das ist, wie gesagt, nicht mehr Gegenstand des «Samuele».)

Im Oratorium rezitiert Anna[4] – relativ nah am Text der Bibel, aber doch mit neuen, eigenen Worten – das biblische Hannalied:

> Mein Herz klopft voll Freude,
> es flieht der Schmerz aus der Seele:
> Gott ist der einzige Gegenstand meiner Freude.
> Wer in der Welt kommt dem Glanz Deiner Herrlichkeit gleich?
> Nur Du, mein Herr und Gott, bist heilig.
> Du bist unübertrefflich.
> Mit Deiner Macht kannst Du den Übermut der Reichen unterdrücken;
> Du munterst die Erniedrigten mit freundlicher Hand auf,
> manchmal hebst Du vom Staub in ein angenehmes Leben
> und auf den Thron den niedrigen Bettler auf.
> Die elende, unfruchtbare Braut stöhnt,
> mit bitteren Tränen bedeckt sie den Tempel;
> aber, nicht mehr armselig, vollständig zufrieden
> drückt sie die geliebten Söhne dann an die Brust
> und erhebt den Lobgesang zu ihrem Herrn.
> Du bist der Gott, um dessentwillen der Gottlose, Würdelose,
> mit Grauen und Furcht in den Augen,
> keine Zuflucht aus der extremen Gefahr, aus seinen Qualen wird finden können –
> während der Gerechte, der Auserwählte, wie ein Sohn
> durch Deine Hand erhoben wird.

Als Hanna ihren Gesang beendet hat, hört man vom Heiligtum her (bzw. aus dem Orchester) Signale zur Sammlung. Es erklingt ein Marsch, zu dem, so soll man sich vorstellen, von allen Seiten her die Menschen auf den Tempel zuströmen. Schließlich stimmt die Festgemeinde ein Erntedanklied an (von dem in der Bibel nichts zu finden ist, das vermutlich vielmehr regional-oberitalienische Wurzeln hat):

> O Weinranke, wer hat dich mit einer Purpurkrone bekleidet?
> O flammrote Früchte, wer hat euch gefärbt?
> Wer hat den Schoß der alten Erde befruchtet?

4 Das ist die italienische Form des Namens.

> Wer hat dich reifen lassen, o goldene Ähre?
> Es war nicht der Morgentau, nicht der Tag, nicht die milde Luft.
> Vielmehr war es Liebe, göttliche Güte,
> die die Sonne mäßigt und die Winde besänftigt ...

Damit sind wir am Ende des «parte prima», des ersten Aufzugs des Oratoriums. Er bildet gewissermaßen die Exposition für den zweiten, etwa doppelt so langen Teil, in dem es dann um die Berufung Samuels (und insgeheim: des neuen Herrn Bischofs) gehen wird. Bevor ich dazu komme, schiebe ich ein Kapitel über die Methodik des Librettisten Merelli ein.

## 3. Der Bezug zur Bibel im Libretto des «Samuele»

Es ist bemerkenswert, dass Merelli bis hierhin 22, im Ganzen gar 63 Fußnoten in das Libretto geschrieben hat – fast als wäre es eine wissenschaftliche Abhandlung. Meines Wissens ist das ziemlich einmalig in der Welt der Libretti. Allermeist werden in diesen Anmerkungen die Bibelstellen angeführt, auf denen der jeweilige Gesangstext basiert. Überwiegend sind dies, naheliegenderweise, Stellen aus dem 1. Samuelbuch, doch kommen solche aus den Büchern Levitikus, Jesaja, Psalmen und Jesus Sirach hinzu: eine ziemlich breite biblische Textbasis, von der im Oratorium freilich recht eigenwillig Gebrauch gemacht wird.

Ich gebe ein paar Beispiele. Dazu, dass Hanna mit ihrer Familie zum Heiligtum von Schilo pilgert und die Festgemeinde dort einen Erntedank-Hymnus anstimmt, verweist Merelli auf Lev 23,10. Dort steht: «Ihr sollt die Erstlingsgabe eurer Ernte dem Priester bringen»; von «Schilo» steht da nichts, von Gesängen ebenfalls nicht.

Für den Eingangschor der Pilgergemeinde beruft sich Merelli auf Ps 121: jenes biblische Wallfahrtslied, in dem jemand seine «Augen aufhebt zu den Bergen» und sich besorgt fragt, woher ihm «Hilfe kommt»; die Hilfe, ist die Antwort, kommt vom «Hüter Israels», der «nicht schlummert noch schläft». Im Oratorium wird nun nicht dieser Psalmtext vertont, sondern ein ganz eigener, neuer:

> Endlich glänzt die Seele in der Brust aus hoch erfreulichen Gründen:
> Nun rückt das ersehnte Ziel näher. Wir sind fast am Gottestempel angekommen.
> Er, der im Himmel gnädig und gütig über die Armen wacht,
> er, der für die Hochmütigen und die Verworfenen eine Donnerstimme hat,
> hoher, höchster Schöpfer, Allschaffender:
> Um Opfer darzubringen und Gelübde zu erfüllen,
> kommt das festlich gestimmte Volk andächtig vor seinen Altar,
> und um den Ruhm seines Wohltäters zu besingen.

Ich gestehe: Mir hätte der Text des 121. Psalms besser gefallen. Dieser hier ist dafür genauer auf die vorgestellte Situation abgestimmt – und er nimmt in der

Rede von der «Gnade für die Armen» und von der «Donnerstimme für die Hochmütigen» nicht nur das Hannalied auf, von dem eben die Rede war, sondern noch eine weitere Szene des Oratoriums, auf die noch zurückzukommen ist.

Samuels Brüder bringen nach Schilo ein Lamm und ein Ziegenkitz mit; laut ihrem Vater soll der am Tempel aufgewachsene Bruder sie «zum heiligen Altar bringen; denn die Opfergaben sind Gott lieb». Dazu verweist eine Fußnote auf Sirach 35,8f. Dort liest man: «Die Opfergabe eines Gerechten ist Salbung des Altars, und ihr Wohlgeruch ist vor dem Höchsten. Das Opfer eines gerechten Mannes ist willkommen, und die Erinnerung daran wird nicht verloren gehen». Bei Sirach ist es ein «Mann», der Opfer darbringt, kein Kind, auch kein Priester(zögling), und es geht eher nicht um Tieropfer, sondern um Speis- oder Rauchopfer – was ja gut ins katholische Milieu des damaligen Bergamo passte. Vielleicht nahmen der Herr Bischof und die übrige Geistlichkeit die feinen Anspielungen wahr.

Zu den vom Tempel her ertönenden Signalen zur Sammlung heißt es in einer Regieanweisung: «Man hört in der Ferne feierlichen Trompetenklang», und dazu in einer Fußnote: «Vgl. im Buch Levitikus: ‹memoriale clangentibus tubis›» («Erinnerung durch Trompetenklang»). Das ist ein Zitat aus Lev 23,24 in der Fassung der Vulgata. So gibt Merelli den kirchlichen Würdenträgern zu verstehen, dass er des Lateinischen mächtig ist.

Gleiches geschieht danach noch mehrmals. Als Samuel einmal auf seine prophetische Autorität pocht, wird in einer Fußnote das biblische Prophetengesetz zitiert – auf Lateinisch: «Qui autem verba ejus, quae loquetur in nomine meo audire noluerit, ego ultor existam» (Dtn 18,19, zu deutsch: «Wer aber seine [des Propheten] Worte, die er in meinem [Gottes] Namen spricht, nicht hören will, dem werde ich als Rächer begegnen»]). Und entsprechend zornig reagiert Gott auf die Nichtachtung des jungen Samuel durch das Volk.

Einmal ruft Samuel, geistergriffen: «O ihr Propheten, sofort zu den Harfen, zu den Harfen, mich zu unterstützen!» Dazu führt der Librettist ein längeres lateinisches Zitat aus 2 Kön 3,15 an, wo berichtet wird, dass Elischa sich durch den Klang einer Leier in prophetische Ekstase versetzen ließ. (Natürlich vernimmt man an dieser Stelle des Oratoriums Harfenklänge!)

Als Gott auf Anforderung Samuels ein Unwetter losbrechen lässt, wird dazu in einer Fußnote vermerkt: «Et intonuit de coelo Dominus, et in sonitu magno auditam fecit vocem suam» (zu deutsch: «Und der Herr donnerte vom Himmel, und mit großem Getöse ließ er seine Stimme vernehmen»). Das ist kein Zitat aus den Samuelbüchern, sondern aus dem Samuel gewidmeten Abschnitt im «Lob der Väter» des Jesus Sirach; allerdings unterläuft Merelli bei der Stellenangabe ein kleiner Fehler: Statt Sirach 46,20 schreibt er Sir 26,20 – ein Versehen, das möglicherweise 200 Jahre – bis zu der Aufführung und dem Symposium in Bern – unentdeckt blieb ...

Besonders interessant ist eine Fußnote kurz vor Ende des Oratoriums: mit lateinischem Text und ohne biblische Stellenangabe: «Non nobis, Domine, sed nomini tuo da gloriam», liest man da. Der entsprechende Satz, den Samuel singt, lautet Italienisch: «Non a me ... soltanto a Dio sua gloria, e onor», zu Deutsch: «Nicht mir – allein Gott sei Ruhm und Ehre!» Der von Merelli zitierte lateinische Satz wäre aber so wiederzugeben: «Nicht *uns*, Herr, sondern deinem *Namen gib* Ruhm!» Dieser Text ist ausnahmsweise nicht der Bibel entnommen, vielmehr handelt es sich um den Wahlspruch des Templerordens. Dieser war 1118 in Jerusalem gegründet und 1312 wieder aufgelöst worden, doch gab es von ihm immer wieder Nachfolgeorganisationen. Im Jahr 1805 rief eine von Napoleon I. beauftragte Kommission den «Ordre du Temple» neu ins Leben, 1814 übernahm der französische König Ludwig XVIII. das Protektorat über ihn und 1853 bestätigte Napoleon III. seinen Status als «Ordo Supremus Militaris Hierosolymitani» (als «höchsten militärischen Orden Jerusalems»). Weht hier ein Hauch Zeitgeschichte in das Oratorium herein?

Andere Fußnoten sind eher aufgeklärt-belehrender Art (auch dies ja nicht untypisch für den Zeitgeist), zum Beispiel: «Für eine Frau war es eine Schande, unfruchtbar zu sein» oder «Die Hebräer pflegten sich auf ein Fest in der vorangehenden Nacht vorzubereiten» oder «Der Name Hanna bedeutet: Begnadete». Einmal wird man ausführlich über das Wesen des «Melodramas» aufgeklärt, einer seltenen Form des Sprechgesangs, die im «Samuele» zur Anwendung kommt. Der Librettist beweist durch solche Anmerkungen, dass er sorgfältig gearbeitet und sich über seinen Gegenstand kundig gemacht hat.

Dabei scheut er sich aber nicht, mit der Bibel sehr frei umzugehen. Während sich in ihr die Geschichte Samuels über viele Jahre und viele Orte erstreckt, spielt sich die gesamte Handlung des «Samuele» bei *einem* bestimmten Anlass und an *einem* Ort ab: während eines Pilgerfestes in Schilo. Auf diese Weise kommt das Oratorium dem Ideal der Einheit von Ort und Zeit in einer dramatischen Handlung nahe. Die örtliche und zeitliche Raffung erleichtert nicht nur der Zuhörerschaft das Dabeisein und Mitgehen, sie erhöht auch den dramatischen Effekt: Was passiert da nicht alles auf engem Raum und in kurzer Zeit! Auch können dadurch, dass die im Oratorium dargestellte Zeitspanne nicht sehr viel länger ist als die Aufführungszeit des Oratoriums, die Solisten von Anfang bis Ende dieselben sein – und müssen nicht während der Vorstellung um Jahre oder Jahrzehnte altern (bzw. durch reifere ersetzt werden).

Noch etwas ist hervorzuheben: Merelli stützt sich nicht auf die gesamte biblische Geschichte Samuels, sondern auf einen schmalen Ausschnitt daraus. Die vielen Erzählungen über Samuels Verhältnis zu Saul und David bleiben beiseite (1Sam 8–11; 13–16), auch das schaurige Kapitel 1Sam 28, wo der Geist des toten Samuel aus der Unterwelt aufsteigt. Zum Zuge kommen im Wesentlichen nur 1Sam 3 (die Berufung Samuels in Schilo), 1Sam 7 (wo von einem Sieg des schon zum Führer Israels aufgestiegenen Samuel über die Philister erzählt wird) und 1Sam 12 (Samuels Abdankung am Ende seiner öffentlichen Wirksamkeit). Diese Auswahl ist insofern verblüffend, als ja das Oratorium nur vom *jungen* Samuel handeln will. In der Bibel endet die ‹Jugendgeschichte Samuels› mit 1Sam 3 (und reicht nicht bis 1Sam 7 oder 12). Der Librettist nimmt sich also die Freiheit, die biblischen Stoffe so auszuwählen und anzuordnen, wie es ihm passend erscheint.

## 4. Der zweite Teil des «Samuele» und die Bibel

Nach dem idyllischen ersten Teil des Oratoriums spitzt sich im zweiten die Dramatik rasch zu. Der Blick weitet sich von der Familie Hannas und Elkanas und ihrer Wallfahrt nach Schilo zu den Zuständen an diesem Heiligtum. Samuels Mentor Eli, so erfährt man, hat versagt, indem er seine außer Rand und Band geratenen Söhne nicht zu bändigen vermochte. Zutiefst beunruhigt über ihr frivoles Treiben, muss er erleben, dass Gott mit seinem Zögling Samuel Kontakt aufnimmt – nicht mit ihm, schon gar nicht mit seinen Söhnen. Anders als in der Bibel spricht Gott zu Samuel nicht in direkter Rede (wie hätte das gesanglich auch bewerkstelligt werden sollen?); vielmehr teilt Samuel gleichsam dem Publikum mit, was er erlebt hat, und dass er jetzt nicht recht weiß, wie er seinem Mentor gegenübertreten soll.

> O, wunderbare und unvergessliche Nacht!
> O, herrlicher Gott, du machtest einen armen Diener
> deiner höchsten Pracht, deiner Stimme würdig?
> O, unaussprechliche Güte!
> Doch deine Äußerungen waren voller Entrüstung.
> Ach! Wie, auf welche Weise kann man sie Eli offenbaren?
> Ihm, der immer für mich ein liebevoller Vater war
> und der mich hier dein heiliges Gesetz gelehrt hat!
> Ach! Meine Lippen zittern, und mein Herz erträgt es nicht.
> Da ist er ... er schläft ... der Arme ... was muss ich denken?
> Was soll ich tun? ... Wecke ich ihn auf? ... Ach, nein ...

Als Eli seinen Schüler streng zur Rede stellt, muss der ihm doch berichten, was Gott ihm eröffnet hat: dass über Elis Haus schweres Unheil hereinbrechen werde. Der alte Priester beugt sich dem Verdikt, sein Schüler bittet für ihn zum Himmel (da singen beide im Duett!), und schließlich anerkennt Eli Samuel als den kommenden Mann Gottes. (Der Vorgänger Pietro Molas war – fast möchte man sagen: zum Glück – zwei Jahre vor dessen Amtsantritt verstorben, weshalb dieser Zug der biblischen Erzählung wie auch des Oratoriums auf ihn nicht zutraf. Ganz anders war das bei manchen christlichen Kirchenvätern – ehrwürdigen Bischöfen –, die es durchaus beunruhigend fanden, wie Gott hier einen bewährten Gottesmann beiseiteschiebt und einen Newcomer an seine Stelle setzt.[5])

5 Vgl. dazu den Beitrag von Katharina Heyden in dem in Anm. 1 genannten Sammelband «Samuelmusik» sowie den obigen Beitrag «Der kleine Samuel».

Zunächst freilich erlebt man mit, wie sich unter Elis wohlwollendem Blick Samuel mit seiner Ursprungsfamilie trifft: eine rührende Szene, Fortsetzung und Abschluss der Familienidylle aus Teil 1. Gleich darauf aber gerät Samuel, berührt von Gott, in Verzückung – was sich daran zeigt, dass er aufhört zu singen und stattdessen *spricht*: eben jenes bewegende Melodram, in das sich der Chor nur scheu und leise einzumischen wagt. Im Zustand der Erleuchtung gibt Samuel Unerhörtes von sich: dass Israel Götzendienst getrieben habe und die Leute vom einen, wahren Gott abgefallen seien.

Hier entfernt sich der Librettist weit von der biblischen Vorlage. In dieser spielt das Thema «Verehrung falscher Götter» zwar auch eine Rolle, aber erst in den Kapiteln 1Sam 7 und 12. Wir nehmen diese beiden Stellen jetzt etwas näher in den Blick.

Als die Philister, die westlichen Nachbarn, über Israel die Oberhand gewonnen haben, wendet sich Samuel an das «ganze Haus Israel»:

> Wenn ihr von eurem ganzen Herzen zu Jhwh umkehren wollt,
> dann entfernt die fremden Götter und die Aschtarten aus eurer Mitte
> und richtet euer Herz fest auf Jhwh und dient ihm allein,
> und er wird euch aus der Hand der Philister retten. (1Sam 7,3)

«Fremde Götter und Aschtarten» in Israel: ein schwerwiegender Vorwurf – und nach Meinung des Textes offenbar der Grund dafür, dass die Philister Israel bedrängen konnten. Die Israeliten gehen auf Samuels Anschuldigung hin in sich, schwören den falschen Göttern ab, Samuel bringt dem wahren Gott ein Brandopfer dar, «schreit» zu ihm – und da «donnert» es vom Himmel: mit der Folge, dass die Philister «verwirrt» und von Israel besiegt werden (1Sam 7,9f). So die biblische Darstellung. In der historischen Wirklichkeit wurden die Philister nicht vom Gottesmann Samuel besiegt, sondern von den Königen Saul und David – und auch von ihnen nicht vollständig, sondern nur höchst punktuell.

Im Samueloratorium kommen die Philister gar nicht vor. Was von der Story in 1Sam 7 bleibt, ist das Thema «Abfall Israels zu falschen Göttern». Dieses selbe Thema wird in der biblischen Samuelgeschichte noch ein zweites Mal virulent, nämlich als Samuel von der öffentlichen Bühne abtritt. In seiner Abdankungsrede, in 1Sam 12, sagt er:

> Wenn ihr Jhwh fürchtet und ihm dient und auf seine Stimme hört und nicht widerspenstig seid gegen den Mund Jhwhs und ihr wie auch der König, der über euch herrscht, Jhwh, eurem Gott folgt, wird er euch retten. ... Weicht nur nicht ab von Jhwh und dient Jhwh von eurem ganzen Herzen. Und weicht nicht ab hinter den Nichtsen her, die euch nicht helfen und nicht retten, weil sie Nichtse sind. (1Sam 12,14.20f)

Diese Warnung ergeht in der Sorge um die Zukunft Israels in der nun beginnenden Königszeit. Tatsächlich werden laut der biblischen Darstellung Könige gleichsam von Natur aus dazu neigen, sich über Gottes Willen hinwegzusetzen. Menschen mit großen Machtbefugnissen beugen sich eben nicht gern einer noch höheren Macht. Lieber dienen sie falschen Göttern oder den eigenen Interessen (was ja manchmal dasselbe ist), machen religiös wie politisch Fehler über Fehler – und das Volk wird in den dadurch ausgelösten Unheilsstrudel hineingezogen. Davor warnt der greise Samuel: «Weicht nicht ab hinter den Nichtsen her, die euch nicht helfen!»

Nur eben: Die Perspektive auf Königtum und Staat fehlt im Samueloratorium. Übrig bleibt, dass Samuel seine Landsleute für anfällig hält gegenüber der Verehrung falscher Götter. Im Libretto hat seine Philippika den folgenden Wortlaut:

> Gottes Wohltaten und Gnadenakten zum Trotz –
> gibt es denn Menschen, die dumme Götzen verehren
> und sich seinem Zorn aussetzen?
> Bringen euch, undankbare Menschen, die altüberlieferten Wunder noch nicht dazu,
> solch blinde Täuschung abzulegen?
> Ist er nicht jener Gott, der die wirbelnden Wogen spaltete,
> der den Pharao versenkte und euch trockenen Fußes in Freiheit brachte,
> der euch immer beschützt hat,
> der den Rachezorn an euren barbarischen Feinden ausließ?
> [Und nun:] Unreine Hände bringen Opfergaben rings an den Altar ...
> Verwahrlost ist der Tempel ... der Festtag ist verstummt ...
> Ach welcher Anblick, o Herr! ... Rache brodelt! ...
> Der göttliche Hauch verzehrt euch alle, ihr Gottlosen.

Auf diese Vorhaltungen reagieren die Zuhörer (d. h. der Chor) keineswegs einsichtig, sondern äußerst gereizt:

> Welch unerhörte Schmähung!
> Mit welchem Recht spricht er so zu uns, schilt er uns?
> Ein frecher, unverschämter Jüngling –
> muss er uns drohen, uns beschimpfen?

Von einem derartigen Eklat liest man nirgendwo in den biblischen Samuelgeschichten. Und auch damals in Bergamo gab es, soweit ich weiß, keinen Skandal. Gleichwohl hört man den Samuel des Oratoriums voller Empörung reagieren:

> Wie? Den göttlichen Worten verweigert ihr den Glauben?
> Und Du, Herr, hörst sie – und lässt sie gewähren?
> Ach, möge Deine zornige Rechte einen zerstörenden Sturm entfesseln,
> und mögen die Schuldigen sehen, was sie sind und was Du bist!
> Mit von schrecklichen Blitzen umhülltem Haupt offenbare Dich, o Herr, den Unwürdigen;
> donnere, räche das Unrecht und die Beleidigung,
> die man gegen Deinen Kult, gegen Deinen Tempel übt.
> Ja ... mitten im Blitz ... mitten im glühenden Donnerschlag wird Dein Zorn wie ein Sturzbach sein.

«Räche die Beleidigung, die man gegen Deinen Kult, gegen Deinen Tempel übt!» Steckt darin ein Urteil über die religiöse Situation in Bergamo, in Oberitalien, zu

Beginn des 19. Jahrhunderts? Vielleicht sah dies auch der Herr Bischof so: Überall «Beleidigungen gegen Gottes Kult», mangelnder Respekt vor der heiligen Kirche! Womöglich wäre auch er gern mit einem Donnerwetter dreingefahren.

Der biblische Samuel soll dazu tatsächlich fähig gewesen sein, und zwar gleich zweimal: Das eine Mal, davon war schon die Rede, als es die Philister zu schlagen galt, das andere Mal, als die Israeliten überzeugt werden mussten. In seiner Rücktrittsrede unterstreicht ein himmlisches Donnerwetter den Ernst der Ermahnungen Samuels. So auch im Samueloratorium. Man hört es aus dem Orchester krachen und zischen, woraufhin der Chor erschrocken ruft:

> Was für Blitze! ... was für Donner! ...
> Es scheint, dass die Erde brennt!
> Alles ist Schrecken und Entsetzen.
> Großer Gott, ziehe die Rache von Deinem Volk zurück;
> Schaue auf jeden Reumütigen wieder mit gütigem Blick.
> Du bist so bereit zur Gnade wie langsam im Zorn.
> Ziehe die unbändigen Sturmwolken vom Himmel weg ...
> Lichte den Schleier der tiefen Finsternis,
> und demjenigen, der Dich anfleht, zeige,
> dass Du so bereit zur Gnade bist wie langsam im Zorn.

«So bereit zur Gnade wie langsam im Zorn»: Das ist ein Zitat der sog. Gnadenformel, die in der Hebräischen Bibel mehr als ein Dutzendmal begegnet[6] – freilich nirgendwo in den Samuelgeschichten. Merelli zeigt hier, dass er die Bibel kennt – und sachgerecht mit ihr umzugehen weiß.

Als der Chor immer noch klagt: «Ach, der Wirbelwind tobt wilder und furchtbarer» und Hanna und Elkana sich flehentlich an Samuel wenden: «Sohn! Ach Sohn!», da lässt dieser sich zur Fürbitte herbei. «Kniend», wie es in der Regieanweisung heißt, betet er:

> Ach, Du gnädiger Gott, der Du im Herzen aller Menschen liest,
> der Du die Reue der undankbaren Söhne nun siehst:
> Gewähre Ruhe Deiner Wut, Deinem Zorn!

Und diese Fürbitte wirkt – subito! Nicht nur die Musik besänftigt sich sogleich, man hört Elkana, Hanna und die Söhne rufen: «Was sehe ich nur?», und das Volk: «O unerhörtes Wunder! O wir Glücklichen!» Samuel hat den zürnenden Gott beruhigt. Es dürfte darin eine indirekte Aufforderung an den Bischof liegen: Tu Fürbitte für das sündige Kirchenvolk und wende Gottes Zorn von ihm ab!

Die doppelte Wundertat – zuerst das Heraufbeschwören eines Sturms, dann seine Stillung – ist eine überzeugende Beglaubigung von Samuels Führungsanspruch. Der alte Eli bringt es im Oratorium auf den Punkt, in sanften und ehrerbietigen Worten:

> Der Himmel hat sich beruhigt.
> Der Ewige zeigt sich euch mit einem Friedenslächeln.

---

6 Die Grundstelle ist Ex 34,6f.

> Eine einzige Seele vereinte den Himmel mit der Erde.
> O du (*an Samuel*), der du mit so viel Herrlichkeit umgeben bist, o Ehre Israels:
> In dir sieht jeder den auserwählten Diener, den Propheten Gottes.
> Ja, deine Tugenden werden die uneingeschränkte Fülle wohltuender Wirkungen
> auf das treue Volk herabkommen lassen.
> Und dein Name wird, zum Erstaunen der Völker,
> durch Hymnen und Gebete ruhmreich an ferne Jahrhunderte weitergegeben.

So ungefähr hätte der Vorgänger Pietro Molas, wäre er noch am Leben gewesen, sich für seinen Nachfolger verwenden müssen: Seht im neuen Bischof (auch wenn der noch keine Wunder vollbracht hat) «den auserwählten Diener, den Propheten Gottes». In der Festgemeinde von Schilo jedenfalls hat dieser Aufruf, laut Libretto, vollen Erfolg. Begeistert ruft der Chor: «Huldigung dem wahren, heiligen Propheten des Herrn!» Eine Gruppe «junger Propheten» verspricht: «Die erhabensten Gesänge wird unsere Schar erklingen lassen, die sich auf dich verlässt und hofft, dass sie durch dich Leben finden wird.» Und dann noch einmal der große Chor: «Ganz Israel möge sehen, wie du uns vollkommen glücklich machst – wie der fürsorgliche Hirte die geliebte Herde».

Katholische Würdenträger sehen sich gern als gute Hirten. Monsignore Pietro Mola wird an dieser Stelle wohlwollend seinen Hirtenstab gehoben und huldvoll gelächelt haben. Hoffentlich entging ihm nicht, wie Samuel auf die Huldigungsrufe reagiert: «Ach, nicht mir – Gott allein sei Ruhm und Ehre!» Das sagt der biblische Samuel so nicht, es war vielmehr, wie vorhin ausgeführt, das Motto des Templerordens. Immerhin aber finden sich am Ende der biblischen Abschiedsrede Samuels die folgenden Worte:

> Jhwh wird sein Volk nicht verwerfen um seines großen Namens willen;
> denn Jhwh hat sich entschlossen, euch sich zum Volk zu machen.
> Auch ich – fern sei es von mir, mich gegen Jhwh zu verfehlen
> (und) aufzuhören, für euch Fürbitte zu tun.
> Und ich werde euch unterweisen auf dem guten und geraden Weg.
> Fürchtet nur Jhwh und dient ihm in Treue und mit ganzem Herzen;
> ja, seht, was er Großes an euch getan hat! (1Sam 12,22–24)

Ganz ähnlich die letzten Worte Samuels im Oratorium:

> Immerzu sei das ausgewählte Volk ihm treu, folgsam,
> sei jeder von euch seinen Zeichen gehorsam,
> heute und immerdar, bis in alle Ewigkeit.

In der Bibel behält Samuel das letzte Wort, das Volk antwortet ihm nicht mehr. Im Oratorium dagegen gehört das letzte Wort dem Volk:

> Ja. Gehe die Sonne unter oder auf –
> finde er [Gott] uns immer so, alle versunken,
> in süßen Weisen sein Lob zu singen.

Das ist der Schlusschor. Israel (bzw. das Christenvolk in Bergamo oder wo auch immer) ist bereit. Das segensreiche Wirken Samuels (bzw. des neuen Bischofs von Bergamo oder welcher frommen Herren auch immer) kann beginnen. So endet, versöhnlich und hoffnungsfroh, das Oratorium «Il Samuele».

## 5. Die bleibende Bedeutung des «Samuele»

Am Schluss und im Rückblick stellt sich die Frage: Hat dieses Oratorium Bedeutung über seinen konkreten Entstehungsanlass hinaus? Der Amtsantritt eines Bischofs in einer oberitalienischen Stadt im frühen 19. Jahrhundert ist ja nichts wirklich Weltbewegendes!

Bewegend jedoch ist die Musik, die Giovanni Simone Mayr geschaffen hat: ein seinerzeit hochberühmter, dann merkwürdig in Vergessenheit geratener Komponist. Dieses Schicksal teilt Mayr mit Johann Sebastian Bach oder, wechselt man hinüber zu anderen Kunstsparten, dem Schriftsteller Robert Walser oder dem Maler Vincent van Gogh. Dass in Vergessenheit geratene große Künstler wiederentdeckt werden: das scheint zur Zeit auch dem Komponisten Giovanni Simone Mayr, einem Beethoven-Zeitgenossen, zu widerfahren – ein wenig vielleicht auch durch die Aufführung seines «Samuele» in Bern.

In diesem Fall könnte die Wiederentdeckung Mayrs auch eine Wiederentdeckung Samuels mit sich bringen, einer gleichfalls weitgehend in Vergessenheit geratenen biblischen Gestalt. Sofern das breite Publikum etwas von ihm weiß, dann am ehesten, dass er etwas mit den Königen Saul und David zu tun hatte – und dass eine sog. «Hexe» ihn aus dem Totenreich heraufgerufen hat. Aber seine Jugend, sein Aufstieg zum religiösen Führer Israels? Davon erfährt man nun durch die Musik Mayrs und die Worte Merellis. Deren Samueloratorium ist ein Beweis dafür, dass die Geschichten vom jungen Samuel auch in einer weit entfernten Zeit und in einem stark veränderten kulturellen Umfeld Aktualität und Attraktivität entfalten können. Natürlich ist dies im konkreten Fall nicht zuletzt der Verwurzelung Mayrs und Merellis im Milieu katholischer Kirchlichkeit im frühen 19. Jahrhundert geschuldet. Doch auch außerhalb dieses Milieus stellt sich bei denen, die den «Samuele» singen und hören, der Eindruck ein, es gehe da um einen Großen nicht nur der Judentums-, auch nicht nur der Religions-, sondern generell der Menschheitsgeschichte. Menschen mit einer so ungewöhnlichen Biografie, mit so außerordentlichen Erfahrungen, mit so überdurchschnittlichen Fähigkeiten, mit so weitreichendem Einfluss gibt es nicht allzu viele.

Noch etwas ist hier hervorzuheben. Samuel ist eine Gestalt des Alten Testaments. Das Alte Testament aber ist von Haus aus kein christliches, sondern ein jüdisches Buch. Jesus Christus und christliche Kirche kommen in ihm nicht vor. In der kirchlichen Rezeption hat man darum hinter dem wörtlichen, sozusagen jüdischen Sinn alttestamentlicher Texte immer nach einem verborgenen, sozusagen christlichen Sinn gesucht. Das Alte Testament sollte vorausweisen aufs Neue, seine Figuren auf Christus und die Seinen, seine Gebete, Gesetze, Weisheiten usw. auf kirchliches Beten, kirchliches Recht und kirchliche Lehre. Wie ging das bei Samuel? Nun, er erschien von der Geburt bis in, sogar über den Tod hinaus als unerschütterlich Gläubiger, immer mit Gott im Einklang Stehender – als vorchristlicher Superchrist sozusagen. Und seine Mutter Hanna? Die war natürlich eine vorbildlich Gläubige, die zu Gott um ein Kind betete – und es bekam. Betete nicht auch die Kirche um Kinder – und bekam sie (durch Taufe, Mission usw.)? Ferner: gab es nicht in der Geschichte von der Geburt Samuels auch eine Gegenfigur, eine Gegnerin der frommen Hanna? Doch, es gab sie: Die Zweitfrau Elkanas mit Namen Peninna, der die Kinder förmlich aus dem Schoß fielen, während Hanna (zunächst) kinderlos blieb; und dann erwies sich Peninna auch noch als grässliche Person, die Hanna für ihre Unfruchtbarkeit hänselte – das Motiv war klar: Elkana liebte Hanna mehr als sie, von ihr bekam er nur die Kinder. Und blitzschnell war in einem Dreisatz die Rechnung gemacht: Wenn Hanna die Kirche war, dann war ihre Widersacherin – die Synagoge. Kinderreich vielleicht, aber überhaupt nicht liebenswert, sondern grässlich und hämisch. Genau *diese* Art von «typologischer Schriftauslegung» (so lautet der Fachausdruck) wird im Samuel-Oratorium *nicht* geübt. Dessen Libretto bleibt ganz auf der Ebene des Wortsinns. Hanna ist fromm und lieb, aber sie ist nicht Vorabbild der Kirche; und Peninna kommt überhaupt nicht vor, das Judentum als Gegensatz zum Christentum erst recht nicht. Im Oratorium agieren einfach Menschen: vielleicht nicht gerade solche wie Du und Ich, sondern schon besondere; und wir, die Zuhörenden, sollen uns in ihnen nicht eitel spiegeln (und andere verachten), sondern sie vielleicht bewundern, das Vorbildliche, das Zukunftweisende an ihnen sehen.

Samuel, wie Merelli ihn zeichnet, hat etwas durchaus Paradigmatisches, Vorbildhaftes: nicht nur für katholische Würdenträger, sondern für jegliche Menschen, die Leitungsfunktionen innehaben oder anstreben (und auf diese oder jene Weise tun das sehr viele, ja, wohl alle – wenn man etwa an die Bereiche Wirtschaft oder Bildung, überhaupt an den sog. Dienstleistungssektor denkt: Busse und Loks steuern, Museen kuratieren, Kinder erziehen, Kranke heilen, Alte pflegen – das alles sind ja verantwortungsvolle Aufgaben). Samuel war es nicht an der Wiege gesungen, dass er einmal eine sehr, sehr hohe Funktion ausüben würde. Zuerst gar nicht zur Welt gekommen, dann in fremde Obhut gegeben, scheinbar nicht mehr als ein gelehriger Zögling, fallen ihm unversehens große Aufgaben zu, wird er förmlich nach oben geschoben. Mit einem Mal sieht er, was andere nicht sehen, urteilt klar, besitzt Geistesgegenwart, Geistesstärke, Mut, Durchsetzungskraft. Dabei bleibt er bescheiden, seiner Familie, seinem Lehrmeister, überhaupt seinen Mitmenschen verbunden und zugetan. Er weiß, dass er das, was er ist und kann, letztlich nicht sich selbst, sondern einem Höheren verdankt. Er will nicht sich selbst und seinem Fortkommen dienen, sondern ist bereit zum Dienst an der Allgemeinheit – nicht zuletzt auch: zum Dienst Gottes. «Nicht mir – Gott allein sei Ruhm und Ehre!» Johann Sebastian Bach schrieb über viele seiner Werke: S. D. G., «Soli Deo Gloria» – ein nachdenkenswertes Motto, gerade angesichts des heute gängigen «Ich, ich, nur ich».

Samuel, der Gottesmann, aber auch Mayr, der Komponist, und Merelli, der Librettist, hatten zu ihrer Zeit Einfluss auf Herzen und Gemüter, auf das Denken und Handeln ihrer Mitmenschen. Eigentlich wäre ihnen das auch heute zu wünschen.

# Botho Strauß' «Saul» – ein biblisch-modernes Drama

## 1. Streiflichter auf die Rezeptionsgeschichte der Gestalt Sauls

In den Samuelbüchern ist Saul, der erste König Israels und Begründer der israelitischen Monarchie, eine zentrale Figur. Er beherrscht – allein oder zusammen mit Samuel, seinem «Entdecker», oder mit David, seinem Rivalen und Nachfolger – etwa die Hälfte der 55 Kapitel der Samuelbücher.[1] Seine Charakterzeichnung fällt überaus differenziert aus. Als ein umgänglicher, bescheidener, fast scheuer junger Mann betritt er die Erzählbühne (1Sam 9–10), erweist sich dann aber als Kriegsheld (1Sam 11; 13–14). Von Samuel zunächst portiert, überwirft er sich doch bald mit ihm (1Sam 13,7–15; 15). Er fördert den Aufstieg Davids: holt ihn in seine Söldnertruppe, macht ihn zu seinem Musiktherapeuten und Waffenträger, bald auch zum Truppenführer und Schwiegersohn (1Sam 16–18). Doch alsbald wittert er in ihm den Konkurrenten, bedroht, verjagt und verfolgt ihn, ohne ihn doch je ausschalten zu können, ja, mehrfach soll er ihm sogar wehrlos in die Hände gefallen sein; seine eigenen Kinder, Michal und Jonatan, halten eher zu David als zu ihm (1Sam 19–26). Bei seinem Schlachtentod jedoch, angekündigt durch den aus dem Totenreich heraufgeholten Samuel (1Sam 28), steht und fällt Jonatan (mit einigen Brüdern) treu an seiner Seite (1Sam 31).

Die Gestalt Sauls wurde in der Folge nur sehr zurückhaltend und meist wenig vorteilhaft rezipiert. Der Chronist widmet ihm gerade *ein* Kapitel, in dem er einzig seinen Tod berichtet – und feststellt, dass er diesen verdient habe (1Chr 10). Wo sonst in der Bibel David bedacht und gefeiert wird, fehlt Saul völlig: in den Prophetenbüchern, in den Psalmen, bei Jesus Sirach, auch im Neuen Testament.

Das antike Judentum entwickelte von Saul ein etwas positiveres Bild. Josephus Flavius lässt in seinen «Antiquitates Judaicae» Saul als bescheidenen Helden auftreten[2] und als tapferen Helden sterben;[3] dazwischen schildert er ihn als erfolgreichen König, mit nur wenigen Fehlern und Schwächen.[4] Der Talmud

1 Saul ist präsent von 1Sam 9 bis 2Sam 1; und auch danach noch spielen immer wieder Saul-Nachkommen eine Rolle, namentlich sein Sohn oder Enkel Meribaal (2Sam 9; 16,1–4; 19,25–31).

2 Ant. 6.63.

3 Ant. 6.368–378; vgl. dazu Begg, Death, zusammenfassend 504f.

4 Vgl. Hentschel, Saul, 212–217.

weiß fünf Gründe zu nennen, aus denen Saul König wurde, ja geradezu werden musste: seine noble Herkunft, sein stattliches Äußeres, seine kriegerische Tapferkeit, seine Bescheidenheit und seine Unschuld; denn, so wird 1Sam 13,1 gedeutet, er sei sündlos gewesen wie ein Kind,[5] und sein ganzes Leben lang sei er vollkommen keusch geblieben.[6] Seine schwerste Untat, die Ausrottung der Priester von Nob (vgl. 1Sam 22), habe er am Ende seines Lebens bereut, und sie sei ihm vergeben worden.[7]

Die griechischen und lateinischen Kirchenväter befassten sich wenig mit Saul,[8] abgesehen fast nur von der Erzählung über die Totenbeschwörung in En-Dor (1Sam 28). Diese interessierte nicht so sehr um Sauls als vielmehr um der Frage willen, ob damals wirklich Samuel aus dem Totenreich heraufgekommen sei oder ob da Betrug getrieben wurde.[9] Die weitere kirchlich-theologische Rezeption der Antike und des Mittelalters sah, im Zuge der sog. typologischen Exegese, David als «Typos» Christi und Saul entsprechend als «Typos» des Antichrist.[10] In der beginnenden Neuzeit – etwa bei Hans Sachs – wurden die beiden Könige zu Exempeln gelungener und verfehlter Herrschaft.[11] Erst ab dem 17. Jahrhundert kam, in Dramen und Dichtungen, mehr und mehr der ambivalente und tragische Charakter der Saul-Gestalt zum Vorschein,[12] wozu nicht zuletzt Händels Saul-Oratorium einen Anstoß gegeben haben mag.[13]

# 2. Botho Strauß' «Saul» und die biblische Vorlage

## 2.1 *Äußere Daten*

Wo positioniert sich, mit Blick auf die lange Wirkungsgeschichte der Gestalt Sauls, das im Jahr 2019 in Hamburg bei Rowohlt erschienene Drama «Saul» von Botho Strauß? Über den Verfasser ist hier nicht viel zu sagen, schon gar nicht zu

5 Vgl. Klein, Anregungen, 135f.

6 Dies zeigt sich für die Rabbinen an seinem Verhalten in der Höhle von En-Gedi; vgl. Dietrich, Samuel 2, 714f.

7 bBer 12b.

8 Vgl. Hentschel, Saul, 221.

9 Vgl. Dietrich, Samuel 3, 75–80.

10 Vgl. Krauss/Küchler, Saul, 256.

11 Krauss/Küchler, ebd.

12 Vgl. Hentschel, Saul, 228–231, mit Fokus auf Werken des 20. Jahrhunderts (Rainer Maria Rilke, Ricarda Huch, Max Zweig).

13 Bartelmus, «Saul»; vgl. allein den sprechenden Untertitel dieses Aufsatzes sowie das abschließende Urteil, «daß das Oratorium nicht David verherrlichen, sondern die Tragödie von Saul erzählen will» (265).

spekulieren. Er ist 1944 geboren, hat ein beträchtliches literarisches Oeuvre vorzuweisen und gilt als einer der wichtigsten deutschsprachigen Autoren der Gegenwart. Doch nicht er interessiert hier, sondern eben sein Werk «Saul».

Es handelt sich um ein schmales Bändchen: etwa 60 nicht übermäßig eng bedruckte Textseiten, dazu ein «Anhang» von noch einmal rund einem Dutzend Seiten. Dem eigentlichen Stück vorangestellt ist eine Liste der *dramatis personae*: «Samuel, Saul, Jonathan, David, der Bote, die Hexe von Endor», außerdem «das Volk (Stimmen)» und «das Licht (Stimme)».

Das Drama gliedert sich in fünfzehn Szenen:[14] 1. «Samuel vor dem Volk» (2), 2. «Gott spricht zu Samuel» (1), 3. «Saul und Samuel» (4), 4. «Der Bote und das Volk» (2), 5. «Sauls Sieg über die Ammoniter» (3), 6. «Der Bote und der Knabe Jonathan» (2), 7. «Samuel und Saul» (4), 8. «Saul und David» (3), 9. «David und Jonathan» (4), 10. «Jonathan und Saul» (9), 11. «David und Saul» (3), 12. «Saul bei der Hexe von Endor» (7), 13. «Saul und Jonathan vor der Schlacht im Gebirge Gilboa» (5), 14. «Saul nach der Schlacht» (4), 15. «David vor seinem Zelt» (5). Man sieht sofort: die Szenen sind relativ kurz, nur zwei (die 10. und die 12.) sind etwas länger. Manche Überschriften unterscheiden sich nur durch die Umkehrung der Personenfolge (3./7. und 8./11.). Die Art der Überschriften lässt vermuten, dass der Text großenteils aus direkter Rede zwischen handelnden Personen, aus Dialogen also, bestehen wird.

Fast alle Szenen werden durch Regieanweisungen eröffnet, z. B.: «Der Bote sitzt auf einem Stein, das Volk als Figuren / Stimmen im Glaskasten» (4.); oder «Samuel tritt ein durch den linken Durchgang» (7.); oder «Saul auf seinem Thron» (8.); oder «Vor einer Höhle in den Bergen» (11.).

## 2.2 *Der Königswunsch (1. und 2. Szene)*

Die Anweisung zur ersten Szene ist besonders ausführlich: «Zeltartig überdachte Bühne mit einer Öffnung im mittleren Hintergrund und einem Eingang auf der linken Seite. Der Richter Samuel vor einem länglichen Glaskasten zur rechten Seite, darin das Volk, Puppen, Kostüme, holzgeschnitzte Figuren (‹Teraphim›), alle etwas unterlebensgroß.» Umstandslos beginnt «das Volk» zu reden:[15] «Du, Samuel, bist alt, deine Söhne sind Schurken. Setze einen König über uns, der uns richte und anführe in der Schlacht.» Das ist ziemlich originalgetreu der Text von 1Sam 8,6, angereichert aus 8,20 («Schlacht»), sprachlich allerdings etwas derber («sind Schurken» statt «gehen nicht auf deinen Wegen»). Samuel beantwortet

14 Um einen Eindruck von den Größenordnungen innerhalb des Stücks zu geben, füge ich in Klammern die jeweilige Seitenmenge bei.

15 Vermutlich handelt es sich um Stimmen aus den Kulissen, die vermeintlich aus dem Glaskasten kommen.

die Forderung des Volkes mit der Frage, ob er sich etwas habe zuschulden kommen lassen (vgl. 1Sam 12,3), was das Volk verneint (vgl. 12,4). Ob die Leute denn ahnten, fragt Samuel dann, was für Rechte der König für sich in Anspruch nehmen werde? Folgt eine Kurzfassung des sog. «Königsrechts» (1Sam 8,11–17). Das Volk bleibt hartnäckig bei seinem Wunsch, woraufhin Samuel ein Unwetter heraufzubeschwören droht (wovon die Bibel erst in 1Sam 12,17 redet).[16]

In der kurzen zweiten Szene kommt Gott ins Spiel, und zwar als «Stimme» (vermutlich aus den Kulissen – oder vom Band?), genannt «das Licht». Gott fragt unwirsch: «Was wollt ihr einen König haben? Ich allein bin euer König.» Das entspricht ungefähr 1Sam 8,7. Anders als in der biblischen Vorlage erklärt nun Samuel Gott den Hintergrund des Königswunsches: Israel wolle effizienter Krieg führen, so «wie die Heidenstämme» (vgl. 1Sam 8,5.20). Samuel ist empört: «Darin kehrt sich die Zeit um und brechen die alten Gebote». Gott indes weist ihn überraschend an, auf das Volk zu hören: Er selbst wolle ihm den Richtigen für das Königsamt zeigen. Regieanweisung am Ende von Szene 2: «Saul erscheint im Hintergrund der Bühne.»

## 2.3 *Sauls Aufstieg (3. bis 5. Szene)*

Den drei biblischen Erzählungen von der Königwerdung Sauls – 1Sam 9,1 – 10,16; 1Sam 10,17–27; 1Sam 11,1–15 – entsprechen die nächsten drei Szenen des Stücks. Die große Erzählung «von einem, der auszog, des Vaters Eselinnen zu suchen, und ein Königreich fand», ist umgestaltet zu einem einzigen Dialog zwischen Saul und Samuel, die sich sogleich gegenüberstehen. Samuel teilt Saul mit, die Eselinnen seien gefunden; bald werde Saul «das Beste aus dem Land Israel» gehören. Darauf Saul: «Bist du wirklich der Seher, oder bin ich einem Narren begegnet?» – wieder eine ziemliche Derbheit. Es folgt sogleich die Salbung und Sendung 1Sam 10,1–8. Auf Samuels Ankündigung «Da wirst du ein anderer Mensch sein» stellt Saul eine bedeutsame (in der Bibel fehlende) Frage: «Warum darf ich nicht bleiben, wer ich bin?» Und auf Samuels Ankündigung: «Gott wird deine Hände lenken nach seinem Willen», folgt die Regieanweisung: «Saul sucht seine Hände zu verstecken». Da wird sichtlich einer berufen, der nicht berufen werden will.

Die Geschichte von der Loswahl (1Sam 10,17–27) wird gestaltet als eine Art Teichoskopie: Ein «Bote» beschreibt, wie sich «Tombolatrommeln» drehen und der Name dessen herausfällt, «der fürchtet das große Los». Das «Volk» bricht in Königsjubel aus. Dann, als der Gewählte verschwunden ist, wieder Teichoskopie:

16 Dass das Unwetter sich entlädt, wird nicht berichtet oder dargestellt. In einem solchen Punkt hat ein Musikdrama die besseren Mittel: In Giovanni Simone Mayrs Oratorium «Samuele» lässt das Orchester die Blitze zucken und den Donner krachen, vgl. Dietrich, Samuele.

«Seht nur, der König verbirgt sich unter den rostigen Wagen. Ach, man zieht ihn unter einem Haufen von Schrott hervor.» (Ein göttliches Orakel ist dazu nicht nötig.) Das Volk, als er ihm vorgestellt wird, ruft: «Der soll es sein? Aber der doch nicht! Dürr und lang wie ein Spieß. Wie soll der uns helfen können?» Aus dem imponierend großen Mann wird also ein langer, dürrer Kerl und aus dem Widerstand Weniger (1Sam 10,27) eine allgemeine Ablehnung.

Die Geschichte vom Ammoniterkrieg (vgl. 1Sam 11) beginnt mit einer Regieanweisung, die schon alles sagt: «Saul zerschlägt einen Ochsenkadaver mit seinem Schwert» – nicht ein Rindergespann wie in 1Sam 11,7. Mit flammend-drohenden Worten ruft er die Landsleute zur Heerfolge auf – und berichtet dem plötzlich aufgetauchten Samuel rückblickend von der Provokation durch die Ammoniter und ihrer vernichtenden Niederlage. Samuel stellt fest: «Nie sah ich einen kampfwütigeren Mann.» Der Gottesgeist, der laut Bibel Saul «ansprang» (1Sam 11,6), lebt nur noch in der deutenden Rede Samuels: «Der heilige Zorn war über dich gekommen, die Begeisterung, in der Gott mit dir war». Nachdem Saul darauf verzichtet hat, die Zweifler an seiner Person zu bestrafen, verabschiedet sich Samuel mit frommen Worten aus seinem Führungsamt (vgl. 1Sam 12).

## *2.4 Der Philistersieg und das Zerwürfnis mit Samuel (6. und 7. Szene)*

Die große und in sich mehrschichtige Kriegserzählung 1Sam 13–14[17] verwandelt sich im Stück in einen knappen Dialog zwischen «dem Boten» und «dem Knaben Jonathan». Zuerst trägt der Bote das Kriegssummarium 1Sam 14,47 vor, worauf Jonathan – wie es scheint: gelangweilt – antwortet: «Und was sonst noch?» Da erzählt der Bote von der drückenden Überlegenheit der Philister (vgl. 1Sam 13,19f – noch mit einer Steigerung: «Dreißigtausend Kriegswagen besaßen sie»), und dass sie trotzdem geschlagen wurden. Jonathan wieder: «Und was noch?»[18] Der Bote rückt nun noch mit dem Sieg über Amalek heraus (vgl. 1Sam 14,48 und 1Sam 15) – und fällt anschließend ein bemerkenswert differenziertes Urteil über Saul. Jonatan antwortet mit einem vollmundigen Bekenntnis zu seinem Vater (der Konflikt zwischen beiden, wie in 1Sam 14,24–45 geschildert, bleibt beiseite).

Die beiden Verwerfungsszenen 1Sam 13,7b–15 und 1Sam 15, werden zu einer einzigen zusammengeführt und in diese auch noch Elemente aus 1Sam 14 einbezogen. Außer dem eigenmächtigen Opfern und der Verschonung des Amalekiterkönigs (so die Bibel) macht Samuel dem König auch das zügellose Verhalten seiner Soldaten in der Schlacht (vgl. 14,32) zum Vorwurf. Saul verteidigt sich einerseits – und gesteht andererseits seine Schuld: «Es hat mich gedauert der stolze König Agag. Weshalb zerschlagen eine so schöne Gestalt?» Dass Agag fürs

17 Vgl. Dietrich, Samuel 2, 33–36.72–77.

18 Auf seinem eigenen Beitrag zu dem Sieg gemäß 1Sam 14,1–15 beharrt Jonatan nicht.

Töten zu schön gewesen sei, ist kein biblisches, sondern ein nachbiblisches Motiv.[19] Und gänzlich neu ist, dass Saul auf die Verwerfungsmitteilung schreiend (!) antwortet: «Nein! Sprich nicht so! Du lügst!» Samuel sagt, es sei «falsch und unklug von Anbeginn» gewesen, dass das Volk «nach einem König verlangte». Saul wird zu einem Opfer von Umständen, die nicht er zu verantworten hat.[20] Wie in der Bibel, reißt er dem sich abkehrenden Samuel einen Zipfel seines Mantels ab, worauf dieser ihm, anders als in der Bibel, einen Trost offeriert: Der «Harfner David» werde ihm helfen, «wenn dich der böse Geist befällt und Düsternis in deine Seele dringt». Regieanweisung: «Im mittleren Durchgang erscheint David, ein junger Mann mit rundem Gesicht und rotblondem Lockenhaar. ... David beginnt auf der Lyra zu spielen, Saul richtet sich auf.»[21]

## 2.5 *Die Musiktherapie und das Zerwürfnis mit David und Jonatan (8. bis 10. Szene)*

Die nächste Szene beschreibt Davids Musiktherapie an Saul (vgl. 1Sam 16,14–23). Sie beginnt mit kurzen Rückblenden auf 1Sam 17 und 1Sam 16,1–13: Ob er der sei, der Goliat besiegt habe, fragt Saul. David: Ja. Darauf Saul: «Schlauheit hast du bewiesen, aber keinen Mannesmut.» Wie er an den Königshof gekommen sei? David: Samuel habe ihn als Musikanten gefunden. Darauf Saul: «Vielleicht suchte er nach einem, der noch etwas mehr kann». (Saul wittert also Verrat.) Dann soll David musizieren. Regiebemerkung: «David spielt auf seiner Lyra und singt dazu». Saul befiehlt: «Singe nicht.» Komponisten verschiedenster Zeiten waren uneins, ob zur Therapie Gesang gehörte oder nicht;[22] hier ist das entschieden. Als aus dem «Volkskasten ein Murmeln» ertönt: «Saul hat tausend erschlagen, David aber zehntausend» (vgl. 1Sam 18,7), schleudert Saul seinen Speer, doch David weicht aus (vgl. 1Sam 18,11; 19,10). Saul ruft: «Du hinterhältiger stinkender Schafsknecht! Laß ab von meinem Sohn! Du kannst nicht Freund sein mit Jonathan. Ich verbiete es. Du kommst von zu tief unten.» Dieser Ausbruch folgt in der Bibel erst in 1Sam 20,30, und dort scheint er nicht im niedrigen Stand

19 Nach Josephus Flavius (Ant. 6.137) schonte Saul Agag aus Bewunderung für seine Schönheit und Statur.

20 Ganz ähnlich sagen neuere Exegeten mit Blick auf die königtumskritischen Aussagen vor allem in 1Sam 8, Saul habe von Anfang an keine Chance gehabt (so etwa Gunn, King Saul, 61.125 u. ö.). Diachron gesehen ist jedoch die Königtumskritik ein erst spätes Element in den Texten.

21 Es sei daran erinnert: Der «Harfner David» wurde Saul nicht von Samuel empfohlen, sondern von einem unbekannten Gefolgsmann, vgl. 1Sam 16,18.

22 Johann Kuhnau kam allein mit dem «Clavier» aus, während Georg Friedrich Händel und Arthur Honegger David singen lassen; vgl. Dietrich, Samuel 2, 280–283.

Davids begründet zu sein, sondern in der tiefgehenden Entfremdung Sauls von Jonatan.[23]

Die Szene 9 «David und Jonathan» handelt hauptsächlich von der Absprache zwischen den beiden Freunden, wie sich die Haltung Sauls zu David in Erfahrung bringen lasse (vgl. 1Sam 20,1–23). Jonatan ergreift noch eindeutiger Partei als in der Bibel: «Höre, David. Der Geist des Herrn wich von König Saul. Und ein böser Geist ist eingezogen in sein Herz» (vgl. 1Sam 16,14, wo diese Aussage aber Erzählerrede ist). Und David qualifiziert die Vereinbarung mit Jonatan schärfer, als es in der Bibel geschieht: «Mir zum Schutz wirst du den eigenen Vater so listig hintergehen?» – was der Gefragte nicht dementiert, im Gegenteil, er tritt ausdrücklich seine Thronansprüche an David ab (ein Vorgriff auf 1Sam 23,17).

Es folgt die Szene 10, die längste des Stücks, besonders aufschlussreich für dessen Saul-Bild und von der biblischen Vorlage (1Sam 20,25–34) weit entfernt. Saul hält Jonatan, der Davids Fernbleiben von der königlichen Tafel zu entschuldigen bittet, vor: «Du bist sein Knecht. Du küßt ihm die Füße. Des Königs Sohn – eines Hirtenjungen Dienstmann» – wieder das Motiv vom Standesunterschied. Als Saul drohend David herzuschaffen befiehlt, bricht es aus Jonatan heraus: «David ist mein Freund. Ich werde ihn schützen und ihn vor jedem Übel bewahren, das du für ihn ersinnst. Eher erwürge ich dich. Du Herrscher, der nicht herrschen kann.» Das ist neu: eine so direkte Attacke, gar noch mit Todesdrohung! Und Saul? Er «murmelt» (Regieanweisung): «Wenn jetzt der Tod käme, ich würde nicht nein sagen» – Saul hat also suizidäre Anwandlungen! Jonatan wundert sich: «Der Sturm hat die Eiche gezaust» – und hält dem Vater dann vor, er trachte David schon die ganze Zeit nach dem Leben; darum habe er ihn zum Truppenführer gemacht und 1000 Philistervorhäute als Brautgabe für Michal verlangt (vgl. 1Sam 18,17–30 – dort waren es aber «nur» 100 Vorhäute). Saul gesteht seine hinterhältigen Absichten, betont aber, es gehe ihm einzig und allein um Jonatan als seinen Nachfolger. Doch der weist das von sich: «David ist der Gesalbte ..., und das Volk wünscht ihn zum König. Anders als dich, von dem das Volk nicht weiß, wie es ihn loswerden kann». Wieder: eine unerhörte Attacke, von der die Bibel nichts weiß. Als Saul klagt, er habe so viel in seinen Sohn investiert, antwortet der: «Viel hast du gegründet in mir, mehr noch hast du zerstört.» Saul erkennt: «David stahl mir den Erstgeborenen», worauf ein Hassausbruch gegen den Rivalen und ein Abgesang auf sich selbst folgt: «Wie furchtbar er strahlt! Die Weiber spreizen die Knie, sie wiehern vor Lust, wenn er vorbeikommt. Ich aber verbringe meine Tage ... in Unterwürfigkeit. Unterwürfig nicht einem Sieger in der Schlacht – den kenn ich nicht! –, unterwürfig allein dem gierigen Gott, dem maßlos Gewaltigen ..., der mich rief, nur um mich zu vernichten.» Jonatan kommt Mitleid an: «Du kreist um dich selbst wie eine abgerissene Rose im Flußstrudel ... Du ißt nicht, Vater. Du bist dürr und lang wie dein Speer [ein Zitat aus einer früheren Szene]. Du vernachlässigst dich, Vater. ... [E]twas

23 Vgl. Dietrich, Samuel 2, 541f.

Kleines mußt du essen.» Und dann das Unglaubliche: «Jonathan füttert Saul.» Der König, eben noch rasend, plötzlich hilflos wie ein Kind, eine zerstörte Persönlichkeit. Doch dann wieder – nur scheinbar ein Widerspruch – schleudert er plötzlich den Speer gegen Jonatan, in dem er David zu sehen meint. Der Sohn erkennt des Vaters Wahnsinn: «Ein Kranz von Irrlichtern schwebt um deine Stirn.» Und Saul selbst dämmert es: «Ich werde bald nicht mehr gescheit sein. Ich werde bald nicht mehr sagen können, wer ich bin und was mit mir geschieht. Die Wüste steigt mir in den Schädel.» Saul also kein schlechter Herrscher und schlimmer Sünder, sondern ein tragisch gebrochener, verwirrter Mann – beschrieben in höchst eindrücklichen Bildern.

## 2.6 *Sauls nutzlose Jagd auf David (11. Szene)*

Die Neuerzählung von 1Sam 24 – Sauls Verschonung in der Höhle bei En-Gedi – wird überblendet mit Elementen aus 1Sam 22 (Saul beklagt eine allgemeine Verschwörung gegen ihn), 1Sam 23 (Saul verfolgt David bei Keïla) und 1Sam 26 (David verschont Saul zum zweiten Mal). David redet zwar davon, dass er Saul ein Stück seines Mantels abgeschnitten habe (vgl. 24,4.12), gibt ihm aber am Schluss seinen Spieß zurück (vgl. 26,11.22). Saul hat in der Höhle nicht seine Notdurft verrichtet (so 24,4), sondern in ihr übernachtet (vgl. 26,5), und David erschlug zwei seiner Wachen, weil sie nicht gut auf den König aufgepasst hatten (eine Abwandlung von 26,15). Das Bild Sauls erfährt eine wesentliche Anreicherung, indem er Davids Großmut anerkennt, von sich selbst aber bekennt: «Gott hat mir die Großmut versagt und mir auferlegt, nicht verzeihen zu können»: wieder ein fast tragischer Zug an diesem Mann. David indes antwortet unbeschwert: «Ich kann das.»

## 2.7 *Saul in En-Dor (12. Szene)*

Die Erzählung von der Beschwörung des toten Samuel (1Sam 28) hat zahllose Künstler fasziniert – so auch Strauß; er widmet ihr eine der längsten Szenen des Stücks. Man erfährt von der «Hexe», dass sie «jung» ist und von Saul mit «Du Schöne» angeredet wird. Sie benimmt sich auch recht kokett, entblößt ihren Bauch, als sie ihm «ein bißchen Bauchreden» anstelle von Totenbeschwörung anbietet.[24] Sie beklagt, dass sie ihre Tätigkeit nicht mehr ausüben darf: Es ist nichts mehr mit dem «Glühen der Sibylle, die ihre Kräfte nicht mehr gebrauchen

---

24 Das ist hintergründig, insofern die Septuaginta die Beschwörerin grundsätzlich als «Bauchrednerin» bezeichnet – und damit der Geschichte eine bestimmte Deutung gibt, die dann von den meisten Kirchenvätern aufgenommen und vertieft wird, vgl. Parmentier, Wezens.

darf, nicht zittern noch stöhnen, nicht sich winden und nicht brüllen, erschüttert von den Geistern, die sie rief». Die Frau will ihre frühere Kunst nicht mehr ausüben, doch sie wehrt sich «vergeblich gegen die alten Mächte», von selbst «drängen sie ... empor». Regieanweisung: «Samuel erscheint, fast unsichtbar, im weißen Rauch.» Saul schildert ihm seine Not, wie in der Bibel, allerdings etwas plastischer: Die Philister sind mit 10000 Mann angerückt, er verfügt nur über 2000. Samuel hilft ihm nicht. Anders als in der Bibel wiederholt er nicht die früheren Verwerfungsaussagen, sondern lässt sie Saul wiederholen – so kraft- und willenlos ist dieser. Dann aber weist er noch auf ein Vergehen hin, das in 1Sam 28 nicht aufgerufen ist: den Massenmord an den Priestern von Nob (vgl. 1Sam 22). Saul bittet ihn inständig um einen taktischen Wink für die bevorstehende Schlacht. Doch Samuel kündigt ihm nur Niederlage und Tod an – und entschwindet. Die Frau fordert den zusammengebrochenen König zum Essen auf. «Und wenn du gegessen hast und immer noch frierst, so lege dich zu mir und wärm dich an mir.» Was bekommt sie zur Antwort? «Sieben Tage wirst du fasten nach des Königs Tod.» Ist das eine verzweifelt-depressive oder eine königlich-stolze Antwort?

## 2.8 *Sauls Ende (13. und 14. Szene)*

In Szene 13 lauscht man einem Zwiegespräch zwischen Saul und Jonatan vor der Schlacht: Ob David plötzlich auftauchen und Israel retten werde? (Jonatan: Ja; Saul: Nein.) Ob man selber siegen könne? (Saul verzagt: es befalle ihn immer im entscheidenden Moment eine «Unlust zu töten»; Jonatan tapfer: «Es ist jetzt die Stunde, dass wir zuschlagen».) Wie dem Feind taktisch am besten zu begegnen sei? (Saul: mit einer Finte; Jonatan: durch kühnen Angriff.) Am Ende gibt Saul Siegesparolen aus – «Recht will ich's dir machen, mein Sohn.» Da bläst einer zum Kampf, der weiß, dass er verlieren wird. Beide treten ab, dafür ist überraschend die «Hexe» wieder da. Sie spricht ein Gebet, das mit klagenden Worten beginnt und sich dann auf ihre eigenen Bedürfnisse konzentriert: Sie möchte «wie ein vornehmes Weib» herumlaufen und sich einen Mann suchen; Gott möge ihre «Fackel, die erlosch, wieder leuchten» und ihren «Pferch sich weiten, mein Kohlebecken, das jetzt schwarz ist, wieder aufglühen» lassen.

In Szene 14 sieht man Saul «auf einem Felsstein vor der Leiche Jonathans» sitzen. Er beklagt die «Rache meines Gotts», rühmt des Sohnes Tapferkeit. Es «schwand mir jäh die Kraft, die Wut, nachdem du fielst, war mir zu düster.» Ein Bote berichtet von dem Massaker, das die Philister am israelitischen Heer angerichtet haben. Saul will unbedingt wissen, dass David auf der Seite des Feindes focht, doch wird ihm dies nicht bestätigt. Da fordert er den andern auf, ihn zu töten, und stürzt sich, als dieser sich weigert, mit den Worten «so vernichte ich den Gesalbten» ins eigene Schwert. Erneut erscheint die «Hexe von Endor», diesmal nicht um zu beten, sondern um zu berichten: wie die Philister am folgenden Tag die Leichen Sauls und Jonatans schändeten.

### 2.9 *Davids Klage (15. Szene)*

David ist «vor seinem Zelt», als ein «Bote» kommt und von Israels Niederlage und von Sauls und Jonatans Tod berichtet. Er habe sich, erzählt er, in der Nähe des Königs befunden, als diesen «das Glück verließ. ... David, David, stöhnte er. Wo verbirgst du dich? David, David, dein Vormarsch hätte uns Rettung gebracht.» Dann habe er ihn aufgefordert, ihn zu töten, was er getan habe. David ist bewegt von Sauls vergeblichem Hoffen auf ihn und traurig, dass er Jonatan nicht helfen konnte. Den Boten verurteilt er dafür, dass er den Gesalbten angetastet hat. Er stimmt ein Klagelied auf Saul und Jonatan an – ziemlich wortgetreu nach 2Sam 1,18–27. Und wieder ist die «Hexe von Endor» da, gibt einen kurzen Ausblick auf das, was folgen wird: David wird König zuerst über Juda, dann über Israel. Ihre letzten Worte (und die letzten des Stücks): «Saul war düster und blieb keusch vom Tag an, da Gott ihn verwarf.[25] David aber ist eine helle Seele, und immer wird er bei vielen Weibern liegen. Allein seine Frau Michal, Sauls Tochter, wird er niemals berühren. Denn bis auf seine alten Tage wird er sich fürchten vor einem Nachkommen aus dem Geschlecht des unglücklichsten Königs von Israel.»

## 3. Der Anhang zum Stück

Anhangsweise gibt der Autor einiges über die Hintergründe seines Werkes preis. Den Anfang macht ein Brief vom 3. Januar 2013 – so weit (und wohl noch weiter) reicht die Entstehungsgeschichte zurück! – an den Schauspieler und Sprecher Wolfgang Rihm, der sich mit seinem Text offenbar intensiv auseinandergesetzt hat. Der Autor schreibt, er habe «nicht mit einem ernsthaften Vorschlag zur Realisierung für die Oper gerechnet».[26] Er «biete das Stück, so wie es ist, nicht öffentlich an. Was auch ein jämmerlicher Witz wäre, weil kein Theater so was heute machen würde». Warum diese Skepsis? Nun, «das stoffliche Milieu [sei] nicht besonders attraktiv» – soll wohl heißen: Wer will sich einen Abend lang mit einem biblischen König befassen, und dann noch mit diesem scheinbar so unattraktiven? Gleichwohl, so Strauß, habe sein «Kammerdrama unter drei Personen» seinen Reiz darin, dass es «ein Versuch [ist] über einen ersten König der

25 Sauls «Keuschheit» war ein großes Thema bei jüdischen Gelehrten in der Antike (bBer 62b) und im Mittelalter (Kimchi), vgl. Dietrich, Samuel 2, 715. Hatte Strauß davon Kenntnis?

26 Interessanterweise spricht Strauß hier von der «Oper», nicht vom «Schauspiel».

Israeliten, dem alles schiefgeht, ‹Gottes falsche Wahl› war der Arbeitstitel eine Zeitlang». Der Regisseur Peter Stein, dem er «schon früh den Text anvertraute», habe «eine Königstrilogie» verlangt: außer über Saul noch zu David und Salomo. Doch ihn, Strauß, habe «eigentlich immer nur ‹Gottes falsche Wahl› angezogen». Sodann äußert sich Strauß noch zur *Sprache* seines Stücks. Ihm sei bewusst geworden, «daß eine eigene, gar ins Heutige stilisierte poetische Sprache niemals die Wirkung der AT-Diktion erreicht» hätte. «Deshalb der Versuch, sich dieser niemals ganz zu entfernen – und sogar Selbsterfundenes ihr anzugleichen. Die ‹Vox atrox›, die harte, die *erschreckende* Stimme zu erhalten.» Würde «solch nachtönender Sprache» je Musik unterlegt (auch eine Opernfassung scheint dem Autor also denkbar), müsste sie «originaltönend», gemeint ist wohl: neutönend, sein, damit «die Gefahr des Archaisierenden gebannt» wird.

Als Nächstes präsentiert Strauß «Notizen zum Text»: also eine Art Eigeninterpretation. «Ich dachte an die Kontrastbindung [!] zwischen König Saul, dem Urdepressiven [!], und David, dem Urbegünstigten und -begabten.» «Alles geht schief dem Mißerwählten [!] ... Ein Unbesonnener, ein Übereifriger. Er wollte nicht berufen werden, er weiß um seine Schwäche. Doch einmal im Amt, muß er sich gegen jeden inneren Mangel Stärke abringen» – ein psychologisch höchst feinfühliges Porträt. Bei Saul kommt noch die transzendente Dimension hinzu. «Gott wendet sich ab von ihm ... Ein vom Allmächtigen aufgegebener König kann nur noch in die Selbstzerstörung flüchten.» Was die beiden anderen Hauptcharaktere betrifft, wurde David «von Jonathan, Sauls Sohn, geliebt. Diese Liebe ist die zu einem besten Freund ohne jede Andeutung eines erotischen Umgangs miteinander» – eine m. E. weder nötige noch sicher zutreffende Abgrenzung. Einige Schlussbemerkungen zur «Kleidung» beweisen sehr konkrete Vorstellungen zur szenischen Aufführung. Die Darsteller sollten sozusagen «historisch» gekleidet sein. «Am besten trügen alle das ähnliche Gewand, nur mit den auffällig verschiedenen Rangzeichen»: «Sterne, Zacken, Quadrate, Borten und Fransen ... Stirnreif und Armspange des Königs.»

Als Drittes bietet der Anhang «Zusätzliche Texte und Textvarianten». Die erste betrifft einen «Dialog Vater – Sohn», der in Szene 10 angesiedelt gewesen wäre. Saul zeigt sich eifersüchtig auf David, der ihm seinen Sohn wegnimmt. «Ich dacht: Zwischen uns wäre es so eng, es gäbe keinen Platz für die Schmeichelei eines Dritten.» Darauf Jonatan: «Ich lebe jetzt anders als du ... Ich kann nichts mehr annehmen von dir.» Saul verspricht, von nun an zu Jonatan nur noch «Bejahendes zu sagen». Das zweite Textstück ist eine längere Fassung des «Gebets der Hexe von Endor» (vgl. Szene 13). Hier verrät der Autor in einem Vorspann, woher die Bausteine des Gebets stammen: aus Psalm 77 und aus einem «Babylonischen Klagelied».[27] Was im längeren über den kürzeren Text hinausgeht, ist

27 Als Quelle nennt er korrekterweise ein gängiges Lehrbuch mit religiösen Texten aus der Umwelt Israels.

vor allem ein hymnischer Passus aus Ps 77, dessen Wegfall im Endtext sich verkraften lässt.

## 4. Auswertung und Einschätzung

Zweifellos ist Botho Strauß mit seinem «Saul» ein bedeutender Wurf gelungen. Obwohl von begrenztem Textumfang, birgt das Stück eine Vielzahl von Aspekten.

Als Erstes ist eine starke *Verkürzung und Vereinfachung* des biblischen Stoffs zu registrieren. Die Samuel- und die Ladegeschichten von 1Sam 1 bis 1Sam 7 sowie die reinen Davidgeschichten ab 1Sam 25 (und dann im 2. Samuelbuch) bleiben komplett beiseite. Andere Erzählungen, die sehr wohl zum Thema «Saul» gehören, sind gar nicht oder nur stark reduziert (in Rückblenden oder Seitenbemerkungen) präsent: etwa die Begegnung Sauls und seines Knechtes mit den Mädchen von Rama, 1Sam 9,11–13; das große Essen auf der Kulthöhe, 1Sam 9,22–24; der Hergang der Schlacht gegen die Ammoniter und die Erhebung des siegreichen Saul zum König, 1Sam 11,8–11.14f; der schlachtentscheidende Überfall Jonatans auf einen Philisterposten, 1Sam 14,1–15; das Ringen zwischen Saul und seinen Soldaten um das Leben des schuldig gewordenen Jonatan, 1Sam 14,36–46; der Kampf Sauls gegen die Amalekiter, 1Sam 15,6–9; der Aufmarsch der Heere und Sauls Verhalten vor (wie auch nach) Davids Zweikampf mit Goliat, 1Sam 17,1–39.55–58; der von Michal vereitelte Versuch Sauls zur Verhaftung Davids, 1Sam 19,11–17; das Verhör und die Bestrafung der Priester von Nob, 1Sam 22,6–19; das Katz- und Maus-Spiel von Sauls und Davids Truppen in Südjuda, 1Sam 23,1–28. Offensichtlich umgeht der Autor besonders aktions- und volkreiche Szenen,[28] wohl, weil sie den Charakter des Stücks als «Kammerdrama»[29] gesprengt hätten.

---

28 Darum auch wird die Geschichte von der Loswahl Sauls in Sam 10,17–27 als eine Art Teichoskopie gestaltet.

29 Diesen Begriff gebraucht der Autor selbst im ersten Teil des «Anhangs», s. oben.

Trotz solch energischer Reduktion kann man nicht sagen, das Drama entferne sich weit von der biblischen Vorlage, im Gegenteil, es wäre geradezu *bibelnah* zu nennen.[30] Strauß scheint Aktualisierungen bewusst zu meiden.[31] Auch jegliche Historisierung unterbleibt. Es wird «einfach» der biblische Text neu erzählt (bzw., wie es einem Drama entspricht, in direkte Rede umgesetzt). Offenbar meint der Autor, der alte Stoff sei in sich aktuell und spannend genug, um die Leserschaft oder ein etwaiges Publikum zu beeindrucken.

In diesem Zusammenhang ist die *Sprache* des Stücks zu erwähnen. Es ist keine Alltags-, erst recht keine Umgangs-, sondern eine erkennbar gehobene, gemessene Sprache. Saul etwa fragt nicht nach «dem Haus des Sehers», sondern nach «des Sehers Haus». Nur gelegentlich meint man Lutherdeutsch zu hören, etwa wenn die in 1Sam 8 erwähnten fremden Völker «Heidenstämme» heißen oder wenn Saul von den «Kindern Israels» spricht. Im Brief an Wolfgang Rihm[32] spricht der Autor, wie erwähnt, von einer «AT-Diktion», die jedem Modernisierungsversuch überlegen sei. So reden seine Figuren gewissermaßen «biblisch»: nicht weil es altmodisch, feierlich, heilig, sondern weil es fremd und «hart» klingen soll. Strauß hat sich tief in die Sprache der Bibel eingehört und sich dabei ein gewissermaßen «hebraisierendes Deutsch» angeeignet, das aber keineswegs antiquiert, sondern durchaus (maßvoll) modern klingt. Vom großen Bilderreichtum wurde oben einiges deutlich. Zuweilen erklimmt die Sprache poetische Höhen, beispielsweise in Sauls Rede von «Gott, dem maßlos Gewaltigen, der da verströmt Zärtlichkeit und Grausamkeit, Wundertat und Blutgericht» (Szene 10). Hier ist ein wahrer Sprachkünstler am Werk!

Alle Bibelnähe hindert indes nicht an gewissen *Abänderungen und Erweiterungen*. Oft sind es nur Kleinigkeiten: Saul etwa zitiert (in Szene 8, nachdem David ihn durch Musik beruhigt hat) Kohelet 10,16. Jonatan bietet sich (in Szene 9) dem künftigen König David als Waffenträger an. Seinem Vater eröffnet Jonatan (in Szene 10), das Volk wolle ihn als König loswerden – um hernach den erschütterten König zu füttern. David behauptet (in Szene 11), zwei Wachen erschlagen zu haben, die Saul nicht gut bewacht hätten. Saul kennt die Heeresgrößen vor der

---

30 Um wieviel freier springen die Verfasser zeitgenössischer Davidromane mit den Bibeltexten um! Grete Weil etwa spiegelt unverblümt sich selbst in der Figur der Michal, weshalb die ersten beiden Kapitel ihres Romans mit «Ich, Grete» bzw. «Ich, Michal» beginnen (Weil, Brautpreis, 7 bzw. 13). Joseph Heller lässt David, wenn es gerade passt, von «gefalteten Zeitungen» oder «verrosteten Konservendosen» sprechen (Heller, Weiß Gott, 83.89). Und bei Stefan Heym lugt der «real existierende Sozialismus» durch alle Ritzen; wenn etwa König Salomo dem fiktiven Ich-Erzähler Ethan «seine kurze, fette Hand auf die Schulter» legt und fragt: «Nu?» (Heym, König David Bericht 9), erkennen nicht nur Eingeweihte sofort Walter Ulbricht.

31 Eine hübsche Ausnahme ist es, dass beim Vortrag des sog. «Königsrechts» (1Sam 8,11–17) Samuel sagt, der König werde den Zehnten nehmen «und seine Waffengeschäfte damit begleichen»; von Rüstungs- oder Kriegssteuern spricht die Bibel nicht.

32 Siehe oben bei «Anhang», erster Teil.

Schlacht von Gilboa (Szene 12). Die umfangreichsten Ausweitungen indes betreffen die «Hexe von Endor». Man erfährt (in Szene 12) einiges über den Vorgang der Totenbeschwörung, der in der Bibel ganz unanschaulich bleibt. Die Frau beschreibt, wie es ihr erging, als sie ihre Kunst noch ausübte: Da «zitterte» und «stöhnte» sie, «wand sich» und «brüllte», war «erschüttert von den Geistern, die sie rief». Schließlich kann sie der alten okkulten Neigung doch nicht widerstehen, ruft: «Es steigt ein Grollen und Brummen aus der Erde in meinen Mund. Mein Schädel dröhnt von stürzenden Felssteinen.» Dann, als alles vorbei ist, bietet sie dem erschöpften König nicht nur Essen an, sondern auch die Wärme ihres Leibes. Nachdem Saul gegangen ist, tritt sie, anders als in der Bibel, noch mehrmals auf – warum? Wollte der Autor den sonst nur männlichen Figuren seines Stücks eine weibliche beigesellen, obendrein eine interessant-geheimnisvolle, der er sogar das letzte Wort gibt?[33]

Der entscheidende Schwerpunkt des Dramas liegt, was schon der Titel anzeigt, in der *Charakterzeichnung Sauls.* Er ist für das ihm zugemutete Amt schlicht nicht gemacht, und darüber wird er zunehmend verzweifelt und deprimiert. Schon, als ihm sein «Entdecker» Samuel nach der Salbung zusichert, er werde nunmehr «ein anderer Mensch» werden, antwortet er kleinmütig: «Warum darf ich nicht bleiben, wer ich bin?», und auf Samuels Ankündigung, Gott werde seine «Hände lenken», sucht er «seine Hände zu verstecken». Er stößt denn auch auf gar keine Anerkennung. Das Volk, dem er als König präsentiert wird, ist entsetzt: «Der soll es sein? Aber der doch nicht! Dürr und lang wie ein Spieß. Wie soll der uns helfen können?» Ein namenloser Bote beurteilt ihn als «eine jähe Seele. Einmal langmütig und sanft. Ein andermal unduldsam und aufbegehrend» – heute würde man vielleicht sagen: eine Borderline-Persönlichkeit.[34] Er selbst ist bald schon seines Lebens müde: «Wenn jetzt der Tod käme, ich würde nicht nein sagen.» Die «Hexe» nennt ihn in ihrem Schlusswort den «unglücklichsten König von Israel». Und der Autor selbst bezeichnet sein Stück als einen «Versuch über einen ersten König der Israeliten, dem alles schiefgeht, ‹Gottes falsche Wahl›».[35] Er sieht in ihm einen «Urdepressiven».[36] Kein Sünder oder Versager ist er, sondern ein «Mißerwählter». Ihm wurde eine Last aufgeladen, die er nicht tragen konnte. Nach Samuels Meinung war bereits der Königswunsch Israels «falsch und unklug». Nicht von ungefähr verdächtigt Saul seinen einstigen Mentor, David für die bessere Wahl zu halten (Szene 8). Eben das sagt ihm Jonatan ganz offen: «David ist der Gesalbte ... und das Volk wünscht ihn zum König.» Seinen hauptsächlichen Feind jedoch erkennt Saul in einem anderen: «dem gierigen Gott, dem

33 Es ist befremdlich, dass Strauß sie durchgehend «Hexe» nennt. Sitzt er nur einem alteingeschliffenen Sprachgebrauch auf, oder benutzt er bewusst ein diffamierendes Wort in nichtdiffamierender Weise, eine Art Rehabilitierung oft und lange verfemter Frauen?

34 So die Diagnose von Hoffmann-Axthelm, Musiktherapeut, 571–575.

35 Vgl. oben «Anhang», Teil 1.

36 «Anhang», Teil 2.

maßlos Gewaltigen ..., der mich rief, nur um mich zu vernichten» (Szene 10). Es ist ein «Gott, der ihn nicht liebt» (Szene 14).

Im Grunde also ist Botho Strauß' «Saul» eine Tragödie. Von einem so Glück- und Chancenlosen wie diesem Saul werden sich alle, denen nicht jede Fähigkeit zur Anteilnahme abhandengekommen ist, unwillkürlich angezogen fühlen. Sie werden angesichts seines Schicksals Schrecken und Mitleid empfinden, selbsterfahrenes oder befürchtetes Unglück assoziieren, hoffen, am Ende nicht so schlimm getroffen zu werden und zu enden wie er. Vielleicht erkennen sie an «Saul», wie problematisch es ist, die Schuld für das Unglück anderer (oder für eigenes Unglück) bei den anderen (oder bei sich selbst) zu suchen. Vielleicht bestärkt «Saul» sie darin, unglücklichen Menschen nicht hart und überheblich, sondern großzügig und teilnahmsvoll zu begegnen. Von daher lohnt sich die Lektüre dieses Dramas – und würde sich auch seine Aufführung lohnen.

## *Literaturverzeichnis*

Bartelmus, Rüdiger, Händel-Jennens' Oratorium «Saul». Eine späte musikalisch-dramatische Rehabilitation der Figur des Saul – in der kanonischen Endgestalt des Alten Testaments mißbraucht als bloße Gegenfigur zu David, in: Ders., Theologische Klangrede – Musikalische Resonanzen auf biblische Texte (Ästhetik – Theologie – Liturgik 56), Berlin 2012, 245–267.

Begg, Christopher, The Death of Saul according to Josephus, ASEs 16 (1999), 485–505.

Dietrich, Walter, Samuel. Teilband 2. 1Sam 13–26 (BKAT VIII/2), Neukirchen-Vluyn 2015.

Dietrich, Walter, Samuel. Teilband 3. 1Sam 27 – 2Sam 8 (BKAT VIII/3), Göttingen 2019.

Dietrich, Walter, «Il Samuele». Das Libretto des Oratoriums von Giovanni Simone Mayr und Bartolomeo Merelli im Licht seiner biblischen Vorlage, in: ders. (Hg.), Samuelmusik. Die Rezeption des biblischen Samuel in Geschichte, Musik und Bildender Kunst (Studies of the Bible and Its Reception 19), Berlin/Boston 2021, 183–198.

Gunn, David M., The Fate of King Saul. An Interpretation of a Biblical Story (JSOT.S 14), Sheffield 1980.

Heller, Joseph, Weiß Gott. Roman, München 1985.

Hentschel, Georg, Saul. Schuld, Reue und Tragik eines «Gesalbten» (Biblische Gestalten 7), Leipzig 2003.

Heym, Stefan, Der König David Bericht. Roman, München 1972.

Hoffmann-Axthelm, Dagmar, David als «Musiktherapeut». Über die musikalischen Heilmittel Klang – Dynamik – Rhythmus – Form, in: Walter Dietrich / Hubert Herkommer (Hg.), König David – biblische Schlüsselfigur und europäische Leitgestalt, Fribourg/Stuttgart 2003, 565–588.

Klein, Johannes, Anregungen zur Interpretation der Samuelbücher aus dem Talmud, in: Walter Dietrich / Cynthia Edenburg / Philippe Hugo (eds.), The Books of Samuel. Stories – History – Reception History (BEThL 284), Leuven 2016, 129–151.

Krauss, Heinrich / Küchler, Max, Saul. Der tragische König (Erzählungen der Bibel 4), Fribourg/Stuttgart 2010.

Parmentier, Martien F. G., Goddelijke wezens uit de aarde. Griekse kerkvaders over de ‹heks› van Endor, Kampen 1989.

Weil, Grete, Der Brautpreis. Roman, Zürich 1988.

# Davids Frömmigkeit – religiöses Phänomen und historisches Problem

Wer das Nachleben der Davidgestalt in den jüngeren Büchern der Hebräischen Bibel betrachtet, wird kaum daran zweifeln, dass David ein ausnehmend frommer Monarch war. Durch die «Davidisierung» des *Psalters*, mit 73 David zugewiesenen Psalmen, wird er zum vorbildlichen Beter Israels.[1] Die *Chronik* lässt ihn mit nichts stärker beschäftigt sein als der Vorbereitung des Tempelbaus (1Chr 22–29).

Sehr aussagekräftig sind hier auch die David betreffenden Passagen in der Redaktion der *Königsbücher*. Der ob seiner Frömmigkeit hochgelobte Joschija, liest man da, «ging ganz auf dem Weg Davids, seines Vaters» (2Kön 22,2), und der ebenfalls hochfromme Hiskija «tat, was recht war in den Augen Jhwhs, ganz wie sein Vater David es getan hatte» (2Kön 18,3). So war es auch schon bei König Asa (vgl. 1Kön 15,11). Amasja war ebenfalls fromm, «wenn auch nicht so wie sein Vater David» (2Kön 14,3). Ahas dagegen tat, «anders als sein Vater David, nicht, was recht war in den Augen Jhwhs» (2Kön 16,2). Unfromme Könige wie er bewirkten nur deswegen nicht den frühzeitigen Untergang Jerusalems und Judas, weil Jhwh beides «um Davids, seines Dieners, willen» noch eine Zeitlang erhalten wollte (1Kön 15,4; 2Kön 8,19). Dem ersten König Israels, Jerobeam, lässt Gott ausrichten, er sei nicht «wie mein Diener David gewesen, der meine Gebote gehalten hat und mir gefolgt ist mit ganzem Herzen und nur tat, was recht ist in meinen Augen» (1Kön 14,8). Nur einmal fällt ein Schatten auf dieses glänzend fromme Davidbild: «David tat, was recht war in den Augen Jhwhs, und sein Leben lang wich er nicht ab von allem, was er ihm befohlen hatte – abgesehen von der Sache mit Urija, dem Hetiter» (1Kön 15,5); ein Heiliger also, der nur einmal sündigte – wobei er es in diesem einen Fall weniger an Frömmigkeit als an Moral und Anstand fehlen ließ.

Auch die Autoren und Redaktoren der *Samuelbücher* rühmen die außergewöhnlich enge Gottverbundenheit Davids. Sie gewinnt exemplarisch Ausdruck in einer immer und immer wiederkehrenden Formel, wonach Jhwh «mit» David war sein Leben lang.[2]

Zeigt also in der Bibel der *Blick auf David* einen außerordentlich frommen, gottnahen Herrscher, so soll es im Folgenden um *Davids Blick zu Gott* gehen, und zwar in der ältesten verfügbaren Quelle, den Samuelbüchern. Wo äußert oder

---

1 Vgl. Kleer 1997.

2 1Sam 16,18; 18,12.14.27; 17,37; 20,13; 2Sam 5,10; 8,6.14; 1Kön 1,37. Vergleichbar ist auch die Aussage, dass Jhwhs Geist nach seiner Salbung durch Samuel dauerhaft auf David blieb, 1Sam 16,13.

präsentiert *er selbst* sich als fromm und gottverbunden? Welches literarische, literaturgeschichtliche und evtl. auch historische Bild ergibt sich aus diesen Aussagen und Nachrichten? Die Belege werden grob in literarhistorischer Reihenfolge geordnet, allerdings in reziproker Anordnung, d. h. von den jüngsten Texten zurück zu den älteren und mutmaßlich ältesten. Von dort aus kann dann die Frage nach der Frömmigkeit des historischen David angegangen werden.

## 1. Nachexilische Belege

In den jüngsten Schichten der Samuelbücher äußert David sich durch und durch fromm. Das betrifft ohnehin die poetischen Stücke im sog. Anhang, 2Sam 22,1–51 und 23,1–7. Es gilt aber auch für die ebenfalls zum Anhang gehörende Erzählung von der Bedrohung Jerusalems durch die Pest, 2Sam 24,10–25. Hier richtet David an Jhwh ein Bußgebet (24,10.17), sagt, er wolle lieber in die Hand Jhwhs fallen als in die von Feinden (24,15), kauft den Platz für einen Altarbau (24,21) und betätigt sich als Altarbauer und Opferherr (24,25). Offensichtlich befindet man sich hier schon nah an der Chronik, die David als Tempelplaner darstellt.

Schon ganz am Anfang seiner Karriere, in bzw. unmittelbar vor seinem Kampf gegen Goliat, präsentiert sich David als vorbildlich frommer Jude: Wenn er gleich den übermächtigen Feind besiege, werde alle Welt wissen, dass Israel einen Gott hat, und die ganze Gemeinde werde merken, dass Jhwh nicht durch Schwert und Speer rettet, dass der Krieg Jhwhs ist (1Sam 17,46b.47).[3] So belehrt der fromme David einerseits Israel, das sich nicht fürchten muss, weil es über keine starke Kriegsmacht verfügt, andererseits aber die ganze Welt über den Gott Israels, der seinem Volk gerade in seiner Schwäche zu helfen vermag.

## 2. Deuteronomistische Belege

Die Deuteronomisten, die bei der Schaffung ihres Werks «Von der Landnahme bis zum Landverlust» in die Samuelbücher vergleichsweise wenig eingegriffen haben, legen David immerhin ein sehr ausführliches Gebet in den Mund: 2Sam 7,18–28.[4] Nachdem Natan ihn mit der Dynastieverheißung überrascht hat, wendet sich David an Gott. (In der älteren Überlieferung nimmt er die Weissagung

3 Zum Nachtragscharakter dieser Verse siehe Dietrich 2013, 332f.

4 Noth (²1957, 64) sah in 2Sam 7 noch keinen zentralen dtr Text. Als solchen erkannte das Kapitel McCarthy 1965. Veijola (1975) hat die am weitesten reichende Studie zur dtr Redaktion der Samuelbücher vorgelegt; zu 2Sam 7 vgl. seine ausführliche Analyse 68–79.

wortlos entgegen, was die Redaktion verbesserungswürdig fand.) Ein erster Redaktor lässt David für die große Zusage danken und um ihre wirkliche Erfüllung bitten – in der Zeit des Exils ein ebenso dringendes wie kühnes Anliegen! –, ein zweiter rückt an David vorbei das Gottesvolk Israel und die Unvergleichlichkeit und Einzigkeit seines Gottes in den Vordergrund (7,23f), sodass das Treueversprechen Jhwhs nicht mehr nur dem davidischen Königtum, sondern einem der Eigenstaatlichkeit beraubten Judentum gilt. Durch ein solches Gebet wird der fromme König zu einem Garanten der Zuwendung Gottes zu seinem Volk auf ewige Zeiten.[5]

Einmal, ganz am Ende seines Lebens, lässt ein spätdeuteronomistischer Autor David seinem Sohn und Nachfolger Salomo die Treue zur mosaischen Tora ans Herz legen: «Halte ein, was Jhwh, deinem Gott, gegenüber einzuhalten ist: zu gehen auf seinen Wegen, einzuhalten seine Satzungen, seine Befehle und seine Rechte und seine Ordnungen, so wie [sie] niedergeschrieben [sind] in der Tora Moses, damit du Erfolg hast in allem, was du tust, und in allem, wohin du dich wendest» (1Kön 2,3). David also als toratreuer Jude.

## 3. Die Sicht der vordeuteronomistischen Redaktion («Höfisches Erzählwerk»)

Das Bild verschiebt und differenziert sich erheblich, wenn man sich literaturhistorisch eine Stufe zurückbewegt. Ehe die Deuteronomisten ans Werk gingen, schuf um die Wende vom 8. zum 7. Jahrhundert ein großer Redaktor und Autor ein «Erzählwerk über die ersten Könige Israels», das den Grundbestand von 1Sam 1 bis 1Kön 12 umfasste[6]. Darin bildet die Vita Davids das Zentrum, und bereits sie porträtiert David als frommen Mann, und zwar nicht als einen, der einer schriftlich fixierten Tora, sondern der grundlegenden religiös-ethischen Maximen gerecht wird.

Als erstes sind hier Stellen zu erwähnen, an denen jener Verfasser – ich nenne ihn den «Höfischen Erzähler» – David in einvernehmlichem Kontakt mit *homines religiosi* zeigt. Da flieht der von Saul vertriebene und verfolgte David zum Propheten Samuel und findet bei diesem Schutz (1Sam 19,18–24). Da präsentiert

5 Vgl. Dietrich 2019a, 643–645.

6 Vgl. Dietrich 1997, 259–273; 2022, 92–101. Im Folgenden werden nur Stellen aus den Samuelbüchern aufgerufen, die ich in meinem Kommentar (Samuel, Bde. 1–5) dem Verfasser dieses Erzählwerks zugewiesen habe. Meine Ergebnisse berühren sich in Vielem mit denen von Johannes Klein (2002); Klein redet von einem «Verfasser der Vergleiche» – nämlich zwischen David und Saul. Eine vor-dtr Redaktion der Samuelbücher kam auch in den Arbeiten von Würthwein (1974), Langlamet (1979, 1980, 1981) und Fischer (2004) zum Vorschein.

sich David dem Priester Ahimelech als tadelloser heiliger Krieger, der Unterstützung verdient (1Sam 21,6). Da eröffnet er dem Propheten Natan, dass er einen Tempel bauen will (2Sam 7,2). Da hält er sich an die religiösen Sitten, zum Beispiel die, dass ein vor Jhwh geleisteter Schwur unbedingt einzuhalten ist (1Kön 1,30; 2,8).

In den Augen des Höfischen Erzählers erkannte David Jhwh als seinen Helfer und Retter. Das gilt zunächst im Zusammenhang kriegerischer Auseinandersetzungen. David empört es schon als Jüngling, dass der freche Goliat «die Schlachtreihen des lebendigen Gottes» verhöhnt, und er ist überzeugt, dass Jhwh, der ihn vor wilden Tieren gerettet habe, ihn auch vor diesem Goliat retten werde (1Sam 17,36f). Wenig später erklärt er Goliat: «Jhwh wird dich heute in meine Hand liefern» (1Sam 17,46). Ganz genauso eröffnet er später Saul, nachdem er sich in dessen Feldlager geschlichen, ihn aber verschont hat: «Jhwh hat dich heute in meine Hand gegeben» (1Sam 26,23). Er ruft Jhwh selbst zum Richter auf zwischen sich und Saul (1Sam 24,13.16), überzeugt davon, dass Jhwh «einem jeden seine Rechttaten und seine Zuverlässigkeit vergelten» werde (1Sam 24,16). Der Prinzessin Michal, die ihn für seinen Tanz vor der Lade kritisiert hat, erklärt er selbstbewusst, er habe «vor Jhwh» getanzt, der ihn «erwählt» habe (2Sam 6,21). Zweimal kann er sagen: «Jhwh lebt, der mich aus aller Not erlöst hat» (2Sam 4,9; 1Kön 1,29).

Diese positive Gottesbeziehung hält sich auch in schwierigen Situationen durch, in die David gerät. Als die Amalekiter seine Basis Ziklag überfallen und Frauen und Kinder verschleppt haben, worauf ihn seine eigenen Leute steinigen wollen, «findet er Stärke in Jhwh, seinem Gott» (1Sam 30,6); offenbar gibt Gott selbst ihm die Idee ein, ein Orakel einzuholen und daraufhin die Räuber erfolgreich zu jagen.[7] Eine andere große Gefährdung ist die durch den Putschversuch seines Sohns Abschalom. Als er auf der Flucht vor ihm hört, Ahitofel, sein wichtigster Berater, sei zu den Aufständischen übergelaufen, schickt er ein Stoßgebet zum Himmel: «Vereitle bitte den Rat Ahitofels, Jhwh!» (2Sam 15,31) – eine Bitte, die sofort in Erfüllung geht, indem Huschai, ein weiterer glänzender Berater, auftaucht, der zum Antipoden Ahitofels wird.

Der David des Höfischen Erzählers hat nicht nur bestimmte, meist positive Erfahrungen mit Gott, sondern auch klare Vorstellungen von ihm. Nach seiner Überzeugung ist Jhwh unnötiger Gewalt und zwischenmenschlichem Unrecht abgeneigt. So darf Saul, den «Gesalbten Jhwhs», niemand antasten (1Sam 24,7.11; 26,9.16.23; 2Sam 1,14). Jhwh ist dafür zu preisen, dass er David durch die kluge Frau Abigajil von einem Blutvergießen am Haus Nabals abgehalten hat (1Sam 25,32). Menschen, die sich anständig verhalten, verdienen ungeachtet ihrer Herkunft und politischen Ausrichtung den «Segen» und die «Loyalität und Treue» Jhwhs (2Sam 2,5f: die Jabeschiter; 15,20: der Gatiter Ittai). Als nach dem Sieg über

7 1Sam 30,7ff; diese Erzählung war dem Höfischen Erzähler im Grundbestand vorgegeben, doch er interpretiert Davids Erfolg als Folge der Stärkung durch Jhwh.

die Amalekiter die Stärkeren unter Davids Soldaten die ganze Beute für sich behalten und den Schwächeren nichts abgeben wollen, sagt er: «Handelt nicht so, meine Brüder, an dem, was Jhwh uns gegeben hat. Und er hat uns behütet und hat die Bande, die über uns gekommen war, in unsere Hand gegeben» (1Sam 30,23); darum also, weil die Beute Jhwh zu verdanken ist, sollen alle Kämpfer gleichmäßig an ihr Anteil bekommen.

In der Sicht des Höfischen Erzählers kann der Gott, der sich David allermeist so wohlgesonnen zeigt, ihm auch sehr kritisch, ja bedrohlich gegenübertreten. So hält er es für möglich, Jhwh könne Saul und seine Leute gegen ihn «aufgestachelt» haben, so dass er vom «Erbe Jhwhs» weichen (nämlich nach Philistäa gehen) und «andern Göttern» dienen müsse (1Sam 26,19f). Nach seinen Verbrechen gegen Batscheba und Urija und auf die Strafrede Natans hin bekennt er: «Gefehlt habe ich gegen Jhwh» (2Sam 12,13) – nicht viele Worte, aber doch eine markante Selbstkritik eines erfolgsverwöhnten Herrschers. Später, als er vor Abschalom aus Jerusalem fliehen muss und die Priesterschaft die heilige Lade mit auf die Flucht nehmen will, sagt er zu Zadok: «Bring die Lade Gottes zurück zur Stadt. Wenn ich Gnade in Jhwhs Augen finde und er mich zurückbringt, und dann wird er mich sie und ihre Wohnstätte [wieder] sehen lassen. Und wenn er so sagt: ‹Ich habe keinen Gefallen an dir› – sieh hier mich: Er möge mir tun, wie es gut ist in seinen Augen» (2Sam 15,25f). Demnach rechnet David damit, dass Jhwh ihn verworfen haben könnte! Und als kurz darauf der Saulide Schimi ihn schwer beleidigt und Abischai den Lästerer töten möchte, sagt er: «Lasst ihn! Denn er stößt Beleidigungen aus, weil Jhwh ihm gesagt hat: Beleidige David!» (2Sam 16,10). David beugt sich in seinem Unglück der Hand Jhwhs, die ihn möglicherweise schlägt. Später stellt sich heraus, dass er doch nicht verworfen ist und Schimi sich ins Unrecht gesetzt hat; David jedoch war sich dessen zeitweise nicht sicher.

So schreibt der Höfische Erzähler David eine grundsätzlich positive, nicht aber jederzeit ungetrübte Beziehung zu Gott zu. Wie steht es damit in Quellen, die er für sein Werk benutzt hat?

## 4. Belege in älteren Quellen

Hier ist zunächst die (wahrscheinlich vergleichsweise junge) *Ladegeschichte* zu nennen, deren letzter Teil, 2Sam 6, von David handelt. Natürlich ist es insgesamt eine fromme Tat, die heilige Gotteslade aus der Vergessenheit und nach Jerusalem zu holen. Auch dass David dabei als Opferherr auftritt (6,13.17) und «vor Jhwh tanzt» (6,5), zeigt ihn als einen religiös empfindenden Herrscher. Abgesehen vielleicht von dem Tanz zeigt er jedoch eine konventionelle Frömmigkeit:

Alle Herrscher der Antike (und noch späterer Zeiten), die auf sich hielten, betätigten sich als Kultstifter und/oder Förderer des Kults.

Ein ähnliches Bild bieten ältere, vom Höfischen Erzähler verwendete «Erzählkränze». Derjenige vom «Aufstieg und Niedergang der Sauliden»[8] zeigt ihn mehrfach bei Orakelanfragen an Jhwh (1Sam 23,2.4.10–12). Der andere von David als «Freibeuter», der Erzählungen über seinen Aufstieg vom Eintritt in den Dienst Sauls (1Sam 16) bis zur Errichtung der Doppelmonarchie Juda/Israel (2Sam 5) vereint[9], lässt es gleich zu Beginn möglich scheinen, dass er als Musiktherapeut des Königs Saul nicht nur auf der Leier musiziert, sondern dazu auch (fromme) Lieder gesungen habe; ausdrücklich gesagt wird das freilich nicht (1Sam 16,14–23).[10] Wohl aber gibt es Nachrichten über eine Beratung durch den Propheten Gad (1Sam 22,5) wie auch über wiederholte Orakelanfragen (1Sam 30,8; 2Sam 2,1). Zudem schwört David «bei Jhwh» (1Sam 24,24), und der Königsvertrag mit den Ältesten Israels wird «vor Jhwh» geschlossen (2Sam 5,3). All dies sind wiederum Äußerungen konventioneller Religiosität.

Die noch früheren Novellen um Batscheba und Urija bzw. Amnon und Abschalom[11] berichten nicht einmal solches. In ihnen agiert David rein profan. Auch in den David zugeschriebenen Totenklageliedern 2Sam 1,17–27 und 2Sam 3,33f findet sich kein einziges frommes Wort. Anders ist dies in einigen anderen, kleineren Quellen oder Einzelerzählungen. In dem Summarium von Davids Kriegen und Siegen wird notiert, dass er bestimmte Beuteanteile Jhwh weihte (2Sam 8,11). In den Philisterkriegs-Anekdoten 2Sam 5,17–25 richtet er nicht nur Orakelanfragen an Jhwh (2Sam 5,19.23), er bekennt nach einem ersten Sieg auch: «Durchbrochen hat Jhwh meine Feinde vor mir wie ein Durchbruch von Wasser» (2Sam 5,20), und den zweiten Sieg errang er ausdrücklich dadurch, dass er genau so handelte, «wie Jhwh geboten hatte» (2Sam 5,25). Diese Art von Verbundenheit des Königs mit der Gottheit im Krieg findet sich auch bei außerbiblischen, etwa den neuassyrischen Königen.

Aus diesem Rahmen fällt die kleine weisheitliche Lehrerzählung 2Sam 12,15b–23, die Davids Reaktionen auf die Krankheit und den Tod eines Kindes schildert: Zuerst kämpft er noch gegen das drohende Unheil an, indem er «Jhwh wegen des Jungen aufsucht», d. h. in einen Gebetskampf eintritt (12,16). Später erklärt er seinen Dienern: «Ich habe gefastet und geweint, weil ich [mir] sagte: Wer weiß, ob Jhwh mir gnädig ist und das Kind am Leben bleibt» (2Sam 12,22). Als es dann doch gestorben ist, stellt er alle Trauerbekundungen ein und geht

---

8 Siehe Dietrich 1997, 242–247.

9 Siehe Dietrich 1997, 248–253.

10 Anders viele Zeugnisse der Wirkungsgeschichte: Nicht nur Komponisten (vgl. Dietrich 2022, 189 bzw. 193f, zu Georg Friedrich Händel und Arthur Honegger), auch Poeten (vgl. Dietrich 2013, 283–285, zu Rainer Maria Rilke) lassen David vor Saul mehr oder weniger fromme Lieder anstimmen.

11 Siehe Dietrich 2021, 11f.

als erstes in das «Haus Jhwhs» (eine überraschende Notiz innerhalb der Davidgeschichte!), um sich vor Gott niederzuwerfen, d. h. ihn in seiner Souveränität anzuerkennen (12,20). Seinen Dienern erklärt er, Trauern sei sinnlos, könne er doch den toten Jungen nicht «zurückholen»; vielmehr befinde er sich «auf dem Weg zu ihm, und er kehrt nicht zu mir zurück», d. h. der Tod ist irreversibel, für ihn selbst wie für Jhwh (12,23). Diese Erzählung zeigt einen nicht nur frommen, sondern geradezu theologisch reflektierten König David – nicht unähnlich dem, den der Höfische Erzähler gezeichnet hat.

## 5. Literarischer Rückblick und historischer Ausblick

Die Frömmigkeit des Königs David ist wirklich ein Phänomen: gerade auch durch ihre vielfältige Ausgestaltung innerhalb der Samuelbücher. Es lassen sich verschiedene Schwerpunkte erkennen bzw. erste Schlüsse ziehen.

Über alle literarischen Epochen hinweg erscheint David als ein konventionell frommer Herrscher, das heißt: Er ist selbstverständlich gottgläubig, sieht sich in seinem Denken und Handeln als bevorzugter Partner der Gottheit, hält sich für von ihr geschützt und protegiert, erweist ihr seine Reverenz, bemüht sich um ihren Kult sowie um ihren Segen für sich, sein Haus und sein Volk.

Daneben weist der literarische David aber noch einen anderen Zug auf: Er denkt über die Gottheit, über ihr Wesen und ihre Erwartungen nach, er erlebt sie als ein nicht sicher einzuschätzendes, manchmal geradezu bedrohliches Gegenüber[12]. Dieser David zeigt stellenweise beträchtlichen theologischen Tiefgang, richtiger: Die hier schreibenden Autoren trauen ihm theologische Reflexionsfähigkeit zu.

Literaturgeschichtlich ist der «theologische» David ein Phänomen nicht der ältesten, sondern erst späterer Textschichten. Insbesondere beim Höfischen Erzähler treffen sich beide Seiten des frommen David, die «konventionelle» wie die «theologische»; die diesbezüglichen Aussagen ragen quantitativ und qualitativ über diejenigen aller anderen Quellen und Autoren hinaus. Es scheint somit, dass irgendwann in der mittleren Königszeit die Ausgestaltung Davids zu einer überkonventionell frommen Persönlichkeit begonnen und recht eigentlich schon einen Höhepunkt erlebt hat. Spätere Verfasser in exilischer und nachexilischer Zeit hatten *diesen* David schon vor Augen und konnten die betreffenden Züge weiter ausbauen (etwa in dem Gebet 2Sam 7,18ff und dem Psalm 2Sam 22).

In den vorredaktionellen Quellen hingegen – mit Ausnahme nur der Erzählung 2Sam 12,15b–23 – erscheint David allenfalls als konventionell religiöser König, zuweilen sogar als fast irritierend profan denkende Figur.

12 Zu diesem Zug der Davidgeschichten vgl. das fundamentale Werk von Kipfer (2015).

Was bedeuten diese Erkenntnisse für den historischen David[13]? Nichts spricht dagegen, dass er das war, als was die meisten Quellen ihn zeichnen: ein im damals üblichen Rahmen religiöser Mensch. Unreligiöse Menschen gab es in der Antike so gut wie gar nicht, und ein agnostischer König wäre seinen Untertanen von vornherein als Fehlbesetzung in seinem Amt erschienen. Man könnte sich höchstens fragen, ob diese Seite an David vielleicht ausgeprägter war als bei anderen Herrschern. Immerhin gibt es von ihm Geschichten, wie sie nicht von jedem orientalischen Herrscher erzählt werden: dass er vor der Lade Jhwhs hingebungsvoll getanzt und dass er vor dem schwermütigen König Saul musiziert, ihm dabei womöglich Lieder gesungen habe – ob solche geistlichen Inhalts, steht freilich völlig dahin.

Zu einem König, der seine Frömmigkeit reflektierte und sein Gottesverhältnis problematisierte, wurde David allem Anschein nach nicht schon zu Lebzeiten, sondern erst in seinem literarischen Nachleben. Anders gewendet: Theologisch nachdenkliche Tradenten wollten in ihm einen Herrscher schildern, der auch auf diesem Feld alle anderen übertraf, der zu hochfliegenden Gedanken wie zu tiefer Demut fähig war und so zum Paradigma wurde für alle Machthaber nach ihm.

## *Bibliographie*

Dietrich, Walter, Die frühe Königszeit in Israel. 10. Jahrhundert v. Chr. (Biblische Enzyklopädie 3), Stuttgart 1997

Dietrich, Walter, Samuel, Teilband 2 (BKAT VIII/2), Neukirchen-Vluyn 2013

Dietrich, Walter, Samuel, Teilband 3 (BKAT VIII/3), Göttingen 2019 (a)

Dietrich, Walter, König David – Fakten und Fiktionen, in: ders., Historiographie und Erzählkunst in den Samuelbüchern. Studien zu den Geschichtsüberlieferungen des Alten Testaments III (BWANT 221), Stuttgart 2019 (b), 203–215

Dietrich, Walter, Samuel, Teilband 4 (BKAT VIII/4), Göttingen 2021

Dietrich, Walter, Die Samuelbücher heute lesen (bibel heute lesen), Zürich 2022

Finkelstein, Israel / Silberman, Neil A., David und Salomo. Archäologen entschlüsseln einen Mythos, München 2006

Fischer, Alexander A., Von Hebron nach Jerusalem. Eine redaktionsgeschichtliche Studie zur Erzählung von König David in II Sam 1–5 (BZAW 335), Berlin/Boston 2004

Kipfer, Sara, Der bedrohte David. Eine exegetische und rezeptionsgeschichtliche Studie zu 1Sam 16 – 1Kön 2 (Studies of the Bible and Its Reception 3), Berlin/Boston 2015

Kleer, Martin, «Der liebliche Sänger der Psalmen Israels». Untersuchungen zu David als Dichter und Beter der Psalmen (BBB 108), Bodenheim 1996

Klein, Johannes, David versus Saul. Ein Beitrag zum Erzählsystem der Samuelbücher (BWANT 158), Stuttgart 2002

13 Eine minimalistische Sicht des historischen David vertreten Finkelstein/Silberman 2006. Eine gemäßigt positive Sicht findet sich bei Dietrich 2019b.

Langlamet, François, David et la maison de Saül. Les épisodes «benjaminites» de II Sam., IX; XVI, 1–14; XIX, 17–31, I Rois, II, 36–46: RB 86 (1979), 194–219. 385–436. 481–519; RB 87 (1980), 161–210; RB 88 (1981), 321–332

McCarthy, Denis J., II Samuel 7 and the Structure of the Deuteronomic History: JBL 84 (1965), 131–138

Noth, Martin, Überlieferungsgeschichtliche Studien. Die sammelnden und bearbeitenden Geschichtswerke im Alten Testament, Tübingen [2]1957

Veijola, Timo, Die Ewige Dynastie. David und die Entstehung seiner Dynastie nach der deuteronomistischen Darstellung (AASFB 193), Helsinki 1975

Würthwein, Ernst, Die Erzählung von der Thronfolge Davids – theologische oder politische Geschichtsschreibung? (ThSt 115), Zürich 1974

# König David – ein andächtig-kritisches Porträt

## 1. Der verehrungswürdige David

In der Geschichte der Bibelrezeption ist David «Der Herrscher mit der Harfe».[1] Sein biblisches Denkmal ist der Psalter. Die 150 Psalmen sind zusammengesetzt aus mehreren Sammlungen; allein fünf davon sind «David-Psalter», die (mit einigen Einsprengseln) zusammen über 70 Psalmlieder umfassen. Die meisten von ihnen tragen die Überschrift «*l^edāwīd*», in den Übersetzungen meist wiedergegeben mit: «Von David» – was suggeriert, dass David der Verfasser sei. Hebräisch korrekt wäre eine zurückhaltendere Wiedergabe: «dem David» oder «für David» oder «im Blick auf David» [zu rezitieren]. Man soll, wenn man diese Gebete spricht oder singt, an David denken, den «Herrscher mit der Harfe». Schon er hat so gebetet, er steht oder kniet als Beter gleichsam neben uns. Nun ist es interessant, dass die überwiegende Mehrzahl dieser David-Lieder Klagepsalmen sind, nur wenige hingegen Siegeslieder. Wenn du also die Psalmen betest, dann wisse, dass David gelitten hat wie du – und vertraue darauf, dass du siegen wirst wie er.

Historisch-kritisch gesehen wird man sagen müssen, dass kein einziger der 150 Psalmen von David verfasst wurde; sie werden ihm nur zugeschrieben (oder eben: mit ihm in Verbindung gebracht). Dies freilich geschah nicht ohne Anhalt an der Historie – oder jedenfalls an älteren bzw. sehr alten Texten.

Die relativ frühesten Texte über David finden sich in den Samuelbüchern (obwohl auch diese nicht durchgehend alt, sondern vielfach nachträglich erweitert worden sind). David lebte um 1000 v. Chr. Die Samuelbücher im jetzt vorliegenden Umfang wurden fertig vielleicht im 5. oder gar 4. Jahrhundert. Auf dieser, jüngsten, Textstufe kamen einige Lieder hinein – eben Psalmen, weil David mittlerweile als Psalmist galt. Die letzte davorliegende produktive Entstehungsstufe war im 6. Jahrhundert, in der Zeit des Babylonischen Exils, als das Judentum unter radikal veränderten Umständen (ohne König, ohne Staat, eine Zeitlang auch ohne Tempel) sich neu erfinden musste; da war natürlich mittels der Gestalt des Gründerkönigs David einiges zu klären betreffs Staatlichkeit oder

1 Diesen Titel trägt mein Buch über König David, erschienen in der Reihe «Biblische Gestalten», Bd. 14, Leipzig, 1. Auflage 2006, 2. Auflage 2016. Ich habe noch eine Reihe weiterer Arbeiten zu dieser Thematik verfasst (s. die angefügte Bibliographie), woraus insbesondere der bis jetzt fünfbändige Samuelkommentar in der Reihe Biblischer Kommentar Altes Testament herauszuheben ist. So könnte man in gewisser Weise obige Ausführungen als «kleine Teilsumme» meines Lebenswerks betrachten.

Nichtstaatlichkeit Israels, seiner Bestimmung zum Staatsvolk oder zum Gottesvolk, der bleibenden, aber veränderten Bedeutung von Davidthron und Daviddynastie in einer königslosen Zeit. Eine Stufe weiter zurück gelangt man in die Mittlere Königszeit, als Juda noch als Königreich (als davidisches Königreich!) existierte, das ehedem viel stärkere Nordreich Israel aber untergegangen war. Damals, um 700 v. Chr., scheint ein großer Autor und Historiker sich darangemacht zu haben, die frühe Königszeit in Israel – von Samuel über Saul und David zu Salomo – als Gründungszeit des staatlichen Israel bzw. Juda darzustellen: mit Stärken und Schwächen seiner Führer, mit Grundsatzentscheidungen betreffs der in Israel geltenden Moral, Krieg und Frieden, Gewalt und Gewaltlosigkeit, Verhältnis der Geschlechter und einigem mehr. Damals erreichte die biblische Davidbiographie schon rund zwei Drittel ihres Umfangs. Und damals wurde sie zu wirklich großer Literatur geformt; die Samuelbücher gehören literarisch zum Höchststehenden in der biblischen, ja überhaupt der antiken Literatur. Hinter diese Zeit um 700 v. Chr. zurück reichen nur noch begrenzte Textanteile, gesammelt in verschiedenen Sagen- und Erzählkränzen oder auch Novellen. Und noch weiter zurück, *vielleicht* sogar bis in die Davidzeit im 10. Jh., kommt man in einzelnen Erzählungen, Anekdoten, Liedern, Listen.

Wie also steht es mit dem singenden und musizierenden David in diesen älteren Materialien? Es sind vor allem zwei Texte, die hier zu nennen sind: eine Erzählung und ein Lied. Die Erzählung (1Sam 16,14–23) handelt vom jungen David, der an den Hof Sauls gekommen sein soll, weil der König an Schwermut litt und man sich Linderung oder gar Heilung von einem Musiktherapeuten erhoffte. Man suchte und fand einen solchen in der Person Davids, von dem es heißt, dass «seine Hand die Leier zu schlagen verstand». Diese Geschichte steht in Spannung zu zwei anderen, die den Aufstieg des bis dahin unbekannten David auf ganz andere Weise zu erklären versuchen: die eine, indem sie ihn durch den Propheten Samuel gesalbt werden lässt (als jüngsten in einer ganzen Reihe von Söhnen Isais, in Betlehem, 1Sam 16,1–13), die andere, indem sie ihn den riesenhaften Philisterrecken Goliat mit der Schleuder niederstrecken lässt (1Sam 17). Gemessen an diesen beiden Alternativgeschichten ist die vom Musiktherapeuten David die ungewöhnlichste, am wenigsten märchenhafte – und ich denke: die, zumindest im Kern, glaubhafteste. König David war offenbar dafür bekannt, dass er musizierte: eine ja nicht sehr häufige Eigenschaft von gekrönten oder gewählten Staatshäuptern; der Preußenkönig Friedrich d. Gr. fällt mir ein, oder der frühere Bundeskanzler Helmut Schmidt. Im Alten Orient rühmt sich m. W. nur ein einziger anderer König, Schulgi von Ur (im ausgehenden 3. Jahrtausend), er habe sich der Musik gewidmet, auf diesem Feld sei ihm nichts zu schwierig gewesen. Also, vielleicht war auch David ein König, der kunstsinnig und musikaffin war.

Der zweite Text ist eine Dichtung (und zwar eine künstlerisch hochstehende): ein Totenklagelied auf König Saul und seinen Sohn Jonatan, das laut Bibel David gedichtet haben und das im «Liederbuch des Aufrechten» gestanden haben soll – offenbar eine alte Quelle, aus der die Samuelbücher hier (2Sam 1,17–27) zitieren. Bisher hat noch niemand schlüssig nachgewiesen, dass dieses Lied *nicht* von David stammen könne. Er besingt im Stile des Heldenlieds die Großzügigkeit, Tapferkeit und Unzertrennlichkeit der beiden Gefallenen und in sehr persönlichen Tönen den schmerzlichen Verlust, den der Tod Jonatans für ihn bedeutete – «dessen Liebe mir köstlicher war als Frauenliebe» (wobei offenbleibt, ob die Liebe *von* Frauen oder die Liebe *zu* Frauen gemeint ist).

Diese beiden Texte – nur sie, aber sie immerhin – geben einen Eindruck davon, dass und wie David ein musischer Mensch, ein Musiker, Dichter und Sänger war. Aus dieser Wurzel erwuchs der ausladende Baum des Psalters und überhaupt das Motiv von David als «Herrscher mit der Harfe».

## 1.1 *Der traumhaft Aufsteigende*

David war es nicht an der Wiege gesungen, dass er einmal König würde. Anscheinend war er der letzte Sohn eines Kleinbauern aus Betlehem. Seine Karriere begann in der kleinen stehenden Berufsarmee, die der erste König, Saul, aufbaute. Ich habe schon erwähnt, dass ich die beiden Aufstiegsgeschichten mit der Salbung durch Samuel und dem Sieg über Goliat historisch nicht belastbar finde. Was aber zu stimmen scheint, ist, dass David nicht irgendein Soldat blieb, sondern sich hervortat – nicht zuletzt wohl durch militärische Tüchtigkeit. Nach einem (in typisch orientalischer Manier stark übertreibenden) Volksliedchen soll Saul «nur» Tausende, er aber Zehntausende (vor allem: Philister) erschlagen haben (1Sam 18,7 u. ö.). Saul, wird erzählt, habe David nicht nur zum Schwiegersohn, sondern zum Kommandeur der Berufstruppe gemacht (1Sam 18,5) – neben Sauls Cousin Abner, der die Volksmiliz befehligte, der höchste Militär im Land. Es ist kennzeichnend für eine solche Art Staat, dass der Chef die höchsten Posten in der Verwandtschaft verteilt; sein Sohn, der Kronprinz Jonatan, war der vierte in der obersten Staatsführung (vgl. 1Sam 20,25). Eben diesem Jonatan scheint David es besonders angetan zu haben. Manche vermuten ein homoerotisches Verhältnis, was weder bestätigt noch dementiert werden kann. Der junge David schritt von Erfolg zu Erfolg, von Sieg zu Sieg – er stieg mit traumwandlerischer Sicherheit immer höher auf: so weit und so schnell, dass es dem König Saul unheimlich wurde und er in David den Rivalen zu wittern begann. Dessen steile Karriere scheint abrupt abzubrechen, als er vom Königshof vertrieben wird und sich fortan als Führer einer Privatmiliz im gebirgigen Niemandsland Judas und schließlich im Dienst der Philister durchschlagen muss. Doch die traumwandlerische Sicherheit verlässt ihn auch jetzt nicht; immer findet er einen Ausweg, ein Schlupfloch, übersteht und überlebt alle Anfeindungen und Gefahren, arbeitet sich hoch vom Stadtkönig von der Philister Gnaden irgendwo an der Peripherie Palästinas zum König von Juda mit Sitz in Hebron und schließlich auch noch zum König von Israel. In einem genialen geopolitischen Schachzug macht er zum

Regierungssitz der Doppelmonarchie die bis dahin selbstständig gewesene Stadt Jerusalem, zwischen den Territorien von Juda und von Israel gelegen, und bringt dorthin auch die heilige Lade, ein transportables Heiligtum der Nordstämme, das diese an die Philister verloren hatten.

Er verstand es auch, dem neu entstandenen Königreich – kein Großreich, aber doch eine Mittelmacht im damaligen Vorderen Orient – Achtung zu verschaffen bei den Nachbarstaaten; die einen unterwarf er, mit den anderen (etwa den Philistern und den Phöniziern) ging er eine Koexistenz ein. Er schuf ein fragiles, aber in sich doch haltbares Staatsgebäude, mit lauter verschiedenen Abhängigkeiten und Loyalitäten der Städte, Regionen, Talschaften, großen Familien usw. zu sich selbst – ein Jongleur, der es verstand, eine Vielzahl Bälle in der Luft zu halten. Die Bibel betont immer und immer wieder, dass er das alles nicht aus eigener Kraft vermochte, sondern dass «Gott mit ihm» war: eine vielfach wiederkehrende Formel, die anzeigt, dass Einvernehmen herrschte zwischen diesem Herrscher und dem Herrn im Himmel. Vor einer solchen Erfolgsgeschichte kann man als Betrachter nur staunend und bewundernd stehen.

## 1.2 *Der Gefährdete und sich Beherrschende*

Eine Besonderheit des Bildes vom aufsteigenden David ist, dass immer wieder auch Klippen gezeigt werden, an denen er hätte scheitern können, und dass er darum bemüht war, nicht die gewaltförmigsten Wege zu beschreiten, sondern gewaltarme, friedfertige Wege zu suchen – und dass er dabei trotzdem vorwärtskam und nach oben gelangte. Er ist nicht der pure Haudegen und Machtmensch, nicht ein Soldaten- und Erobererkönig, sondern ein gewissermaßen feinsinniger, mit Gewissen, aber auch mit Raffinesse ausgestatteter Mann.

Das fängt damit an, dass der seelisch zerrüttete Saul seinen Musiktherapeuten zweimal versucht haben soll, mit seinem Spieß umzubringen – dass aber jedes Mal David, der dies offenbar aus dem Augenwinkel sah, auswich und schließlich sich aus dem Staub machte (1Sam 18,11; 19,10; kein Gedanke daran, er selbst könne auf Königsmord gesonnen haben). Er flüchtet in die Philisterstadt Gat, hofft dort inkognito unterzukommen, wird aber entdeckt – und muss als berüchtigter Philisterfresser um sein Leben fürchten. Was tut er? Er stellt sich wahnsinnig, lässt Speichel aus seinem Mund rinnen, verrenkt sich, pocht wie ein Irrer gegen das Stadttor – woraufhin der Philisterfürst seinen Wachen sagt, sie sollten den Kerl laufen lassen, er habe schon genug Verrückte in der Stadt und brauche diesen nicht auch noch (1Sam 21,11–16). Raffiniert, nicht wahr? Dann schlägt er sich in der judäischen Wüste durch, entgeht Anschlägen sowohl der Philister als auch Sauls, bekommt diesen einmal in die Hände: in einer unsäglichen Szene, wo er hinten in einer Höhle sitzt und Saul ahnungslos dieselbe Höhle betritt, um sich zu erleichtern. David schneidet seinem da kauernden Verfolger heimlich ein Stück seines Mantels ab – und zeigt ihm dieses später, um zu beweisen, dass er die Möglichkeit hatte, ihn zu töten, darauf aber verzichtet hat (1Sam 24). Es gibt noch eine zweite Verschonungsgeschichte, in der sich David in Sauls Feldlager schleicht, den schlafenden König aber nicht tötet, sondern ihm «nur» seinen Spieß und die Wasserflasche entwendet und auch diese Trophäen als Beweisstücke für seine Großmut verwendet (1Sam 26). Einem reichen Viehzüchter, von dem er am Schafschurfest gewissermaßen ein Handgeld verlangt hat, das dieser aber verweigerte, wollte er an den Kragen – lässt sich davon aber durch dessen Gattin, Abigajil, abbringen. «Es ist nicht gut für dich, wenn du deine Hände mit Blut besudelst – das wird dir auf die Dauer nicht bekommen», sagt sie ihm, und er hört auf sie (eine nicht eben häufige Fähigkeit bei Machthabern und gar Warlords: 1Sam 25).

Einmal, als er einen schweren militärischen Misserfolg einstecken musste, wollen ihn seine eigenen Krieger steinigen: das Schicksal mancher Bandenführer, wenn sie das Glück verlässt. David aber ist geistesgegenwärtig: Er organisiert eine Orakelbefragung, lässt sich sagen, wo der Feind zu finden ist, der ihm eines ausgewischt hat, bringt seine Truppe dazu, mit ihm zusammen die Verfolgung aufzunehmen, erringt einen Sieg und sehr viel Beute – und schon ist er wieder obenauf (1Sam 30).

Später dann, als sich sein Sohn Abschalom gegen ihn erhebt und einen regelrechten Bürgerkrieg anzettelt, muss er aus Jerusalem fliehen. Er weiß, dass es um Kopf und Kragen geht, und er lässt es zu, dass alte Feinde (etwa aus der Familie Sauls) in verhöhnen und bespeien und mit Steinen bewerfen. Statt einem solchen Burschen den Kopf abschlagen zu lassen, mahnt er seine Leibwächter zu Zurückhaltung und Milde (2Sam 16,5–13) – fast ein Urbild des Leiden auf sich nehmenden Christus. Freilich, David ist nicht Jesus: Er hat längst eine Fünfte Kolonne in Abschaloms Umgebung installiert, und er weiß seine Söldner – überwiegend Philister! – auf seiner Seite. Mit ihnen besiegt er den rebellischen Sohn und das gegen ihn rebellierende Volk (2Sam 17–18): nicht unbedingt ein Ehrentitel, aber doch ein neuerlicher Beweis seiner Fähigkeit, auch mit dem Rücken zur Wand noch zu bestehen und am Ende die Fäden wieder in der Hand zu halten.

Dieser David ist kein brachialer Gewaltmensch, sondern ein wendiger, pfiffiger, gewitzter Mann, der wohl einen Dolch bei sich trägt, ihn notfalls auch zu führen weiß – aber nur dann, wenn ihm ein Treffer gewiss ist.

### 1.3 *Der Staats- und Dynastiegründer*

Von dem durch David geschaffenen Doppelkönigtum Juda-Israel mit Jerusalem als Hauptstadt war schon die Rede. Seinem Vorgänger war derlei nicht gelungen. Saul hatte das Königreich Israel zu einem gewissen Erfolg geführt, war dann aber von den Philistern in einer Entscheidungsschlacht mitsamt seinen Söhnen getötet worden. Damit schien das Experiment «Staat Israel» gescheitert zu sein. Doch

David führte es in schier aussichtsloser Lage weiter und auf Um- und Schleichwegen zu ganz neuen Höhen.

Saul hatte eine Reihe von Söhnen, darunter den tüchtigen und ehrenwerten Jonatan. Das schien auf eine Dynastiebildung zuzulaufen. Jonatan war offenbar als Nachfolger ausersehen – fiel aber an der Seite des Vaters gegen die Philister (1Sam 31). Anders David. Auch er hatte viele Söhne: von viel mehr Frauen übrigens als Saul. Von den Davidsöhnen kamen zwar einige zu Tode (zum Beispiel der genannte Abschalom bei seinem Aufstandsversuch) – doch viele blieben auch am Leben (unter ihnen der relativ spät geborene Salomo, Sohn der bekannten Dame Batscheba, die David unter reichlich obskuren Umständen geehelicht hatte: 2Sam 11). Der Übergang der Macht von David auf Salomo wird als ziemlich turbulent geschildert (in 1Kön 1–2) – aber gelang doch. Ebenso später der von Salomo auf seinen Sohn Rehabeam – obwohl diesem der Nordteil des Reiches, Israel, abhandenkam (1Kön 12). Im verbleibenden Südteil, dem Königreich Juda, blieben Davidnachkommen über vier Jahrhunderte an der Macht – eine erstaunlich langlebige Familiendynastie.

Den Grundstein zu diesem stabilen Gebäude soll der Prophet Natan gelegt haben, den David eines Tages gerufen habe, um ihm mitzuteilen, dass er beabsichtige, seinem Gott einen Tempel zu bauen. Derlei taten im Orient alle Könige, die etwas auf sich hielten. Natan hatte denn auch keine Einwände – bis Gott ihn des Nachts aufsuchte und ihm bedeutete, er solle David Folgendes mitteilen: Du willst mir ein Haus bauen? Als ob ich das nötig hätte! Nein, *ich* will *dir* ein Haus bauen – keinen Tempel natürlich, sondern das David-Haus, eine bleibende Dynastie. Immer wieder wirst du einen Nachfolger haben; und auch wenn nicht alle von ihnen immer glückhaft regieren, wenn sie sich verfehlen und von mir zur Rechenschaft gezogen werden – ich will sie nie ganz verwerfen, sondern deinem Haus in Jerusalem bleibenden Bestand geben (2Sam 7).

So geschah es dann auch. Vom 10. bis ins 6. Jahrhundert bestand die Daviddynastie in Jerusalem – aber dann kam doch das krachende Ende. Die Babylonier löschten den Staat Juda von der Landkarte, verschleppten Abertausende Juden ins Exil, darunter auch Angehörige des Königshauses – und aus war es, scheinbar, mit der Davidherrlichkeit. Aber war da nicht die alte Weissagung von Natan? Sollte Gott sein Wort nicht halten? Würde nicht doch irgendwann ein Davidide wieder aufkommen und das Reich Davids wieder aufrichten? Und da auch dies über Jahrhunderte nicht geschah: Würde es vielleicht ein anderer Novus David sein als gedacht, ein gleichsam überirdischer Herrscher – der Messias? Die Messiaserwartung des Judentums und der Messiasglaube des Christentums haben ihre Wurzel in der Dynastieverheißung an David. *Darum* musste Jesus einen Stammbaum haben, der auf David zurückgeht (Mt 1) und musste Josef mit seiner Angetrauten Maria zur Volkszählung nach Betlehem ziehen, in die «Stadt Davids», weil er «vom Haus und Geschlecht Davids» war (Lk 2). Die Davidsohnschaft Jesu steht in einer gewissen Spannung zum Anspruch auf eine jungfräuliche Geburt Marias; doch beides zusammen hebt den Anspruch Jesu auf die höchste denkbare Ebene.

## 2. Der fragwürdige David

### *2.1 Der rücksichtslos Aufsteigende*

Wenn man sich die groben und einigermaßen verlässlichen Daten der Biographie Davids ansieht, dann beschreiben sie die typische Karriere eines Usurpators, d. h. eines Menschen, dem die Macht von nirgendwoher zustand, der sie aber zielstrebig ergriff. Mit einer bösen Anspielung auf Bert Brechts «Arturo Ui» (der ja wiederum auf Adolf Hitler anspielt) könnte man vom «Unaufhaltsamen Aufstieg des David ben Isai» sprechen.

Zwar ist die Bibel, wie vorhin aufgezeigt, sehr bemüht, Davids Weste und seine Hände so rein wie möglich zu halten. Ein paar Flecken aber haben die biblischen Autoren nicht entfernt. So setzt sich David auf der Flucht vor Saul in den Besitz von Proviant und Waffen, indem er den Oberpriester des Heiligtums von Nob über seinen wahren Status (als gejagter Staatsfeind) nicht aufklärt und schamlos die Gutgläubigkeit des frommen Mannes ausnutzt, um an das zu kommen, was er braucht. Später werden der Priester und seine gesamte Familie dafür mit dem Leben büßen, weil Saul ihnen vorhält, mit dem Staatsfeind gemeinsame Sache gemacht zu haben. David selbst bekennt gegenüber einem Überlebenden des Massakers, er sei an alledem schuld. Ja, das war er – auch wenn er es kaum selbst gewollt hat (1Sam 20; 22).

Oder: David läuft über zum Landesfeind Israels, den Philistern. Ein biblischer Autor lässt ihn diesen Schritt so lange wie möglich hinauszögern und ihn dann nur tun, weil er angeblich überhaupt nicht mehr anders kann (1Sam 27,1). Misstrauische Leser werden wissen und ins Feld führen, dass Banden- oder Milizenführer – ein solcher war David damals – nie lange fackeln, wenn es darum geht, das jeweils lukrativste Angebot anzunehmen – und sich kein Gewissen über irgendwelche Treuepflichten machen. Saul mochte David nicht mehr, ging sogar militärisch gegen ihn vor – der Philisterfürst von Gat war bereit, ihm einen Posten als Stadtkönig an der Landesgrenze zu überlassen: Warum sollte David zögern? Dort war er jedenfalls sicher vor Saul, und von dort aus konnte er in Ruhe Fäden für seine weitere Karriere ziehen.

Ein schwerer Schönheitsfehler: David war genau dann Vasall der Philister, als diese Saul zur Entscheidungsschlacht zwangen, besiegten und samt seinen Söhnen töteten. Sollte David, als Milizenführer in philistäischen Diensten, bei dieser Schlacht nicht dabeigewesen sein? Nein, sagt die Bibel – er *sollte* zwar dabei sein, doch dann überlegten es sich die Philister anders, weil sie fürchteten, er könne im entscheidenden Moment die Seite wechseln und sich womöglich für Israel in die Bresche werfen. Also war er sehr, sehr weit weg vom Schlachtort, auf dem Saul fiel (1Sam 29). Möge es so gewesen sein! Seltsam ist indes, wenn vom Schlachtfeld ein Bote geradeswegs zu ihm gelaufen kommt, um ihm Diadem und Armreif des getöteten Saul zu überbringen; offenbar erwartet der Mann Belobigung und Belohnung, wird von David aber kurzerhand hingerichtet (2Sam 1,1–16). Das riecht irgendwie nicht gut! Und ein paar Jahre später erdolchen zwei Offiziere den Nachfolger Sauls, einen gewissen Eschbaal, im Mittagsschlaf, schneiden ihm den Kopf ab und bringen diesen – wiederum zu David, und wieder in Erwartung von Lob und Vergünstigungen. Auch sie werden umgehend hingerichtet (2Sam 4). Und wieder riecht das nicht gut: Die beiden werden doch nicht im Auftrag Davids gehandelt und den ausgehandelten Mörderlohn verlangt haben?

Die Bibel sagt: Nein, so war es nicht! David war völlig überrascht und empört vom Verhalten dieser halbseidenen Subjekte, und er verabreichte ihnen ihren verdienten Lohn. Doch es geht weiter mit der Serie gewaltsamer Todesfälle im Hause Sauls. Dessen Cousin und Heerführer, Abner, will angeblich David, der inzwischen zum König von Juda aufgestiegen ist, auch das Nordreich Israel zuführen (das Erbe Sauls) – doch leider wird er vom Heerführer Davids, dessen Neffen Joab, meuchlings erdolcht. David ist, laut biblischem Bericht, außer sich, distanziert sich öffentlich von dem Mörder – belässt ihn aber in seiner hohen militärischen Position (2Sam 3).

Während des Abschalom-Aufstandes, als David vorübergehend auf der Verliererstraße zu sein scheint, wird er von einem Mitglied der Saul-Familie, Schimi, als Mörder beschimpft und mit Steinen beworfen. David hindert seinen Adjutanten, den Bruder Joabs, daran, den Mann sofort zu köpfen; und später, bei seiner siegreichen Rückkehr, nimmt er dessen Entschuldigung ausdrücklich an (2Sam 16,5–13; 19,17–24). Doch auf dem Sterbebett ermahnt er seinen Nachfolger Salomo, Schimi, dem gegenüber er selbst im Wort sei, einen Kopf kürzer zu machen; und das tut Salomo auch (1Kön 2,8f.36–46).

Usurpatoren im Alten Orient hatten die Angewohnheit, nicht nur die legalen Herrscher umzubringen, sondern auch deren ganze Familien auszulöschen, weil von dort ja die Gefahr des Widerstandes ausging. So faktisch auch David gegenüber der Familie Sauls – doch der Bibel zufolge trügt dieser üble Schein, war David eben *kein* gewaltsamer Usurpator. Nur eben: Irgendwie riecht das nicht gut.

## *2.2 Der brutale Krieger*

Oben wurde erwähnt, dass David, als er noch Saul diente, sozusagen dessen bester Soldat gewesen sein soll. Ist das schon generell ein blutiges Geschäft, so trieft eine Episode besonders von Blut (und von Verachtung für den getöteten Feind): David, wird erzählt, errang die Hand von Sauls Tochter Michal um die schaurige Brautgabe von 200 Philistervorhäuten (Saul hatte «nur» 100 verlangt: 1Sam 18,20–27). Die aus der Ägäis stammenden Philister waren, im Unterschied zu anderen Völkerschaften der Region, unbeschnitten, so dass sich am sichersten an dem bewussten Körperteil feststellen ließ, ob ein getöteter Mann Philister war oder nicht. Natürlich hat eine solche Feststellung (und die entsprechende Behandlung) etwas Menschenverachtendes.

Ein ganzes Kapitel der David-Saga, 2Sam 8, handelt von seinen Kriegen und Siegen gegen äußere Feinde. Der Reihe nach werden da die Nachbarvölker aufgezählt – und was David ihnen angetan hat. Hier schlicht der Text, ohne weiteren Kommentar: «Und David schlug Moab [ein Nachbar im Südosten, jenseits des Toten Meeres], und er maß sie mit dem Messseil, indem er sie auf den Boden legte und abmaß zwei Seillängen zum Tötenlassen und eine volle Seillänge zum Lebenlassen. Und Moab wurde zu Davids Untertanen, die Tribut entrichteten.» «Und David (er)schlug unter Aram [ein Nachbar im Nordosten, im heutigen Syrien] 22.000 Mann. Und David setzte in Aram-Damaskus einen Statthalter ein. Und Aram wurde zu Davids Untertanen, die Tribut entrichteten.» Und über Ammon [wieder einen östlichen Nachbarn, um das heutige Amman herum] wird erzählt: «Und das Volk, das dort wohnte, stellte er an die Steinsägen und die Eisenhacken und die Eisenäxte und ließ sie arbeiten mit der Ziegelform»; die Ammoniter wurden also zu Zwangsarbeitern, zu Staatssklaven Israels.

Über Edom [einen Nachbarn tief im Südosten, am Golf von Akaba] wird an anderer Stelle erzählt, dass Joab, Davids Heerführer, dort «alles erschlug, was männlich war. Denn sechs Monate lang blieb Joab mit ganz Israel dort, bis er alles ausgerottet hatte, was männlich war in Edom» (1Kön 11,15f).

Diese Heldentaten des siegreichen David erzählt die Bibel unbefangen, im Ton amtlicher, stolzer Kriegsberichterstattung. Friedfertigen Leserinnen und Lesern aber drohen solche Texte im Halse stecken zu bleiben wie spitze, sperrige Gräten.

## 2.3 *Der erbarmungslose Machthaber*

David hat Gewalt nicht nur gegen außen, sondern auch nach innen angewandt. Exemplarisch dafür stehen drei Geschichten aus dem zweiten Teil der biblischen David-Biographie. Dieser zweite Teil ist übrigens viel weniger euphorisch als der erste; hier muss man nicht zwischen den Zeilen lesen, um auf ungute Taten Davids zu stoßen – der biblische Bericht ist hier sehr offenherzig, man könnte auch sagen: kritisch.

Da ist als erstes die Story um Batscheba und Urija (2Sam 11). Sie ist wohlbekannt: Wie der König, während die Armee im Felde steht, abends auf dem Flachdach seines Palastes ein wenig die frische Luft genießt – und plötzlich einer Frau ansichtig wird, die sehr schön ist und die – sich wäscht. (Mehr wird nicht gesagt: Was sie da wie wäscht, und ob sie das ganz unschuldig oder etwa berechnend tut.) David erkundigt sich, wer die Schöne sei, erfährt, sie sei die Gattin eines seiner Offiziere, Urija (nach damaliger und wohl auch noch heutiger Moral ein schrilles Warnsignal), bestellt sie gleichwohl zu sich, schläft mit ihr – und prompt wird sie schwanger. David beordert den Gatten von der Front zurück, versucht ihn zu seiner Frau ins Bett zu bugsieren, der Mann weigert sich (wieder würde man gern wissen warum: aus edlem Kriegerstolz oder aus Misstrauen) – und muss dafür mit dem Leben büßen. Nach der Trauerzeit ehelicht David die Witwe, und so schenkt sie ihm, halbwegs legal, ein Kind, einen Sohn. Das ist natürlich eine himmelschreiende Skandalgeschichte: Ehebruch und Mord sind zwei Kapitalverbrechen, der hochgerühmte König David ist ein Verbrecher!

Da ist als zweites die Geschichte von Abschalom (2Sam 13–19), dem aufsässigen und ehrgeizigen Prinzen, der zuerst seinen älteren Bruder (gleichfalls ein Verbrecher!) aus dem Weg räumt, damit an der Spitze der Thronfolgeliste steht, jedoch das Abtreten oder Ableben des Vaters nicht abwarten will, sondern einen Aufstand, einen regelrechten Bürgerkrieg anzettelt, dabei den Großteil der Führungselite und das breite Volk auf seiner Seite hat, dann aber doch von David besiegt wird, dem nur noch die Berufstruppen – überwiegend ausländische Söldner – gehorchen, der aber raffiniert und strategisch geschickt agiert und so seinen ungestümen Sohn übertrumpft. Angeblich versuchte er mit allen Mitteln, dessen Leben zu schonen, jedoch vergeblich; sein Mann fürs Grobe, General Joab, macht Abschalom, als er ihn in einer elenden Situation vorfindet (hilflos im Geäst eines Baumes baumelnd), den Garaus. David also ein König, der sein eigenes Volk besiegt und der – irgendwie doch! – seinen eigenen Sohn und prospektiven Nachfolger auf dem Gewissen hat!

Da ist als drittes die Geschichte vom Aufstand des Scheba ben Bichri (2Sam 20), der lediglich das Ziel hat, die nordisraelitischen Stämme (also das alte saulidische Herrschaftsgebiet) aus dem Reich Davids herauszulösen. David bietet ohne Zögern die Armee auf und lässt auch diesen Volksaufstand (bzw. diesen Volks-Weglauf) gnadenlos niederschlagen. Was ist das für ein Herrscher, der sich mit solchen Mitteln an der Macht hält?

## 2.4 *Der versagende Vater*

Abschalom ist nur der krasseste Fall von Versagen Davids in innerfamiliären Angelegenheiten. (Er hatte übrigens seelenruhig zugesehen, wie Abschalom seine Aufstandsvorbereitungen traf: direkt unter den Augen seines Vaters, von diesem nie zur Rede gestellt oder gestoppt: 2Sam 15,1–6. War David blind vor Liebe für seinen Sohn? Oder träge? Oder gar hinterlistig? Die Bibel sagt es nicht.)

Dem Abschalom-Drama voran ging ein anderes: um seinen Ältesten, mit Namen Amnon (2Sam 13). Dieser verliebte sich unsterblich in seine Halbschwester

Tamar (deren Vollbruder eben Abschalom war). Sein Begehren wurde so stark, dass er sie arglistig in sein Haus lockte und dort vergewaltigte. Das Schlimme: David ließ es zu, dass sie zu ihm ging, ja, er schickte sie sogar zu ihm, weil dieser vorgaukelte, krank zu sein und unbedingt die Fürsorge von Tamar zu brauchen. Und dann, als das Unglück geschehen ist und die Schandtat Amnons ruchbar wurde, da bestellt David ihn nicht zu sich, geschweige denn, dass er ihn bestraft hätte. Die Folge ist, dass Abschalom Privatjustiz übt und den Vergewaltiger umbringen lässt. Gut so? Nein, natürlich gar nicht gut. Wieder die Frage: War David blind – oder träge – oder hinterlistig?

Ein weiteres Drama in der Davidfamilie spielte sich kurz vor dem Tod des Patriarchen ab (1Kön 1–2). Der Nächste in der Reihe nach Amnon und Abschalom, der Prinz Adonija, plusterte sich als kommender König auf – und rief damit einflussreiche Leute auf den Plan, die nicht ihn, sondern den Zehnten in der Reihe, Salomo, zum König haben wollten. Salomo war der Sohn Batschebas und der Protegé des Propheten Natan. Diese beiden brachten den greisen König dazu, sich auf die Seite Salomos zu schlagen. Damit war das Schicksal Adonijas besiegelt – wie auch derer, die, sozusagen legalerweise, zu ihm gehalten hatten: unter anderen der General Joab. Salomo, kaum an der Macht, ließ Säuberungen durchführen, denen Joab und Adonija und einige weitere zum Opfer fielen. So verabschiedet sich David von der Erzählbühne: als seniler und sozusagen noch im Sterben Unfrieden stiftender Potentat.

## 3. David – ecce homo!

Damit stehen uns einige Facetten eines großartigen, bewunderungswürdigen und einige Facetten eines eher verabscheuungswürdigen, jedenfalls fehlbaren Königs David vor Augen: ein andächtig-kritisches Porträt eben. Sämtliches Material, das zur Anfertigung dieses Porträts nötig war, stammt aus der Bibel. Es gibt über David keine zeitgenössischen außerbiblischen Quellen. Das ist aber nur begrenzt ein Schade. Das biblische Bild Davids ist in sich schon äußerst vielfältig und differenziert. Keine biblische Gestalt (vielleicht abgesehen von Jesus) ist gründlicher und vielfarbiger porträtiert als David. Und von ihm malen die biblischen Autoren eben kein glänzend-marktschreierisches Propagandabild, ebenso wenig wie ein finster-abgründiges Horrorbild. Sie stellen uns einen Herrscher vor Augen, der sehr große Stärken hat, aber auch unübersehbare Schwächen. Seine Gestalt hebt sich zwar aus der biblischen Geschichte Israels heraus – aber er ist kein Übermensch. Er ist letztlich doch ein «Mensch wie du und ich» (nur dass niemand mehr König Israels sein kann).

Über dem biblischen David-Porträt könnte das Motto stehen: «Ecce rex» – siehe da: ein König. Oder auch: «Ecce homo» – siehe da: ein Mensch. Geradezu der Inbegriff eines Menschen: eines großen, aber doch begrenzten Menschen. Eines Vorbildes und eines Warnbildes. Eines Grundes für Hoffnung und doch für Vorsicht. Einer Projektionsfläche für Ideale und für Idealismus – und eines Warnschilds vor blindem Enthusiasmus und vor ideologischer Verblendung.

Von David lassen sich immer zwei Dinge mit gleichem Recht sagen: Er war ein großer Herrscher, Herr einer Doppelmonarchie, der Israel in seiner Umwelt Achtung verschafft hat – und er gebot über ein eher bescheidenes Reich neben vielen anderen im Vorderen Orient. Er war ein Mann, der Menschen mit Charme und Charisma zu gewinnen und zu führen vermochte – und einer, denen seine Mitmenschen eher gleichgültig waren, der hauptsächlich sich selbst und seinen Vorteil im Blick hatte. Er war einer, der auf Gewaltanwendung verzichten konnte, der zur Wahrung von Interessen feinere Methoden kannte als plumpes Dreinschlagen – und er war ein gnadenloser Kriegsherr und skrupelloser Gewaltmensch. Er hatte Sinn für Musik und Kunst – und er wusste nur zu genau, wo die Musik (der Macht!) spielte, und verstand sich vorzüglich auf die Kunst der Intrige.

Welche Seite sollte man eher betonen? Sicher die erste, die feine, die sanfte, die musische. Die andere gibt es auch – aber die ist bei Machthabern damals und heute immer ausgeprägt vorhanden. Dass die Bibel in David das Bild eines (auch!) ganz andersartigen Machthabers zeichnet – eines, der den Menschen, dem Volk, der Welt wohltut, der förderlich ist für ein friedvolles Zusammenleben –, das ist unendlich kostbar. Das sollte man nicht klein- und nicht wegreden, sondern laut rühmen und sich und anderen immer vor Augen halten. David – einer von uns, aber den meisten von uns in den meisten Feldern weit voraus. Musizierend und singend bis ins hohe Alter.

Übrigens: der Name «David» bedeutet «Liebling». Wahrscheinlich nannte ihn seine Mama so, weil er ihr Liebling war. Er wurde dann aber zu viel mehr: zum Liebling Gottes und der Menschen. Und so soll, darf er uns ruhig vor Augen stehen.

## *Ausgewählte weiterführende Literatur*

Dallmeyer, Hans-Jürgen / Dietrich, Walter, David – ein Königsweg. Psychoanalytisch-theologischer Dialog über einen biblischen Entwicklungsroman, Göttingen 2002

Dietrich, Walter / Naumann, Thomas, Die Samuelbücher, Darmstadt 1995 (Erträge der Forschung 287)

Dietrich, Walter, Die frühe Königszeit in Israel. 10. Jahrhundert v. Chr., Stuttgart 1997 (Biblische Enzyklopädie 3)

Dietrich, Walter, Von David zu den Deuteronomisten. Studien zu den Geschichtsüberlieferungen des Alten Testaments I, Stuttgart 2002 (BWANT 156)

Dietrich, Walter / Herkommer, Hubert (Hg.), König David – biblische Schlüsselfigur und europäische Leitgestalt, Fribourg/Stuttgart 2003

Dietrich, Walter (Hg.), David und Saul im Widerstreit – Diachronie und Synchronie im Wettstreit. Beiträge zur Auslegung des ersten Samuelbuchs, Fribourg/Göttingen 2004 (OBO 206)
Dietrich, Walter, David. Der Herrscher mit der Harfe, Leipzig 2006, [2]2016 (Biblische Gestalten 14)
Dietrich, Walter (Hg.), Seitenblicke. Literarische und historische Studien zu Nebenfiguren im zweiten Samuelbuch Fribourg/Göttingen 2011 (OBO 249)
Dietrich, Walter, Samuel: Band 1, Neukirchen-Vluyn 2011; Band 2, Neukirchen-Vluyn 2015; Band 3, Göttingen 2019; Band 4, Göttingen 2021; Band 5, Göttingen 2023 (Biblischer Kommentar zum Alten Testament 8)
Dietrich, Walter, Die Samuelbücher im deuteronomistischen Geschichtswerk. Studien zu den Geschichtsüberlieferungen des Alten Testaments II, Stuttgart 2012 (BWANT 201)
Dietrich, Walter (Hg.), The Books of Samuel: Stories – History – Reception History, Leuven 2016 (BETL 284)
Dietrich, Walter, Historiographie und Erzählkunst in den Samuelbüchern. Studien zu den Geschichtsüberlieferungen des Alten Testaments III, Stuttgart 2019 (BWANT 221)
Eckstein, Pia, König David. Eine strukturelle Analyse des Textes der Hebräischen Bibel und seine Wiederaufnahme im Roman des 20. Jahrhunderts, Bielefeld 2000
Gunn, David, The Story of King David. Genre and Interpretation, Sheffield 1978 (JSOT.S 6)
Halpern, Baruch, David's Secret Demons. Messiah, Murderer, Traitor, King, Grand Rapids, MI / Cambridge 2001
Heym, Stefan, Der König David Bericht. Roman, München 1972
Kipfer, Sara, Der bedrohte David. Eine exegetische und rezeptionsgeschichtliche Studie zu 1Sam 16 – 1Kön 2, Berlin u. a. 2015 (Studies of the Bible and Its Reception 3)
Klein, Johannes, David versus Saul. Ein Beitrag zum Erzählsystem der Samuelbücher, Stuttgart 2002 (BWANT 158)
McKenzie, Steven L., King David. A Biography, New York 2000
Van Seters, John, The Biblical Saga of King David, Winona Lake, IN 2009

# «Gott sieht aufs Herz» (1Sam 16,7). Art und Absicht der David-Erzählung der Samuelbücher

Die Mitteilungen des Alten Testaments über König David sind außerordentlich vielfältig. Die Chronik schildert ihn als Gotterwählten, als Kämpfer und Helden und vor allem als den, der den Tempelbau in Jerusalem vorbereitet hat. Der Psalter stellt ihn vorwiegend als Leidenden und Klagenden, aber auch als Siegenden und Jubelnden dar. In den Prophetenbüchern erscheint David als Begründer der in Jerusalem herrschenden Daviddynastie, aber auch als der, aus dem eine künftige heilvolle Herrschaft hervorgehen wird. Jesus Sirach sieht in ihm auch den Helden und Herrscher, vor allem aber den herausragenden Sänger und Dichter Israels. Besonders facettenreich ist das Davidbild der Samuelbücher. Diese älteste und grundlegende Quelle soll im Folgenden in den Blick genommen werden.

Zunächst eine knappe Wiedergabe des Inhalts – wobei nur die wichtigsten Personen und Ereignisse ins Bild gerückt werden. Die Samuelbücher sind viel facettenreicher, als eine solche Skizze es zum Ausdruck bringen kann.

Im Prinzip ist die David-Erzählung der Samuelbücher chronologisch aufgebaut: zwar nicht von der Geburt, aber von der Jugend des Helden bis zu seinem Tod. Allerdings fällt der sog. Anhang zu den Samuelbüchern, 2Sam 21–24, aus der chronologischen Ordnung heraus; er enthält Geschichten, Anekdoten, Listen und Lieder offenbar aus verschiedenen Phasen des Lebens Davids (bzw. aus verschiedenen Zeitaltern der biblischen Literaturgeschichte). In der Haupterzählung aber, die 1Sam 16 – 2Sam 20 sowie 1Kön 1–2 umfasst, wird eine durchgehende Vita Davids geboten. Eine Begebenheit entwickelt sich aus der vorangehenden, es ergibt sich eine Ereigniskette mit offensichtlich biographischem Anspruch. Alles beginnt damit, dass Samuel unter Gottes Anleitung aus den acht Söhnen des Betlehemiters Isai den Jüngsten als den herausfindet, der anstelle des «verworfenen» Saul König werden soll (1Sam 16,1–13). Der Jüngling David tritt in den Dienst von König Saul und steigt dort alsbald zum militärischen Führer, zum liebsten Freund des Kronprinzen Jonatan und zum Gemahl der Königstochter Michal auf (1Sam 16,14 – 18,30). Bald aber wittert Saul im jungen David den Rivalen und vertreibt ihn aus seiner Umgebung. David muss sich in Juda als Bandenführer durchschlagen, wird von Saul hartnäckig verfolgt, bekommt diesen zweimal in die Hand, verschont ihn aber und wechselt schließlich aus purer Not zu den Philistern; der König der Philisterstadt Gat, Achisch, wird sein Lehnsherr (1Sam 19–27). Als Stadtkönig von Ziklag und Anführer einer Privatarmee, die zahlreiche Raubzüge unternimmt, übersteht er die Zeit bis zum Untergang

Sauls; als dieser im Entscheidungskampf gegen die Philister fällt, betrauert David seinen und vor allem Jonatans Tod (1Sam 29 – 2Sam 1). Dann aber destabilisiert David zielstrebig das saulidische Königtum und schwingt sich selbst zuerst zum König von Juda, dann auch von Israel auf; in Jerusalem, einer zwischen beiden Reichsteilen gelegenen Stadt, bezieht er Residenz (2Sam 2–5). Dorthin bringt er die heilige Lade, einen ursprünglich israelitischen Kultgegenstand des Gottes Jhwh, und empfängt im Gegenzug vom Propheten Natan die Verheißung einer bleibenden Dynastie, wofür er in frommem Gebet mit bewegenden Worten dankt (2Sam 6–7). Er positioniert sein Reich im politischen Kräftesystem der Levante, indem er eine Reihe von Nachbarvölkern unterwirft oder doch von den eigenen Grenzen fernhält (2Sam 8–10). Doch dann folgt urplötzlich der Einbruch: Der erfolgsverwöhnte König vergreift sich an Batscheba, der Frau des Offiziers Urija; als er diesem das im Ehebruch gezeugte Kind nicht unterschieben kann, lässt er ihn umbringen, woraufhin sich der Prophet Natan gegen ihn wendet und der Tod sich in seinem Haus einnistet (2Sam 11–12). Seine beiden ältesten Söhne, Amnon und Abschalom, disqualifizieren sich durch Vergewaltigung und Mord, der zweite inszeniert einen Aufstand gegen ihn, der nur mit knapper Not niedergeschlagen werden kann – genauso wie ein Separationsversuch des israelitischen Nordens unter der Führung eines gewissen Scheba ben Bichri (2Sam 13–20). Am Ende erscheint David als alt und hinfällig und wird zum Opfer einer Hofintrige, die den Zehnten in der Reihe seiner Söhne, Salomo, an die Macht bringt, ehe er selbst in hohem Alter stirbt (1Kön 1–2).

In welcher Absicht ist diese Vita Davids verfasst worden? Drei Erklärungsmöglichkeiten bieten sich an und sind in der Forschung ausführlich begründet worden.

## 1. Die David-Erzählung der Samuelbücher als Geschichtsschreibung

Die beschriebene Handlungskette erweckt den Eindruck bewusster Geschichtsschreibung. Es werden Ereignisse aus der Vergangenheit – in diesem Fall das Leben eines Königs – beschrieben. Die Leserschaft einer bestimmten (noch zu bestimmenden) Zeit soll darüber informiert werden, was damals, in der Zeit Davids, geschehen ist: wie er auf hindernisreichen Wegen zum König aufstieg, sein Königtum erfolgreich organisierte und dann über manche Fehltritte und Misserfolge wieder abstieg bis zu seinem Tod.

Diese David-Geschichte ist im jetzigen biblischen Kontext eingebettet in die Frühgeschichte des Volkes Israel. Dieses ist im Land Kanaan ansässig geworden (Jos) und muss sich dort verschiedener Nachbarvölker erwehren (Ri 1–16), ehe es mehr und mehr in einem Chaos von Stammesinteressen, Intrigen und Gewalttaten versinkt (Ri 17–21). Ein Neuanfang zeichnet sich ab in der Geschichte Samuels, des letzten Richters (1Sam 1–3; 7). Dieser verhilft dem ersten König, Saul, zur Herrschaft, muss ihn dann aber im Auftrag Gottes verwerfen (1Sam 8–15). Die Anfangsgeschichte Davids ist mit Sauls Abstiegsgeschichte verwoben; die Geschichte seiner Herrschaft und seines Abstiegs führt hin zur Geschichte Salomos, dessen Herrschaft die des Vaters weiterführt und den Bau des Jerusalemer Jhwh-Tempels zum zentralen Gegenstand hat (1Kön 3–11). Auf Salomo folgt eine lange Reihe weiterer Davididen-Könige, deren Geschichte verschränkt ist mit der Geschichte des Königreichs (Nord-)Israel, das sich gleich nach Salomo aus der Davidherrschaft gelöst hat; beide Staaten – von denen Israel gegenüber Juda klar das Übergewicht hat – behaupten sich mehr schlecht als recht im Kräftespiel der Levante, ehe die Assyrer das nördliche, dann die Babylonier das südliche Königreich auslöschen (1Kön 12 – 2Kön 25).

Die Geschichte der frühen Königszeit mit den Königen Saul, David und Salomo ist also Teil der größeren Geschichte Israels, die von der Einnahme des Landes bis zum Verlust des Landes reicht. Gemäß einer einflussreichen Hypothese bilden die Bücher Jos, Ri, 1–2Sam und 1–2Kön ein zusammenhängendes Geschichtswerk, das «deuteronomistisch» genannt wird, weil es den Geist des Deuteronomiums atmet. Das Werk umspannt eine Geschichtsepoche von mehr als einem halben Jahrtausend, in absoluten Zahlen: etwa vom 12. bis ins 6. Jahrhundert v. Chr. Die David-Erzählung ist somit Teil einer umfassenden Geschichtsschreibung und hat schon von daher einen klar historiographischen Anspruch.

Von den erwähnten biblischen Geschichtsbüchern hielt die ältere Forschung die Samuelbücher für historisch besonders zuverlässig. Für diese Einschätzung gab und gibt es verschiedene Gründe. Erstens wirkt die Geschichtsdarstellung der Samuelbücher vergleichsweise funktional und rational; da laufen weithin innerweltliche Kausalitätsketten ab, kaum einmal bricht eine transzendente in die immanente Welt ein. Zweitens gibt es kaum andere Quellen, welche die Darstellung der Samuelbücher in Frage stellen könnten; diese schildern eine sehr frühe Epoche der israelitischen Geschichte, aus der es wenige gesicherte archäologische Daten und so gut wie keine externen Textzeugnisse gibt. Drittens hat das Königtum in Israel und hat insbesondere die Gestalt Davids in späterer Zeit eine so kraftvolle, fast durchgehend positive Wirkungsgeschichte entfaltet, dass man wie von selbst auf einen großen, strahlenden Anfang gefasst ist – so wie die Samuelbücher ihn bieten.

Infolgedessen hat man nahezu alles für historisch zutreffend gehalten, was die Samuelbücher über David berichten: dass er aus dem Nichts bis ganz an die Spitze aufstieg, weil er ungemein geschickt, tapfer, begabt, zielstrebig und dabei doch bescheiden, großmütig und gewinnend war; dass er ein «Großreich» begründete, das fast die gesamte Levante, von Ägypten bis zum Zweistromland, umfasste; dass er mit allen Widersachern im Inneren wie im Äußeren – von Saul bis zu Abschalom und Scheba ben Bichri, von den Philistern über die Ammoniter bis zu den Aramäern – fertig wurde, weil er ihnen allen überlegen war und politische wie militärische Mittel optimal einzusetzen verstand. Zwar leugnete man nicht, dass David auch Fehler hatte und machte (die Bibel räumt das ja auch ein!), doch schienen sie, gemessen an seinen Fähigkeiten und Leistungen, nicht ins Gewicht zu fallen.

Bei sorgfältiger Lektüre ist nun aber zu erkennen, dass die Samuelbücher gar nicht ein so leuchtendes Davidbild malen, wie eben wiedergegeben. Vielmehr berichten sie von ihm höchst differenziert. Schon der junge David erscheint nicht unbedingt als sympathisch, sondern als unheimlich zielstrebig, durchsetzungswillig und skrupellos. Er achtet stets auf seinen Vorteil, ist verschlagen, neigt zur Gewalt. Er läuft zum Landesfeind über und scheut auch vor Genozid nicht zurück. Als König trifft er fragwürdige Entscheidungen und fällt ungerechte Urteile. Er lässt Bluttaten geschehen, ohne sie zu ahnden. Er spielt politische Gruppierungen gegeneinander aus genauso wie benachbarte Länder und führt ohne Hemmungen Angriffskriege. Er ist auch persönlich nicht integer, begeht Ehebruch und Mord. Zudem ist er offensichtlich nicht in der Lage, in seinem eigenen Haus, unter seinen Kindern, Frieden und Ordnung zu halten. Der David der Samuelbücher ist kein Mensch nur mit Stärken, sondern mit sehr deutlichen Schwächen.[1]

Das muss nicht bedeuten, dass er politisch nicht relativ erfolgreich gewesen wäre. Er scheint tatsächlich erhebliches politisches Geschick besessen und auch manche militärischen Siege errungen zu haben. Doch sein Reich war weder so ausgedehnt noch innerlich so gefestigt, wie lange Zeit angenommen. Zwar dürfte zutreffen, was neuerdings oft angezweifelt wird:[2] dass er Juda und Israel in Personalunion regierte. Vielleicht auch hat er kleinere Ethnien östlich des Jordan unterworfen und kolonisiert. Doch der Philister, der Phönizier und der Aramäer wurde er niemals Herr. Die von ihm aufgebaute Verwaltung war bestenfalls rudimentär.[3] Von regelmäßigen Steuereinnahmen, von Investitionen in Infrastruktur und Wirtschaft, von administrativer Kontrolle der Städte und der Regionen ist nichts zu erkennen.

Davids Staat war ein Klientel-Königtum: mit einer Vielzahl gesonderter Beziehungen zwischen dem Palast und den diversen Stämmen, Städten, Clans und Honoratioren. Sie alle behielten eine relative Selbstständigkeit, und der König suchte sie nur in einer halbwegs gesicherten Balance zu halten. Das signalisiert schon die Wahl Jerusalems als Residenz. Diese Stadt und ihr Umland gehörten weder zu Juda noch zu Israel, sondern waren bis dahin politisch unabhängig, hatten eine ganz eigene Geschichte und Kultur – so wie viele andere ehemals kanaanitische Städte oder andere Regionen, die ins Reich integriert wurden. Ein

1 Vgl. Dietrich, Bild eines Herrschers; Dietrich, Andächtig-kritisches Porträt.

2 Zum Beispiel von Finkelstein/Silberman (David und Salomo) und Leonard-Fleckman (House of David).

3 In den zwei weitestgehend übereinstimmenden Listen von Spitzenbeamten in 2Sam 8,16–18; 20,23–26 fehlen so weite Politikbereiche wie Finanzen, Justiz, Soziales und Bildung.

Mittel von Davids Balance-Politik waren auch seine Heiraten; die vielen Haupt- und Nebenfrauen dienten wohl weniger seinem Vergnügen als vielmehr der Sicherung des Nachwuchses, vor allem aber der Errichtung und Wahrung guter Beziehungen zu den Herkunftsfamilien und -orten der verschiedenen Frauen.

Die Darstellung Davids in den Samuelbüchern ist also beides zugleich: in manchen Zügen glaubwürdig und historisch plausibel[4], durchaus auch kritisch gegenüber dem Helden, in anderen Zügen aber offenbar geschönt und bestimmt vom Wunsch nach einer großen Anfangszeit. Das Davidbild der Samuelbücher ist weder pauschal ins Reich der Mythen und Märchen zu verweisen noch von Anfang bis Ende für bare historische Münze zu nehmen. Zu einer korrekten Einschätzung bedarf es der Wahrnehmung des besonderen Charakters dieser Geschichtsschreibung.[5] Es handelt sich um eine Historiographie eigener Art, die nüchterner, in gewisser Weise «moderner» wirkt als etwa die der biblischen Urgeschichte oder auch die des Josuabuchs oder mancher Prophetenerzählungen der Königsbücher. Nur selten und nur andeutungsweise betritt Gott als Erzählfigur die Bühne (z. B. in 1Sam 25,38; 2Sam 5,24; 6,7; 12,15). Dennoch ist Gott ständig präsent: meist im Mund menschlicher Protagonisten, manchmal auch in Orakelmitteilungen (1Sam 23,2.11f.; 30,8; 2Sam 5,19.23f.) oder in prophetischen Erfahrungen (2Sam 7,4f.; 12,1). Immer wieder vermelden Erzählstimmen, wie Gott in der Davidgeschichte handelte: etwa in Gestalt der immer und immer wiederholten Versicherung, Jhwh sei «mit David» gewesen (1Sam 18,14.28 u. ö.), oder in der gelegentlichen Behauptung, Gott habe bestimmte Ereignisse so oder so beurteilt und gelenkt (2Sam 11,27; 12,24; 17,14). Gleichwohl stehen die Glaubensüberzeugungen der Erzähler nicht so weit im Vordergrund, dass man von einer frommen Legende zu reden hätte. Die David-Erzähler zeigen nicht die fast penetrante, orthodoxe Frömmigkeit der Bücher Esra und Nehemia, teilweise auch der Chronik.

Kurzum: Die Samuelbücher sind weder Göttermythe noch Heiligenlegende, sie sind nicht rein religiös, sie sind aber auch nicht rein profan. Sie beschreiben ein immanentes Geschehen, das aber unter transzendenten Einflüssen steht. Die Davidgeschichte ist eine rein menschliche Geschichte, und doch wirkt in ihr Gott mit. Das Davidbild der Samuelbücher ist in Teilen historisch plausibel, in anderen Teilen aber fiktional. Es ist die Aufgabe der historisch engagierten Exegetin bzw. des exegetisch geschulten Historikers, aus dieser Darstellung den tatsächlichen oder zumindest wahrscheinlichen Geschichtsverlauf herauszufinden.

---

4 Das räumen auch so kritische Autoren wie Finkelstein/Silberman ein, die gerade die besonders legendenhaft wirkenden Erzählungen vom Bandenführer David in 1Sam 23–27 für den Ergebnissen archäologischer Forschung exakt entsprechend halten (David und Salomo, 31–56).

5 Vgl. zum Folgenden vor allem Gilmour, Representing the Past.

## 2. Die Vita Davids der Samuelbücher als literarisches Drama

Das Leben Davids, wie es die Samuelbücher schildern, hat alle Eigenschaften eines literarischen Dramas. Nicht umsonst gibt es aus neuerer Zeit eine ganze Anzahl literarisch teilweise hochstehender David-Romane und -Dramen.[6] Moderne Roman-Autoren und -Autorinnen nutzen den biblischen Text als Vorlage für ihre literarischen Adaptionen. Wohl keine andere biblische Biographie ist so umfassend, detailliert, anschaulich, reich an thematischen Facetten und mitwirkenden Personen wie diejenige Davids.

Allein das Figurenensemble rund um David ist enorm vielköpfig und eindrücklich. Da sind sein Vater, seine Brüder und seine Cousins (letztere in hohen militärischen Positionen: Joab und Abischai); da sind seine Frauen und Nebenfrauen (von den ersteren sechs namentlich bekannt: 2Sam 3,2–5; von manchen werden ausführliche Geschichten erzählt); da sind seine zahlreichen Söhne und Töchter (sechzehn Söhne sind namentlich bekannt: 2Sam 3,2–5; 5,14–16, hingegen nur eine Tochter: 2Sam 13,1–22); da sind Priester und Propheten, die mit ihm kooperieren, ihn gelegentlich auch kritisieren; da sind Listen mit Namen von Spitzenbeamten (2Sam 8,16–18; 20,23–26) und Elitekriegern (2Sam 23,24–39); da sind Anekdoten von dekorierten Kämpfern, die sich tapfer für ihn geschlagen haben (2Sam 21,15–22; 23,1–23); da sind Botenläufer, die ihm zuverlässig Nachrichten überbringen (2Sam 17,15–22; 18,19–32); da sind weise Frauen, die Einfluss auf seine Haltung und seine Politik nehmen (1Sam 25; 2Sam 14; 2Sam 20); da sind kluge Berater, die sein Ohr haben und ihm auch gegen interne Gegner helfen (2Sam 17); da sind Förderer, die ihm auch in schwierigster Lage zur Seite stehen (Samuel, 1Sam 19,18–24; Jonatan, 1Sam 20; Barsillai, 2Sam 17,27–29; 19,32–39); da sind die Könige benachbarter Staaten, teils Gönner (1Sam 22,3; 27,2–6; 2Sam 8,9–11; 17,27–29; 24,18–23), teils Feinde (2Sam 8,3–8; 10,1–18); da sind Mitglieder des von ihm abgelösten Königshauses Sauls, ihm teils in Freundschaft (1Sam 18,1.20; 2Sam 9), teils in Feindschaft (2Sam 16,5–12) verbunden; da

6 Ich nenne die wichtigsten: Stefan Heym, «Der König David Bericht» (1972); Torgny Lindgren, «Bathseba» (1987); Grete Weil, «Der Brautpreis» (²1988); Joseph Heller, «God Knows» (1984; deutsch «Weiß Gott», 1987); Martin Gauger, «Davids Aufstieg» (1994); Allan Massie, «King David» (1995; deutsch «Ich, König David», 1996); Arnulf Zitelmann, «Jonatan, Prinz von Israel» (1999); Geraldine Brooks, «The Secret Chord» (2016); Slanka Hrastelj, «Batseba» (2022). – Pia Eckstein (König David) hat in einer literaturwissenschaftlichen Untersuchung noch weitere, insbesondere amerikanische literarische Produkte zu diesem Thema vorgestellt und beurteilt; die allermeisten genügen dem Maßstab, ob ihre Erzählkunst an die des biblischen Vorbilds heranreicht, nicht. Shepherd/Johnson (David Fragments) untersuchen Fragmente eines Dramas des frühen Bertolt Brecht, das nie vollendet worden und zur Aufführung gekommen ist.

sind Namenlose, Einzelne wie Gruppen: Älteste, Stadtobere, Diplomaten, Bittsteller, Soldaten, Aufständische, Festbesucher und viele andere mehr. Die Erzählbühne der Samuelbücher ist wahrhaftig reich bevölkert, woraus ein hoher Perspektivenreichtum resultiert.

Die Gesamtdarstellung gleicht einem Drama in sieben Aufzügen: 1. Davids Aufstieg am Hof Sauls (1Sam 16–18). 2. Davids Flucht vor Saul und sein Freibeuterleben (1Sam 20–31). 3. Davids Aufstieg zum Herrn einer Doppelmonarchie (2Sam 1–5). 4. Davids Herrschaft (2Sam 6–10). 5. Davids Sündenfall (2Sam 11–12). 6. Davids Probleme mit seinen Söhnen (2Sam 13–20). 7. Davids Ende (1Kön 1–2). Zwischen die beiden letzten Aufzüge kommt der Anhang 2Sam 21–24 zu stehen.[7]

Die Aufzüge gleichen einander darin, dass sie schildern, wie Konflikte entstehen, sich zur Krisis auftürmen und am Ende eine mehr oder weniger befriedigende Lösung finden. Im zweiten etwa (1Sam 19–31) entwickelt sich eine Rivalität zwischen Saul und David; Saul versucht mit allen Mitteln, den Konkurrenten auszuschalten; dieser entzieht sich den Attacken dadurch, dass er in den Dienst der Philister tritt, bis endlich Saul zu Tode kommt. Oder der fünfte Aufzug (2Sam 11–12): David vergreift sich an der Frau eines Offiziers, worauf diese schwanger wird; der Ehemann lässt sich die Vaterschaft nicht unterschieben und bezahlt dafür mit dem Leben; der Prophet Natan zieht David zur Rechenschaft, das im Ehebruch gezeugte Kind stirbt, doch ein neues wird gezeugt und geboren, das von Jhwh «geliebt» (und später Davids Nachfolger) wird.

Die Aufzüge gliedern sich jeweils in mehrere Szenen und diese wiederum in Unterszenen. Der hebräischen Erzähltechnik entsprechend, befinden sich in den Unterszenen meist nur zwei Personen auf der Bühne, während weitere Einzelpersonen oder Gruppen allenfalls die Staffage bilden. Als Beispiel diene die Abigajil-Geschichte 1Sam 25,2–42, eine gesonderte Szene mit eigener Exposition (25,2f). Die Unterszenen sind: 1. Dialog zwischen Nabal und Abgesandten Davids, in dem dessen Bitte um Naturalabgaben abgelehnt wird (25,4–13). 2. Dialog zwischen Abigajil und einem Knecht, der sie vor drohender Gefahr warnt, woraufhin sie Vorkehrungen trifft (25,14–19). 3. Dialog zwischen Abigajil und David, in dem sie ihn von blutiger Rache abbringt – das Herzstück der Erzählung (25,23–35). 4. Dialog zwischen Abigajil und Nabal, in dem sie diesen über das Geschehene unterrichtet, worauf ihn der Schlag trifft (25,36–38). 5. Dialog zwischen Abigajil und David, vermittelt durch Boten, in dem er sie zur Frau gewinnt (25,39–42). Die Szene als ganze ist hochdramatischer Natur: Der Interessengegensatz zwischen Nabal und David droht in eine gewalttätige Auseinandersetzung zu münden, welche die kluge und schöne Abigajil gerade noch abzuwenden vermag. Hier wie in vielen anderen Einzelszenen findet sich der Dreischritt von Anbahnung, Kulmination und Beilegung eines Konflikts.

7 Fokkelman unterscheidet in seinem voluminösen Werk (Narrative Art) 15 «acts», deren letzter 2Sam 21–24 sei. Die Akte gliedern sich jeweils in eine Vielzahl von «scenes». Seiner Meinung nach sind etwa in 2Sam 9–20 + 1Kön 1–2 vier Akte und 32 Szenen enthalten.

Als weiteres Beispiel diene ein Teil des 6. Akts: Davids Flucht vor Abschalom aus Jerusalem, sein Kampf mit Abschalom und seine Rückkehr nach Jerusalem (2Sam 15,13 - 19,41). Dieser Teil der David-Story ist kunstvoll chiastisch angelegt.

A David findet bei der Flucht aus Jerusalem Unterstützung: 15,13–37
  B David begegnet Meribaals Knecht Ziba: 16,1–4
    C David begegnet Schimi ben Gera: 16,5–13
      D Abschalom und David werden von Ahitofel und Huschai beraten: 16,14 - 17,23
        E David und Abschalom bereiten sich auf die Schlacht vor: 17,24 - 18,5
        E' Abschalom verliert Schlacht und Leben, David betrauert ihn: 18,6 - 19,1
      D' David wird von Joab beraten und bereitet seine Rückkehr vor: 19,2–16
    C' David begegnet Schimi ben Gera: 19,17–24
  B' David begegnet Meribaal: 19,25–31
A' David findet bei der Rückkehr nach Jerusalem Unterstützung: 19,32–41

Der Kulminationspunkt dieser Szenenfolge ist die militärische Auseinandersetzung zwischen David und seinem aufständischen Sohn Abschalom. Zu Beginn scheint David auf verlorenem Posten: Abschalom verdrängt ihn aus Jerusalem, er erlebt allerlei Anfeindungen und muss über den Jordan fliehen. Allerdings erfährt er auch Unterstützung: besonders wichtig die durch seinen «Vertrauten» Huschai, der den zu Abschalom übergelaufenen Chefberater Ahitofel neutralisiert. Nach dem Sieg über Abschalom kehrt David an die Macht zurück, die einstigen Feinde unterwerfen sich, neue Verbündete finden sich. Gleichwohl ist ein König, der seinen eigenen Sohn und sein eigenes Volk auf dem Schlachtfeld besiegen musste, fortan ein gezeichneter Mann.

In der hochdramatischen David-Vita der Samuelbücher verläuft das Leben des Helden nicht gleichmäßig-geradlinig, sondern in einem steten Auf und Ab und wieder Auf. David ist kein unangefochtener Dauersieger, er erlebt Gefährdungen und Abstürze,[8] droht zu scheitern, findet aus allen Bedrohungen aber wieder heraus und führt so, aufs Ganze gesehen, ein doch gelungenes und erfolgreiches Leben. Dabei verläuft die Lebenslinie insgesamt nicht *per aspera ad astra*, sondern eher umgekehrt: Der in den Aufzügen 1.–4. eher glücksverwöhnte David versinkt in den Aufzügen 5.–7. immer tiefer in eigenen Fehlhandlungen und deren katastrophalen Folgen, bis er am Ende als seniler und manipulierter Greis abtritt[9]. Wollte man darauf eine der beiden großen Dramenkategorien anwenden, läge der Begriff «Tragödie» näher als «Komödie».[10]

---

8 Diesem Motiv und seiner Aufnahme in der Rezeptionsgeschichte, namentlich zur Zeit des Barock, hat Kipfer (Der bedrohte David) ihre umfangreiche Studie gewidmet.

9 Diesen Negativtrend der späteren David-Vita hat bleibend Carlson (David the Chosen King) herausgearbeitet.

10 Sehr feinfühlig und textnah hat Wolpe (David. The Divided Heart) die Davidgeschichte der Samuelbücher in diesem Sinn nachgestaltet, indem er die Erzählungen der Samuelbücher nacherzählt, intertextuell vernetzt und in einer wohlwollend-geistlichen Attitüde aus-

Es ist kein Zufall, dass dieser König gleichsam zum Vorbeter Israels wurde.[11] 73 von 150 Psalmen tragen seinen Namen in der Überschrift, ein gutes Dutzend ist bestimmten Situationen seines Lebens zugeordnet. Es sind allermeist dramatische Situationen, und die meisten David-Psalmen sind Klagelieder. Die Gestalter des Psalters hatten ein Gefühl für die tragische Note der David-Vita in den Samuelbüchern. Es ist signifikant, dass die Davidisierung des Psalters erst auf späten Redaktionsstufen dieses Buches geschah, als längst keine Könige mehr auf dem Davidthron saßen. Das David-Drama ist transparent nicht nur auf das Leben von Königen, sondern auf menschliches Leben überhaupt. An David lässt sich sehen und nacherleben, dass auch Menschen, denen dies nicht an der Wiege gesungen ist, zu Großem befähigt sein können, dass sie freilich nicht gefeit sind gegen Enttäuschungen und Rückschläge, und dass sie doch Hoffnung haben können auf ein endliches Gelingen ihres Lebens. So gesehen, ist die Geschichte Davids ein Exempel für Resilienz: jene ungemein wichtige Ressource, die Menschen auch in schwierigster Situation nicht verzweifeln, sondern immer wieder neuen Mut finden lässt. Unter mehr religiösem Aspekt ist die David-Geschichte eine Führungsgeschichte: ein herausragendes Beispiel dafür, wie Gott Gelingen schenken, allerdings auch Verfehlung ahnden kann, letztlich aber Gnade gewährt über alle Erwartung hinaus.

## 3. Die Davidgeschichte als politischer Diskurs

Die Davidgeschichte der Samuelbücher ist ein historischer Text: entstanden unter bestimmten Umständen, verfasst von bestimmten und gerichtet an bestimmte Menschen. Wie alle Literatur, so ist auch sie ein Stück zwischenmenschlicher Kommunikation. Und da sie schwerpunktmäßig von politischen Themen handelt – der Entstehung des Staates in Israel, der Kür von Königen und ihrem Abtreten, dem Ringen gesellschaftlicher Kräfte und Lager, Verteilung von Macht, Ämtern und Einfluss, Kriege gegen Außen und im Innern usw. –, ist sie ein Teil der politischen Diskussion des biblischen Israel. Damit stellen sich einige gewichtige Fragen: Wer diskutiert da mit wem? Handelt es sich um das Votum eines Menschen oder die Voten vieler? Wann fand diese Diskussion statt, nur innerhalb eines begrenzten Zeitraums oder über mehrere Zeitstufen hinweg? Auf welche geschichtliche(n) Situation(en) reagieren die Texte, und welche Intention(en) verfolgen sie? Je nachdem, welche Passagen man wie einordnet und

---

legt. Das resultierende Bild Davids ist zwar «gespalten», letztlich aber klar positiv. Ironischer und distanzierter geht Gunn (Story of King David) zu Werk. Er rechnet stark mit dem «entertainment» Charakter der Texte.

11 Vgl. hierzu Kleer, Der liebliche Sänger Israels.

auswertet, resultieren sehr unterschiedliche politische Stellungnahmen zu sehr verschiedenen Themen.

Ein wichtiges Thema ist zweifellos, wie in den Samuelbüchern der Staat und das Königtum, speziell auch das Königtum Davids, eingeschätzt werden.[12] Noch ehe David (und schon bevor Saul) die Bühne betritt, findet eine Diskussion statt über die Vorzüge und Gefahren von Staatsbildung und Königsherrschaft (1Sam 8). Gemessen an den in dieser Debatte gefundenen Maßstäben hat Saul wenig Chancen, jemals den Anforderungen an einen König in Israel zu genügen. David wird ihnen eher gerecht, versagt aber ebenfalls und erreicht nur dank unverbrüchlicher göttlicher Treue den Zeitpunkt, an dem er, alt geworden, die Herrschaft einigermaßen geregelt an seinen Nachfolger Salomo weitergeben kann. Dieser tut sich zwar als Tempelerbauer hervor, versagt dann aber auch wieder – wie spätere Könige auch, wovon die Königsbücher erzählen. Wie steht die Figur Davids im Diskurs über das Königtum da? Es scheint, als verträten die Texte weithin eine prodavidische Haltung, doch mischen sich dahinein auch davidkritische Töne. Wann wurde dieses Davidbild (oder wurden diese Davidbilder) in welcher Absicht und mit Blick auf welche Adressaten entworfen?

Nach einer vor allem im englischsprachigen Raum weitverbreiteten These sind alle Geschichten von David – die von seinem Aufstieg, von seiner Herrschaft und von seiner Thronnachfolge – eine «apology»,[13] wie andere altorientalische Könige (etwa der Babylonier Sargon d. Gr. oder der Hetiter Hattuschilisch III.) sie für sich haben schreiben lassen. Ebenso habe vielleicht nicht schon David für sich selbst, wohl aber Salomo für seinen Vater (und damit indirekt auch für sich selbst) die Davidgeschichte niederschreiben lassen.[14] Diese Theorie hat manches für sich, insbesondere den davidfreundlichen Grundton der Darstellung. Doch liegt hier auch das gewichtigste Gegenargument: die vielen davidkritischen Passagen in den Samuelbüchern, die ein altorientalischer König in seiner Apologie (oder in der des Dynastiegründers) niemals geduldet hätte.[15] Ferner sind jene anderen Apologien in der 1. Person Singular gehalten, während von David in der 3. Person berichtet wird – durch vom König unabhängige Erzähler und Historiker, nicht in dessen direktem Auftrag. Zudem würde die Apologie-Hypothese den Davidgeschichten – zumindest den allermeisten von ihnen – das Siegel sehr früher Entstehung verleihen; stammten sie, als «apologetische» Texte, wirklich aus der frühen Königszeit, wären sie fast Augenzeugenberichte und stünden den Ereignissen sehr nahe – was offensichtlich vielfach nicht der Fall ist.

12 Vgl. dazu den wichtigen Tagungsband Kipfer/Hutton (eds.), Response to Monarchy.

13 McCarter, Apology; McCarter, Plots; McKenzie, King David, 25–46.

14 Diese Theorie übernimmt Stefan Heym (Der König David Bericht) als Grund-Story für seinen Roman – und macht diese durchsichtig auf moderne Geschichtsklitterungen etwa im «real existierenden Sozialismus».

15 Zur gar nicht eindeutig positiven Darstellung Davids vgl. Zach, Ambivalenz.

Im deutschsprachigen Raum hat eine ähnliche Theorie großen Einfluss gewonnen. Leonhard Rost datierte in einer epochemachenden Untersuchung[16] nicht die ganze Davidgeschichte, wohl aber die sog. Thronfolgegeschichte (2Sam [6–7;] 9–20; 1Kön 1–2) in die Salomozeit und erklärte dazu, sie sei «trotz allem», d. h. trotz der in ihr mitunter aufklingenden kritischen Töne, «in majorem gloriam Salomonis» geschrieben. Sie wolle die in 1Kön 1,20.27 gestellte Frage: «Wer wird sitzen auf dem Thron Davids?» beantworten und erzähle dazu die Geschichte von der Davidverheißung in 2Sam 7 an über die Ausschaltung des letzten saulidischen Thronanwärters (2Sam 9), die Geburt des künftigen Thronfolgers (2Sam 11–12) und das Ausscheiden der sich als nächste aufdrängenden Thronprätendenten Amnon und Abschalom (2Sam 13–20) bis zum Ringen zwischen dem Nächsten in der Thronfolge, Adonija, und dem Zehnten, Salomo (1Kön 1–2), bis endlich die Nachfolge glücklich geregelt sei. Gerhard von Rad[17] hat dem von Rost herausgearbeiteten Textkorpus unter der Annahme seiner Entstehung in salomonischer Zeit hohe historiographische und vor allem theologische Qualitäten zugeschrieben; besonderen Wert legte von Rad auf drei sog. «theologische Deutestellen» in 2Sam 11,27; 12,25 und 17,14, in denen der Verfasser erkennbar die Rolle des scheinbar neutralen Berichterstatters verlasse. In den letzten Dekaden ist diese Theorie zunehmend in Frage gestellt, gelegentlich aber auch noch mit Nachdruck und nur geringfügigen Modifikationen verteidigt worden.[18]

Die deutschsprachige Exegese hat nicht nur den Schluss der Davidgeschichte, sondern auch ihren Anfang, die sog. «Aufstiegsgeschichte Davids» (1Sam 16 - 2Sam 5), in ähnlicher Weise klassifiziert. Artur Weiser schrieb einen Essay, in dem er diesen Textbereich als ganz und gar apologetische Literatur beschrieb. Jakob H. Grønbæk ließ darauf eine intensive literarische Untersuchung folgen, in der er ältere Stoffe von den redaktionellen Beigaben des «Aufstiegserzählers» zu unterscheiden suchte. Auch für ihn ist klar, dass dieser eine Art Apologie geschrieben hat, in der er die Ablösung Sauls durch David rechtfertigt. Vermutlich sei er kurz nach der Reichsteilung (926 v. Chr.) ans Werk gegangen, um den Vorrang Judas vor Israel zu behaupten.

Die zuletzt vorgestellten Hypothesen kranken daran, dass es eine scharf gezogene Grenze zwischen den behaupteten Einzelquellen - einer Aufstiegs- und einer Thronfolgegeschichte - nicht gibt. Viele Linien ziehen sich vom einen Textbereich in den anderen. Etwa die «Mitseins-Formel» (Gott war «mit» David) begegnet von 1Sam 18 bis 1Kön 2. Das Haus Sauls spielt eine Rolle von 1Sam 9 bis 1Kön 2 (in der Gestalt des Sauliden Schimi ben Gera). Die Listen der Davidsöhne, die dann um die Thronfolge ringen, befinden sich schon in 2Sam 3 und 5. Von der Lade, die David nach Jerusalem holt (2Sam 6), war schon in 1Sam 4–6 erzählt

16 Rost, Thronnachfolge Davids.
17 Von Rad, Anfang der Geschichtsschreibung.
18 Seiler, Thronfolge.

worden. Der General Joab agiert von 2Sam 2 bis 1Kön 2. Der Eindruck ist unabweisbar, dass die Samuelbücher insgesamt ein zusammenhängendes Erzählgeflecht bilden. Zwar sind die verarbeiteten Stoffe sehr unterschiedlich und können aus verschiedenen Zeiten stammen, doch hat eine kraftvolle redaktionelle Bearbeitung sie alle zu einem dann doch recht geschlossenen Textmosaik zusammengefügt. Dies aber kann, das ist von vornherein wahrscheinlich, nicht schon während oder bald nach der erzählten Zeit geschehen sein, sondern in erheblichem Abstand davon.

In den 1970-er Jahren haben Ernst Würthwein und François Langlamet, unabhängig voneinander, die These aufgestellt und begründet, die Thronfolgeerzählung sei ursprünglich scharf david- und salomokritisch gewesen, später aber prodavidisch und prosalomonisch überarbeitet worden. Die Überarbeitung habe nicht nur David in ein äußerst positives Licht gerückt – etwa durch den programmatischen Verzicht auf Gewalt gegen die Mitglieder der Saul-Familie –, sondern die Schuld an allerlei Mordtaten und politischen Fehlentscheidungen anderen Personen, insbesondere dem General Joab, zugeschoben.[19] Jene drei «Deutestellen» gehörten allesamt zu dieser vermutlich spätkönigszeitlichen Redaktion. Alexander A. Fischer[20] arbeitete eine in der späten Königszeit anzusetzende «David-Redaktion» in dem Komplex 2Sam 2–5 heraus. Timo Veijola hat umfangreiche Passagen der Davidgeschichte einer dreifach gestuften deuteronomistischen Redaktion zugeschrieben, also in die exilische Zeit verwiesen. Nach der Meinung von John Van Seters[21] entstand zu dieser Zeit überhaupt erst der Grundstock der Davidgeschichte, zu dem Teile von 1Sam 16 – 2Sam 8 (und kleine Teile von 1Kön 2) gehörten; die gesamte «Court History» in 2Sam 2–4; *6; 9–20; 1Kön *1–2 sei erst in der späten Perserzeit abgefasst bzw. in die Darstellung von DtrH eingeschrieben worden; die deuteronomistische Grunderzählung habe ein gänzlich positives Davidbild, während die große «David-Saga» David und dem Königtum äußerst kritisch gegenüberstehe. Thilo Alexander Rudnig[22] ist in der zeitlichen Ansetzung der Stoffe und in ihrer redaktionellen Zergliederung noch viel radikaler: Aus der Königszeit stamme so gut wie nichts in den Samuelbüchern, aus der Exilszeit sehr wenig, das Allermeiste aber – zusammengesetzt aus unzähligen Kleinquellen und sukzessiven Bearbeitungen – aus der persischen und gar der hellenistischen Zeit.

Je nachdem, welcher dieser literarhistorischen Theorien man folgt, ändert sich die Einschätzung der in den Samuelbüchern geführten politischen Diskussion: Debattierten da Autoren in der frühen oder der späteren Königszeit, während der Exilszeit oder in der nachstaatlichen Zeit Israels? Wollten sie noch auf die Gestaltung der monarchischen Herrschaft in Juda (womöglich noch in Israel,

19 Würthwein, Erzählung von der Thronfolge; Langlamet, Fils de Jesse.
20 Fischer, Von Hebron nach Jerusalem.
21 Van Seters, King David.
22 Rudnig, Davids Thron.

das bereits 722 v. Chr. unterging) einwirken, oder reflektierten sie kurz nach dem Verlust der Staatlichkeit deren Grundbedingungen und die Gründe ihres Endes, oder diskutierten sie lediglich an einem geschichtlich gar nicht mehr relevanten Gegenstand Grundfragen menschlichen und gesellschaftlichen Zusammenlebens?

Einen moderaten und differenzierten textdiachronen Entwurf vertritt Walter Dietrich:[23] Die frühesten Stufen der Literaturbildung der Samuelbücher könnten durchaus noch in der frühen Königszeit gelegen haben, etwa in Gestalt einzelner Listen, Lieder oder Einzelerzählungen. In der weiteren Königszeit bildeten sich locker gefügte Sammlungen (etwa die «Samuel-Saul-Geschichten» oder der «Erzählkranz vom Freibeuter David» oder der «Erzählkranz vom Aufstieg und Niedergang der Sauliden») oder festgefügte Novellen heraus (etwa von David, Batscheba und Urija oder von David, Amnon und Abschalom). Diese Quellen führte um 700 v. Chr., also nach dem Untergang des Nordreichs, ein Gesamterzähler in einer «Geschichte der ersten Könige Israels» zusammen, die den Grundstock von 1Sam 1 bis 1Kön 12 bildet. In und nach der Exilszeit überarbeiteten deuteronomistische Redaktoren dieses Werk an einigen, für sie zentralen Punkten (etwa in 1Sam 8; 2Sam 7 und 2Sam 12) und bauten es in ihre weitausladende «Geschichte Israels von der Landnahme bis zum Landverlust» (Jos bis 2Kön) ein. In spätalttestamentlicher Zeit kamen noch einzelne Zutaten hinzu, etwa der sog. Anhang in 2Sam 21–24 und darin namentlich die Psalmlieder 2Sam 22 und 23,1–7.

Viel spricht dafür, dass die Davidgeschichte der Samuelbücher nicht innerhalb einer eng begrenzten Zeitspanne, sondern über mehrere Stufen hinweg von der frühen Königs- bis in die späte Perserzeit entstanden sind. Dementsprechend werden in ihnen politische Debatten zu wechselnden zeitgeschichtlichen Herausforderungen geführt: zu Problemen der Staatwerdung Israels, zum Verhältnis der beiden Königsfamilien: der Sauliden und der Davididen, zu den Beziehungen zwischen dem Südreich Juda und dem Nordreich Israel, zum Verlust der Eigenstaatlichkeit und zur Neukonstituierung der jüdischen Gemeinschaft nach dem Ende des Exils.

Die in den Samuelbüchern vertretenen Haltungen zu den politischen Fragen der jeweiligen Zeit sind höchst unterschiedlich, geradezu kontrovers. Zu spüren sind noch prosaulidische ebenso wie antidavidische Empfindungen, Sympathien für ein tribales gegenüber einem monarchischen System, Präferenzen für den Norden gegenüber dem Süden, aber jeweils auch das Gegenteil sowie zwischen diesen Gegensätzen vermittelnde Positionen. Hinzu kommen Diskussionen über einzelne Themen: Gewalt und Gewaltverzicht,[24] Recht und Gerechtigkeit,[25]

23 Dietrich, Herrscher mit der Harfe, 26–65; Dietrich, Die Samuelbücher heute lesen, 89–110.
24 Gilmour, Violence; Schöning, Geschwisterlichkeit.
25 Smith, Fate of Justice; Tushima, Saul's Progeny.

Macht und Weisheit,[26] Wahrheit und Lüge,[27] Rechte von Frauen und *sex and crime*,[28] die psychische Entwicklung des Charakters Davids[29] (oder z. B. auch Joabs[30]), die Rolle der Religion im Staat,[31] theologische und ethische Axiome gegenüber politischer und militärischer Zweckrationalität und anderes mehr.

So findet sich in den Samuelbüchern eine Vielzahl politischer Debatten und Positionen, allerdings nicht geformt zu einem systematisch geordneten Lehrbuch mit klaren Meinungen zu «Richtig» und «Falsch», «Gut» und «Böse», sondern in der Form eines Erzählbuchs, in dem verschiedenste Figuren und Autoren die unterschiedlichsten Meinungen vertreten und sich doch alles zu einem wohlgeformten Ganzen fügt.

## *Bibliographie*

Alter, Robert, The David Story. A Translation with Commentary of 1 and 2 Samuel, New York / London 1999.

Bailey, Randall C., David in Love and War. The Pursuit of Power in 2 Samuel 10–12, Sheffield, JSOT Press, 1990 (Journal for the Study of the Old Testament, Supplements 75).

Berlin, Adele, Characterization in Biblical Narrative. David's Wives: JSOT 23 (1982), 69–85.

Bietenhard, Sophia Katharina, Des Königs General. Die Heerführertraditionen in der vorstaatlichen und frühen staatlichen Zeit und die Joabgestalt in 2 Sam 2–20; 1 Kön 1–2, Fribourg/Göttingen 1998 (Orbis Biblicus et Orientalis 163).

Bodi, Daniel, The Demise of the Warlord. A New Look at the David Story, Sheffield 2010 (Hebrew Bible Monographs 26).

Bodner, Keith, David Observed. A King in the Eyes of His Court (Hebrew Bible Monographs 5), Sheffield 2005.

Carlson, Rolf August, David, the Chosen King. A Traditio-Historical Approach to the Second Book of Samuel, Stockholm u. a. 1965.

Dallmeyer, Hans-Jürgen / Dietrich, Walter, David – ein Königsweg. Psychoanalytisch-theologischer Dialog über einen biblischen Entwicklungsroman, Göttingen 2002.

Dietrich, Walter, Die frühe Königszeit in Israel. 10. Jahrhundert v. Chr., Stuttgart 1997 (Biblische Enzyklopädie 3).

Dietrich, Walter, König David – biblisches Bild eines Herrschers im altorientalischen Kontext, in: Walter Dietrich / Hubert Herkommer (eds.), König David – biblische Schlüsselfigur und europäische Leitgestalt, Fribourg/Stuttgart 2003, 3–31.

Dietrich, Walter, David. Der Herrscher mit der Harfe, Leipzig $^{2}$2016 (Biblische Gestalten 14).

Dietrich, Walter, König David – ein andächtig-kritisches Porträt: Sacra Scripta (Cluj) 17 (2019) 165–178.

Dietrich, Walter, Die Samuelbücher heute lesen, Zürich 2022 (Die Bibel heute lesen).

---

26 Ku, Weisheit; Schücking-Jungblut, Macht und Weisheit.

27 Newkirk, Just Deceivers.

28 Bailey, David in Love; Berlin, Characterization; Exum, Bathsheba; Müllner, Gewalt im Hause Davids.

29 Dallmeyer/Dietrich, Königsweg.

30 Bietenhard, Des Königs General.

31 Oswald, Nathan.

Eckstein, Pia, König David. Eine strukturelle Analyse des Textes aus der Hebräischen Bibel und seine Wiederaufnahme im Roman des 20. Jahrhunderts, Bielefeld 2000.
Exum, J. Cheryl, Bathsheba Plotted, Shot, and Painted: Semeia 74 (1996), 47–73.
Finkelstein, Israel / Silberman, Neil Asher, David und Salomo. Archäologen entschlüsseln einen Mythos. Aus dem Englischen von Rita Seuß, München 2006.
Fischer, Alexander Achilles, Von Hebron nach Jerusalem. Eine redaktionsgeschichtliche Studie zur Erzählung von König David in II Sam 1 – 5, Berlin u. a. 2004 (Beihefte zur Zeitschrift für die alttestamentliche Wissenschaft 335).
Fokkelman, Jan P., Narrative Art and Poetry in the Books of Samuel. A Full Interpretation Based on Stylistic and Structural Analyses, Assen; I: King David (II Sam. 9–20 and I Kings 1.2), 1981 (SSN 20); II: The Crossing Fates, 1986 (SSN 23); III: Throne and City (II Sam. 2–8 and 21–24), 1990 (SSN 27); IV: Vow and Desire (I Sam. 1–12), 1993 (SSN 31).
Gilmour, Rachelle, Representing the Past. A Literary Analysis of Narrative Historiography in the Book of Samuel, Leiden 2011 (Vetus Testamentum Supplements 143).
Gilmour, Rachelle, Divine Violence in the Book of Samuel, New York 2021.
Grønbæk, Jakob H., Die Geschichte vom Aufstieg Davids (1.Sam.15 - 2.Sam.5). Tradition und Komposition, Copenhagen 1971 (Acta Theologica Danica 10).
Gunn, David M., The Story of King David. Genre and Interpretation, Sheffield 1978 (Journal for the Study of the Old Testament, Supplements 6).
Halbertal, Moshe / Holmes, Stephen, The Beginning of Politics. Power in the Biblical Book of Samuel, Princeton 2017.
Kipfer, Sara, Der bedrohte David. Eine exegetische und rezeptionsgeschichtlihce Studie zu 1Sam 16 – 1Kön 2, Berlin u. a. 2015 (Studies of the Bible and Its Reception 3).
Kipfer, Sara / Hutton, Jeremy (eds.), The Book of Samuel and Its Response to Monarchy, Stuttgart 2021 (Beiträge zur Wissenschaft vom Alten und Neuen Testament 228).
Kleer, Martin, «Der liebliche Sänger der Psalmen Israels». Untersuchungen zu David als Dichter und Beter der Psalmen, Bonn 1996 (Bonner Biblische Beiträge 108).
Ku, C.-Y., Weisheit in der Thronfolgegeschichte Davids. Eine literarkritische und literaturwissenschaftliche Untersuchung der Weisheitsdarstellung unter besonderer Berücksichtigung ihrer Ironisierung, Kamen 2009 (Kleine Arbeiten zum Alten und Neuen Testament 9).
Kunz, Andreas, Die Frauen und der König David. Studien zur Figuration von Frauen in den Daviderzählungen, Leipzig 2004 (Arbeiten zur Bibel und ihrer Geschichte 8).
Langlamet, François, David, fils de Jessé. Une édition prédeutéronomiste de l' « histoire de la succession »: RB 89 (1982), 5–47.
Leonard-Fleckman, Mahri, The House of David. Between Political Formation and Literary Revision, Minneapolis 2016.
McCarter, P. Kyle, The Apology of David: JBL 99 (1980), 489–504.
McCarter, P. Kyle, «Plots, True or False». The Succession Narrative as Court Apologetic: Int 35 (1981), 355–367.
McKenzie, Steven L., King David. A Biography, New York 2000.
Miller, Virginia, A King and a Fool? The Succession Narrative as a Satire, Leiden/Boston 2019 (Biblical Interpretation Series 179).
Müllner, Ilse, Gewalt im Hause Davids. Die Erzählung von Tamar und Amnon (2 Sam 13,1–22), Freiburg i. Br. 1997 (Herders Biblische Studien 13).
Newkirk, Matthew, Just Deceivers. An Exploration of the Motif of Deception in the Books of Samuel, Eugene, OR 2015.
Oswald, Wolfgang, Nathan der Prophet. Eine Untersuchung zu 2Samuel 7 und 12 und 1Könige 1, Zürich 2008 (Arbeiten zur Theologie des Alten und Neuen Testaments 94).

Polzin, Robert M., David and the Deuteronomist. A Literary Study of the Deuteronomic History, Part Three – 2 Samuel, Bloomington/Indianopolis 1993.

Von Rad, Gerhard, Der Anfang der Geschichtsschreibung im alten Israel (1944 =), Id., Gesammelte Studien zum Alten Testament, München 1965 (Theologische Bücherei 8), 148–188.

Rost, Leonhard, Die Überlieferung von der Thronnachfolge Davids (1926, BWANT 42 =), Id., Das kleine Credo und andere Studien zum Alten Testament, Heidelberg 1965, 119–253.

Rudnig, Thilo A., Davids Thron. Redaktionskritische Studien zur Geschichte von der Thronnachfolge Davids, Berlin u. a. 2006 (Beihefte zur Zeitschrift für die alttestamentliche Wissenschaft 358).

Schöning, Benedict, Geschwisterlichkeit lernen. Eine neue theologische Einschätzung der Aufstiegserzählung Davids, Stuttgart 2019 (Beiträge zur Wissenschaft vom Alten und Neuen Testament 223).

Schücking-Jungblut, Friederike, Macht und Weisheit. Untersuchungen zur politischen Anthropologie in den Erzählungen vom Absalomaufstand, Göttingen 2020 (Forschungen zur Religion und Literatur des Alten und Neuen Testaments 280).

Seiler, Stefan, Die Geschichte von der Thronfolge Davids (2Sam 9–20; 1 Kön 1–2), Berlin u. a. 1998 (Beihefte zur Zeitschrift für die alttestamentliche Wissenschaft 267).

Van Seters, John, The Biblical Saga of King David, Winona Lake, IN 2009.

Shepherd, David J. / Johnson, Nicholas E., Bertolt Brecht and the *David* Fragments (1919–1921), London u. a. 2021 (Scriptural Traces: Critical Perspectives on the Reception and Influence of the Bible 26).

Smith, Richard G., The Fate of Justice and Righteousness during David's Reign. Narrative Ethics and Rereading the Court History according to 2 Samuel 8:15–20:26, New York/London 2009.

Tushima, Cephas T. A., The Fate of Saul's Progeny in the Reign of David, Cambridge 2012.

Veijola, Timo, Die ewige Dynastie. David und die Entstehung seiner Dynastie nach der deuteronomistischen Darstellung, Helsinki 1975 (Annales Academiae Scientiarum Fennicae 193).

Vermeylen, Jacques, La loi du plus fort. Histoire de la redaction des récits davidiques de 1 Samuel 8 a 1 Rois 2, Leuven 2000 (Bibliotheca Ephemeridum Theologicarum Lovaniensium 154).

Weiser, Artur, Die Legitimation des Königs David. Zur Eigenart und Entstehung der sogen. Geschichte von Davids Aufstieg: VT 16 (1966), 325–354.

Wolpe, David, David. The Divided Heart, New Haven / London 2014 (Jewish Lives).

Wright, Jacob L., David, King of Israel, and Caleb in Biblical Memory, Cambridge 2014.

Würthwein, Ernst, Die Erzählung von der Thronfolge Davids - Theologische oder politische Geschichtsschreibung?, Zürich 1974 (Theologische Studien 115).

Zach, Michael, Die Ambivalenz des David-Bildes in II Sam 9–20; I Kön 1+2, Oldenburg 2006 (Oldenburgische Beiträge zu Jüdischen Studien 19).

# Krieg und Frieden – im Alten Testament und insbesondere in den Samuelbüchern

## I. *Schalom* – unverlierbares alttestamentliches Friedenserbe

Friedfertige Menschen können bei der Lektüre des Alten Testaments schon erschrecken. So viele Geschichten und Gedichte, Weisungen und Weisheitslehren von Konflikten, Kämpfen und Kriegen! Werte wie Sanftmut und Gewaltverzicht, Ausgleich und Versöhnung scheinen dahinter fast zu verschwinden. Dabei durchziehen auch sie die Hebräische Bibel.

### 1. *Schalom kommt von «genug haben»*

Zentraler hebräischer Begriff für «Frieden» ist *schalom* (שלום). Heute beinahe zur «kleinen Münze» geworden, ist er doch große biblische Währung und trägt in sich viel vom Geist biblischer Ethik. «Schalom» ist eine Nominalbildung vom Verb *š-l-m*. Dieses hat die Grundbedeutung «genug haben» und bezeichnet in seinem häufigsten Modus, dem Piʿel, etwas wie «Genugtuung gewähren, rückerstatten, bezahlen, ausgleichen, Genüge tun»; da wird also ein Mangelzustand behoben, eine Benachteiligung beendet, ein Schaden wiedergutgemacht. Demgemäß meint «Schalom» so viel wie «Genugtuung, Genüge, Befriedigtsein, Vollständigsein, Wohlergehen, Frieden». Solcher Friede ist deutlich viel mehr als Abwesenheit von Krieg. Es ist ein Zustand, in dem ausgeglichene, zufriedenstellende Verhältnisse herrschen. So erklärt sich, warum David einen Offizier, den er von einem Kampfeinsatz der Armee zurückbeordert hat, nach dem «Schalom des Krieges» fragen kann (2Sam 11,7); die Frage ist, ob es dem «Krieg gutgeht», ob er – für die eigene Seite natürlich, nicht für die andere – zufriedenstellend verläuft.

Es gab in Kanaan eine Gottheit «Schalem», nach der die Stadt Jerusalem benannt ist: «Gründung Schalems». Nomen est omen: Diese Stadt sollte ein Inbegriff sein von Ausgeglichenheit und Zufriedenheit. Unter David zog Jhwh in diese Stadt ein (vgl. 2Sam 6). Israels Gott nahm Schalem gleichsam in sich auf, wurde seinerseits zum Garanten von Jerusalems Schalom. In Weiterführung bestimmter altorientalischer Ideologumena – etwa vom Götterberg als irdischem Wohnsitz der Gottheit(en) – entwickelte sich daraus die sog. Zionstheologie:

Weil Jhwh auf dem Zion thront, ist Jerusalem ein ganz besonderer, unvergleichbarer Ort. (Auf Bezüge zum neuzeitlichen Zionismus sei verzichtet.)

Auf diesem Nährboden wuchs, in einer problematischen Verquickung theologischer und politisch-militärischer Dimensionen, die Idee, Jerusalem sei unantastbar. Kurz vor Eroberung und Zerstörung der Stadt durch die Babylonier führte dies zu einer tragischen Fehleinschätzung der Lage. Jeremia warnte vor denen, die da riefen: «Schalom, Schalom – und ist doch kein Friede!» (Jer 6,14; 8,11). In Jerusalem und Juda hatten sich die Verhältnisse vom Ideal der Ausgeglichenheit, der Genüge, des allgemeinen Befriedetseins weit wegentwickelt. In der «Gründung Schalems» herrschten Zustände, die dem Willen Gottes Hohn sprachen – wie sollte da ihre Unversehrtheit garantiert sein? Ganz ähnlich hatten rund ein Jahrhundert früher schon die Propheten Jesaja (Jes 1,21–26) und Micha (3,5–8) geredet. Wirklicher innerer Schalom könnte äußeren Schalom, befriedete Verhältnisse könnten Frieden nach sich ziehen – doch stattdessen macht sich Unfriede breit und zieht den Krieg herbei.

## 2. *Krieg, die selten bezwungene Bestie*

Das Alte Testament ist kriegsdurchsättigt. Schon der Erzvater Abraham, eigentlich ein friedlicher Viehzüchter, soll einen großen Krieg geführt haben (Gen 14). Das in Ägypten entstandene Volk Israel konnte nur durch kriegerische Geschehnisse von seinen Sklavenhaltern befreit werden (Ex 14–15). Gleich zu Beginn seines Marschs durch die Wüste hatte es sich einer bewaffneten Nomadenhorde, der Amalekiter, zu erwehren (Ex 17,8–16). Beim Empfang der Tora am Sinai war es sozusagen allein mit Gott, weit und breit kein äußerer Feind in Sicht. Doch vor dem Einzug ins Gelobte Land wurde die sog. «zweite Tora» erlassen; in ihr gibt es ein ausdrückliches Kriegsgesetz (Dtn 20). Der General Josua musste das Land Kanaan mit Gewalt erobern (Jos 1–12). In der Folgezeit waren die Stämme Israels zahlreichen Anfeindungen ausgesetzt, die es abzuweisen galt (Ri 3–16). Die ersten beiden Könige, Saul und David, waren anscheinend mit Krieg mehr als mit irgendetwas anderem beschäftigt (1Sam 9 – 2Sam 8; 21,15–22; 23,8–39). Zu Kämpfen gegen äußere Feinde traten noch Bürgerkriege hinzu (Ri 20; 2Sam 15–20). Die Verhältnisse wurden im Fortgang der Königszeit nicht friedlicher; zuerst waren es die unmittelbaren Nachbarn, mit denen man sich auseinanderzusetzen hatte (1Kön 20; 22; 2Kön 3; 6–7 u. ö.), dann mehr und mehr die Großreiche vom Nil und aus dem Zweistromland (2Kön 17–25).

Soweit nur die grundlegende große Geschichtsschreibung in den Büchern Genesis bis 2. Könige. Im jüngeren Parallelbericht der Chronik geht es nicht weniger kriegerisch zu. In den Prophetenbüchern spiegeln sich zahlreiche Kriegsereignisse (z. B. Jes 7–8; 28–31; Jer 6–9; 39–45; Am 1; Nah 1–3; Zef 2). Die Spruchweisheit erteilt Ratschläge für Kriegszeiten (Spr 16,32; 20,18; 21,22; 24,6 u. ö.). Die Dichtung Israels ist teilweise Kriegsdichtung, sei es in Gestalt von Sieges- oder von Volksklageliedern (z. B. Ex 15; Ri 5; 2Sam 22 = Ps 18; 46; 60; 74; 79; 89; Thr 1–5). Israel, als ein eher kleines Volk, hatte nicht oft Grund zu Siegesjubel; meist wurde es von überlegenen Feinden gebeutelt und geschüttelt, überrannt und dezimiert.

Dort aber, wo Israel siegte, da laut der biblischen Darstellung meist nicht dank seiner eigenen militärischen Kraft, sondern dank der Hilfe seines Gottes. Ob der Untergang eines ägyptischen Streitwagenkorps' im Schilfmeer (bewirkt allein von Gott, ohne den Einsatz auch nur eines einzigen israelitischen Kriegers: Ex 14) oder Moses Sieg über die Amalekiter (errungen dank seiner zum Gebet erhobenen Arme: Ex 17,8–16), ob Josuas Sieg über die Amoriter bei Gibeon (infolge eines Steinregens vom Himmel: Jos 10) oder Gideons Sieg über die Midianiter (wo Jhwh dafür sorgt, dass der Feind sich selbst massakriert: Ri 7), ob Davids Triumph über den Philister Goliat (nur ein Wunder konnte den Hirten vor dem Hünen retten: 1Sam 17) oder die späteren, unverhofften Siege über die Aramäer (erzielt nur wegen der Hinweise prophetischer Ratgeber: 1Kön 20): Keine dieser Geschichten eignet sich als Fallbeispiel für ein militärisches Handbuch. Es sind eher Siege geistlicher Art, die da errungen werden, und sie empfehlen sich nur sehr bedingt zur Nachahmung.

Zudem gerät ob der vielen Kriegsschilderungen leicht in Vergessenheit, dass in der Bibel Kriege des Öfteren auch abgebrochen oder gar nicht begonnen werden – offenbar weil bewusst war, dass Krieg immer schrecklich ist und viele Opfer fordert. Mose erbittet beim Marsch zum Gelobten Land von den Amoritern friedliches Durchzugsrecht (erhält es allerdings nicht: Num 21,21–24). Der saulidische General Abner redet vor Ausbruch einer Schlacht seinem davidischen Gegenüber Joab ins Gewissen: «Soll denn das Schwert für immer fressen? Weißt du nicht, dass am Ende Bitterkeit bleibt?»; Joab sieht das ein, und man trennt sich kampflos (2Sam 2,25–28). Einige Könige tun bis hin zur demütigenden Selbstunterwerfung alles, um drohenden Kriegen auszuweichen (1Kön 20,4; 2Kön 18,14). Ein israelitischer König soll auf Anraten des Propheten Elischa eine von ihm eingeschlossene aramäische Heeresabteilung, statt sie niederzumetzeln, verpflegt und nach Hause geschickt haben – mit der bemerkenswerten Folge, dass danach die Aramäer nicht mehr in Israel einfielen (2Kön 6,21–23).

## 3. *Gesicherter Friede – kaum je erreichtes Ziel*

Israel brachte keine günstigen Voraussetzungen für ein Leben in Sicherheit und Frieden mit. Es war zahlenmäßig klein und mit wenig natürlichen Ressourcen ausgestattet. Es wohnte auf einer schmalen, oft umkämpften Landbrücke zwischen den Machtzentren am Nil und im Zweistromland. Wie war angesichts einer solchen Lage zu verfahren?

Ein altbewährtes Mittel zur Friedenssicherung schien die *Politik* zu sein. Nachdem sich Israel (und Juda) als Staat etabliert hatte, glaubte man von den Königen erwarten zu können, dass sie dem Volk ein Leben in Frieden ermöglichten. Als Vorbild wird hier König Salomo hingestellt. Es ist von keinem Krieg die Rede, den er geführt hätte, dafür aber viel von Diplomatie und Handel, vom Aufbau staatlicher Infrastruktur, von der Förderung von Wissenschaft und Wohlstand. «Solange er lebte, wohnten Juda und Israel sicher, ein jeder unter seinem Weinstock und unter seinem Feigenbaum, von Dan bis Beerscheba» (1Kön 5,5). Salomo ist ein Psalm zugeschrieben, der dem Herrscher enorm viel zutraut, was die Schaffung von Frieden und Prosperität betrifft: «Vor ihm sollen sich niederwerfen alle Könige, alle Nationen sollen ihm dienen. ... Korn in Fülle möge es geben im Land!» (Ps 72,11.16) Auch anderen Psalmen halten die Könige für unglaublich stark: «Geschärft sind deine Pfeile, dass Völker dir unterliegen, sie dringen ins Herz der Feinde des Königs» (Ps 45,6).

Allerdings sind auch kritische Stimmen zu vernehmen, die vom Königtum nicht viel Gutes erwarten. Die Jotam-Fabel erzählt, dass einst die Bäume einen König haben wollten, dass aber nur der Dornstrauch – ausgerechnet er! – bereit war, dieses Amt anzunehmen (Ri 9). Vor der Einsetzung des ersten israelitischen Königs soll Samuel ein sarkastisches «Recht des Königs» verkündet haben, demzufolge ein Monarch immer nur nimmt, nie aber gibt (1Sam 8,10–17). Im Rückblick auf die staatliche Zeit bescheinigt der Prophet Ezechiel den «Hirten Israels» – eine beliebte Selbsttitulierung der Könige –, sie hätten einzig für sich selbst gesorgt, nicht aber für die Herde (Ez 34). Von da an hatte das biblische Gottesvolk – abgesehen von der kurzen Periode der Makkabäerherrschaft – keine eigenen Könige mehr, sondern war wechselnden Großreichen unterworfen, die ihm kaum eine Möglichkeit zu eigenständiger politischer Gestaltung ließen.

War demnach der politische Weg zur Friedenssicherung für Israel nur sehr eingeschränkt gangbar, so kam noch der andere, ebenfalls sehr gängige, in Betracht: der *militärische*. Man ahnt freilich sofort, dass ein Land, das politisch wenig durchsetzungsfähig ist, es auch militärisch kaum sein wird. Kam hinzu, dass Israel von oftmals missgünstigen und feindseligen Nachbarn umgeben war. Das Richterbuch, die beiden Samuelbücher und das erste Königsbuch berichten über Kämpfe mit den Stadtstaaten Kanaans und Philistäas sowie mit den Territorialstaaten Edom, Moab, Ammon und Aram. Später drängten sich immer stärker die Großreiche am Nil und an Eufrat und Tigris in den Vordergrund; davon erfährt man vor allem im zweiten Königs-, dem Jesaja- und dem Jeremiabuch,

Insofern scheint es logisch, dass Israel immer um eine schlagkräftige Armee bemüht war. In der Frühzeit war dies das Milizaufgebot der Stämme. In der Königszeit traten an dessen Stelle zunehmend professionelle Streitkräfte, für die Festungen und Garnisonen errichtet und die immer aufwändiger ausgerüstet wurden. Man suchte mitzuhalten im allgemeinen Wettrüsten. Und wenn man selbst immer noch zu schwach war, konnte man sich mit anderen Staaten verbünden – gegebenenfalls auch mit einer Großmacht (mit welcher am besten, das war umstritten).

Gelegentlich hatte diese Strategie militärischer Friedenssicherung Erfolg. Allerdings erscheint dann in der Bibel regelmäßig nicht die eigene Kampfkraft als ausschlaggebend, sondern die Hilfe Gottes. *Er* war es, der in der Frühzeit das Heer der kanaanitischen Stadtstaaten «verwirrte» (Ri 4,15) und zugunsten Israels eine «Heilstat» vollbrachte (Ri 5,11). Er war es, der mehrfach die Philister besiegen half: einmal durch ein himmlisches Donnerwetter (1Sam 7,10), einmal dadurch, dass er eine Heeresabteilung dem Prinzen Jonatan «in die Hand gab» (1Sam 14,12), dann wieder deswegen, weil ihr Vorkämpfer Goliat «die Schlachtreihen des lebendigen Gottes verhöhnt» hatte (1Sam 17,36), schließlich durch genaue Kampfanweisungen an David per Orakel (2Sam 5,17–25). Ein Feldzug gegen die Ammoniter gelang, weil sein «Geist» Saul «ansprang» (1Sam 11,6). Bei Siegen über die Aramäer, die Moabiter und die Edomiter war er «mit David» (2Sam 8,6.14).

Verschiedene biblische Hymnen besingen Jhwhs Kampfbereitschaft und -stärke: «Jhwh ist ein Krieger, Jhwh ist sein Name», «Rosse und Wagenlenker schüttelte er ins Meer», heißt es im Mirjamlied (Ex 15,3.21). Auch im Psalter hallt der Glaube an den Kriegsmann Jhwh wider: «Bekannt ist Gott in Juda, groß sein Name in Israel. In [Jeru-]Salem war seine Hütte und seine Wohnstatt auf dem Zion. Dort zerbrach er die Blitze des Bogens, Schild und Schwert und Krieg» (Ps 76,2–4). «Gott ist in ihrer [Jerusalems] Mitte, sie wird nicht wanken, Gott hilft ihr, wenn der Morgen anbricht. Nationen toben, Königreiche wanken, er lässt seine Stimme erschallen, und die Erde erbebt. Jhwh Zebaot ist mit uns, eine Burg ist uns der Gott Jakobs» (Ps 46,6–8). «Mit dir [Gott] stoßen wir unsere Feinde nieder, in deinem Namen zertreten wir, die sich gegen uns erheben» (Ps 44,6). «Mit Gott werden wir Machttaten vollbringen, er ist es, der unsere Feinde zertritt» (Ps 60,14).

Gegen diese eigenartige Mischung aus Glaube ans Militär und Gottesglauben erhoben sich wiederum kritische Stimmen. Der israelitische Prophet Hosea tadelt seinen König, weil er «auf seinen eigenen Weg vertraut und auf die Menge seiner Helden»; bald aber werde sich «Kriegslärm erheben» und würden «alle Festungen verwüstet» (Hos 10,13f). Der Judäer Jesaja wettert gegen solche, «die hinabziehen nach Ägypten» und «Zuflucht suchen in der Zuflucht des Pharao und sich bergen im Schatten Ägyptens» (30,2); kein noch so starker Bündnispartner wird Juda retten, wenn Jhwh es nicht will. Kurz vor der Zerstörung Jerusalems durch die Babylonier erklärt Jeremia die Beugung unter ihr Joch zu dem, was Jhwh jetzt von Juda verlangt (Jer 27).

Gleichsam pazifistische Stimmen werden auch in den Gebeten und der Weisheit Israels laut: «Keine Hilfe ist dem König das größte Heer, der Held wird nicht gerettet durch die größte Kraft. Trügerische Hilfe ist das Ross, und mit all seiner Stärke rettet es nicht. Seht, das Auge Jhwhs ruht auf denen, die ihn fürchten, die auf seine Gnade harren» (Ps 33,16–18). «Diese setzen auf Wagen und jene auf Rosse, wir aber rufen an den Namen Jhwhs, unseres Gottes» (Ps 20,8). Und ein Weiser Israels sinniert: «Das Ross ist gerüstet für den Tag der Schlacht, aber die Rettung kommt von Jhwh» (Spr 21,31).

Die geschichtliche Realität gab den Militärskeptikern am Ende Recht und den Kriegstreibern Unrecht. Die beiden israelitischen Königtümer wurden ausgelöscht. Nur ein Teil der Bevölkerung blieb im Land wohnen; viele wurden ins Exil verschleppt. Auf Jahrhunderte hinaus war man fremden Herren unterworfen: Persern, griechischen Diadochen, Römern. Die Makkabäer probten erfolgreich den Aufstand, doch bald schon schleiften die Römer Jerusalem zum zweiten Mal, verwüsteten auch den Zweiten Tempel und verstreuten das jüdische Volk über alle Welt. Spätestens damit war auch der militärische Weg zur Sicherung des Friedens als ungangbar erwiesen.

## *4. Die Alternative: Ungesicherter Friede*

Ganz leise, gleichsam unter der Hand, bildete sich in Israel ein revolutionärer Gedanke heraus: dass Friede überhaupt nicht zu sichern sei, nicht durch geschickte Politik, nicht durch militärische Anstrengung und auch nicht durch einen noch so steilen Gottesglauben. Das Einzige, was erreicht werden kann, ist ein *ungesicherter Friede.*

Im heutigen Sprachgebrauch sind «Sicherheit» und «Frieden» fast Synonyma geworden. Dabei besagen sie etwas sehr Unterschiedliches: Frieden hat oder schließt man *mit* jemandem, Sicherheit hat oder gewinnt man *gegen* jemanden. Frieden zielt auf Partnerschaft, Sicherheit rechnet mit Gegnerschaft. Individuen, Gruppen oder Völker mit einer von der eigenen verschiedenen Interessenlage kann man für ein friedliches Miteinander zu gewinnen – oder man kann sich gegen sie zu sichern versuchen. In der politischen Praxis mag man auch beides kombinieren wollen: Frieden auf der Basis von Sicherheit. Doch die Erwartung, die andere Seite habe zuallererst den Sicherheitsbedürfnissen der Gegenseite Genüge zu tun, wirkt leicht bedrohlich und damit friedenshindernd. Ein Friedensangebot hingegen, das nicht mit der Forderung nach einer vorgängigen Sicherheitsgarantie ergeht, ist im Wortsinn entwaffnend, einladend und gewinnend. Ein auf diesem Weg erreichter Friedenszustand mag gefährdet sein, doch ist er nicht unsicherer als ein militärisch erzwungener Friede; denn er beruht auf der Annahme, dass er beiden involvierten Parteien als heilig gilt und dass im Letzten der heilige Gott über ihm wacht.

Gerade dieser Gottesbezug ist an den einschlägigen Stellen des Alten Testaments tragend, so, wenn ein Psalmist sagt: «Der dem Vieh Nahrung gibt, den Raben, wonach sie krächzen: Er hat keine Freude an der Kraft des Rosses, kein Gefallen an den [starken] Schenkeln des Mannes. Gefallen hat Jhwh an denen, die ihn fürchten, an denen, die auf seine Gnade harren» (Ps 147,9–11). Jesaja wirbt inmitten der Assyrerkrise und hektisch betriebener Kriegsvorbereitungen für eine alternative Haltung: «In Umkehr [zu Gott!] und Gelassenheit werdet ihr gerettet, in der Ruhe und im Vertrauen [auf Gott!] liegt eure Stärke» (Jes 30,15). Nach dem Untergang des davidischen Staates schreibt der Prophet Sacharja dem Davididen Serubbabel, an den sich die Hoffnung auf die Wiedererrichtung des Staates heftet, ins Stammbuch: «Nicht durch Kraft und nicht durch Stärke, sondern mit meinem Geist, spricht Jhwh Zebaot» (Sach 4,6).

Eine berühmte prophetische Weissagung kündet von dem Tag, an dem die Völker zum Zion strömen – nicht wie früher, um ihn zu bekämpfen, sondern jetzt, um sich dort in der Tora unterweisen zu lassen, woraufhin «sie ihre Schwerter zu Pflugscharen schmieden werden und ihre Speere zu Winzermessern. Sie werden das Schwert nicht erheben, keine Nation gegen die andere, und das Kriegshandwerk werden sie nicht mehr lernen» (Jes 2,4; Mi 4,3). Eine andere Weissagung erwartet einen «Gesalbten», der nicht mit Macht und Gewalt herrscht, sondern in der Kraft des Geistes und des Wortes: «Aus dem Stumpf Isais wird ein Schössling hervorgehen und ein Spross aus seinen Wurzeln wird Frucht tragen. Auf ihm wird der Geist Jhwhs ruhen, der Geist der Weisheit und der Einsicht, der Geist des Rates und der Kraft, der Geist des Wissens und der Ehrfurcht vor Jhwh» (Jes 11,1f); daraufhin wird sich Friede ausbreiten: nicht nur unter den Menschen, sondern sogar im Tierreich (Jes 11,6–8).

Die bekannte Szene vom Einzug Jesu in Jerusalem – auf einem Esel statt hoch zu Ross! – bezieht sich auf eine Weissagung in Deuterosacharja: «Juble laut, Tochter Zion, jauchze, Tochter Jerusalem! Sieh, dein König kommt zu dir, gerecht und siegreich ist er, demütig und auf einem Esel reitend, auf einem Fohlen, einem Eselsfohlen. Und ich werde die Streitwagen ausrotten in Efraim und die Pferde in Jerusalem. Und der Kriegsbogen wird ausgerottet. Und er verheißt den Nationen Frieden» (Sach 9,9f). Gerade ein ohnmächtiger Messias kann bewirken, was kein noch so mächtiger Kriegsherr bewirken kann (und ja auch gar nicht *will*): dass die Waffen verschwinden und unter den Völkern Friede herrscht. Es scheint paradox: Die Vernachlässigung des Sicherheitsstrebens bringt am ehesten verlässlichen Frieden.[1]

Im Vorangehenden wurden die Samuelbücher nur gelegentlich gestreift. Sie sollen jetzt ins Zentrum der Aufmerksamkeit rücken.

---

1 Diese Zeilen wurden vor dem Großangriff auf die Ukraine im Februar 2022 geschrieben. Sie werden durch ihn nicht falsifiziert, doch kompliziert sich durch ihn die Sachlage: Wie, wenn einem der politisch-militärischen «player» an friedlichen Lösungen gar nicht gelegen ist?

# II. Krieg und Frieden in den Samuelbüchern

Einerseits quellen die Samuelbücher über von Kriegsgeschichten und Kriegsnachrichten. Wenn ihr Hauptthema die Entstehung des Staates in Israel ist – war dann der Krieg Geburtshelfer bei der Staatsbildung (so wie er später, als die assyrischen und babylonischen Heere die Königreiche Israel und Juda überschwemmten, sein Totengräber wurde)?

Andererseits handeln die Samuelbücher nicht nur von Soldaten, Scharmützeln und Schlachten, sondern auch von friedfertigen Beziehungen zwischen Individuen, Gruppen und Völkern. Durchzieht also die Darstellung der Staatswerdung Israels der Traum vom Frieden (wie ihn später Propheten gegen die Realität des Kriegs träumten)?

Die Samuelbücher könnten Paradigma für beides sein: für die Neigung von Menschen und Gesellschaften zu gewaltvollen, kriegerischen Auseinandersetzungen – und für ihre Bereitschaft, auf Gewalt gelegentlich zu verzichten und dem Frieden eine Chance zu geben.

## 1. *Kriegerische Töne in den Samuelbüchern*

In den ersten sieben Kapiteln zeichnen die Samuelbücher ein Bild der ausgehenden Stämmezeit, der Zeit unmittelbar vor Gründung des Staats. Schon damals erschütterte Krieg die Stämme Israels. Der Anfang der sog. Ladegeschichte (1Sam 4) zeigt sie in schwere Kämpfe mit den Nachbarn im Westen, den Philistern, verstrickt. Bei Eben-ha-ezer, am Abstieg vom westjordanischen Bergland zur Küstenebene, kommt es zu zwei Schlachten, die beide die Philister gewinnen. Die Folgen für Israel sind katastrophal: Es sind nicht nur Hekatomben von Toten zu beklagen, sondern auch der Verlust der heiligen Lade, jenes Kultgegenstands und Kriegspalladiums, das den Israeliten Mut und Selbstvertrauen gab – und das sich nunmehr in Feindeshand befindet (am Ende freilich wieder freikommt).

Die Philister bleiben ein, ja der Hauptfeind Israels über die gesamten Samuelbücher hinweg. Samuel soll sie einmal, wieder bei Eben-ha-ezer, auf wunderbare Weise besiegt haben (1Sam 7,7–14). Derselbe Samuel veranlasst wenig später den von ihm entdeckten Saul zu einem Handstreich gegen die Philister, woraus sich dann ein großer Krieg entwickelt, den Israel immerhin nicht glatt verloren zu haben scheint (1Sam 10,8; 13–14). «Der Krieg gegen die Philister war heftig alle Tage Sauls», heißt es zum Abschluss eines Summariums über diesen ersten König Israels (1Sam 14,52). Als Saul einmal seinen Intimfeind David beinahe zu fassen bekommt, rettet diesem ein Philistereinfall das Leben (1Sam 23,19–28). Am Ende unterliegt Saul den Philistern in einer Entscheidungsschlacht in Nordisrael, auf dem Gebirge Gilboa, die ihn selbst, einige seiner Söhne sowie ungezählte Israeliten das Leben kostet (1Sam 31).

David betritt die Erzählbühne der Samuelbücher durch drei Eingangspforten zugleich: als von Gott Erwählter und von Samuel Gesalbter (1Sam 16,1–13), als Musiktherapeut des schwermütig gewordenen Königs Saul (1Sam 16,14–23) – und als heldenhafter Kämpfer gegen die Philister. Zuerst habe er, wird erzählt, den riesenhaften Philisterrecken Goliat getötet (1Sam 17) und dann für 100 (wenn nicht gar 200) Philistervorhäute die Hand der Saultochter Michal gewonnen (1Sam 18,20–27) – eine Story, die man sich in ihren obszön grausamen Einzelheiten gar nicht ausmalen mag. Nachdem Saul David vertrieben und dieser sich als Milizenführer in der Wüste Juda etabliert hat, kommt es zu Scharmützeln mit Plündererertrupps der Philister bei Keïla (1Sam 23,1–5). Der Ruf als Philisterfresser eilt David voraus, so dass er mit einem ersten Versuch, sich auf ihre Seite zu schlagen, um sich den Nachstellungen Sauls zu entziehen, scheitert (1Sam 21,11–16). Schließlich wird er doch Philistervasall (1Sam 27), kehrt dann aber nach einiger Zeit in seine Heimat zurück und arbeitet sich zum König zuerst von Juda, dann von Israel hoch – und hat als solcher wieder kriegerische Zusammenstöße mit den Philistern, bei denen er dank göttlicher Hilfe obsiegt (2Sam 5,17–25). Danach hört man lange nichts von den Philistern, bis diese im sog. Anhang zu den Samuelbüchern wieder auftauchen. In verschiedenen Anekdoten wird von der Bezwingung gefürchteter philistäischer Einzelkämpfer, der sog. Harpaïter, durch Krieger Davids sowie von Handstreichen gegen die nach Juda vorgedrungenen Philister erzählt (2Sam 21,15–22; 23,8–17); viel spricht allerdings dafür, dass die letztgenannten Geschichten in die Frühzeit Davids gehören.

Die Philister im Westen waren nicht die einzigen Kriegsgegner Israels, sondern auch die Ammoniter, Moabiter und Edomiter im Osten. In der Folge eines abgewehrten Ammoniter-Angriffs auf das Städtchen Jabesch in Gilead wird Saul auf den Königsschild gehoben (1Sam 11). David lässt Land und Hauptstadt der Ammoniter erobern und die Bevölkerung ausbeuten (2Sam 10; 12,26–31). Kämpfe Sauls und Davids gegen die weiter südlich wohnenden Moabiter und Edomiter scheinen ebenfalls stattgefunden zu haben, werden aber nur summarisch erwähnt (1Sam 14,47; 8,2.14; 1Kön 11,15f).

Ausführlichere Berichte gibt es wieder über Kriege gegen die Aramäer im Norden und verschiedene Nomadenverbände im Süden. Angeblich bekam es schon Saul mit dem Königreich Aram-Zoba (in der Gegend der Bekaa-Senke, zwischen Libanon und Antilibanon, zu tun: 1Sam 14,47). David musste in zwei großen Schlachten ganze Koalitionen aramäischer Fürstentümer aus dem Feld schlagen (lassen), um Zugriff auf Ammon zu bekommen (2Sam 10). Ähnlich im Süden: In seiner Zeit als Vasallenkönig im Dienst der Philister soll David verschiedene Nomadenstämme im Negev bekriegt, ja förmlich ausgerottet haben (1Sam 27,8–12). Eine wichtige Rolle spielen bei ihm wie bei seinem Vorgänger die Amalekiter, angeblich ein Erbfeind Israels (vgl. Ex 17,8–16), den Saul angeblich vollkommen auslöschen sollte (was er aber nur unvollständig tat: 1Sam 15) und gegen den David, zunächst selbst schwer angeschlagen, einen schweren Schlag landen konnte (1Sam 30).

Führten die ersten Könige also Krieg gegen Nachbarvölker in alle Himmelsrichtungen, so kam es auch immer wieder zu schweren innerisraelitischen Auseinandersetzungen und Bürgerkriegen. Saul soll den von ihm vertriebenen David immer wieder mit Heeresmacht im Raum Juda verfolgt haben, ohne seiner je habhaft zu werden (1Sam 23–26). David, so wird berichtet, ließ, als er König von Juda, jedoch Sauls Sohn Eschbaal noch König von Israel war, das nördliche Bruderreich militärisch so lange destabilisieren (2Sam 2), bis er endlich dort selbst die Herrschaft antreten konnte. Davids zweitältester Sohn, Abschalom, riss gegen seinen Vater einen regelrechten Bürgerkrieg vom Zaun, durch den David beinahe die Herrschaft verloren hätte, der dann aber für die Aufrührer desaströs endete (2Sam 15–18). Schließlich rief der Benjaminiter Scheba ben Bichri zu einer Sezession der Nordstämme vom Reich Davids auf, die dieser mit militärischer Gewalt niederschlagen ließ (2Sam 20).

Der Überblick zeigt, dass durch die gesamten Samuelbücher hindurch, fast von Kapitel zu Kapitel, Kriegsfanfaren zu vernehmen sind. Fast ist man dankbar, dass jedenfalls das erste und das letzte Kapitel *nicht* von Krieg handeln. sondern von der wunderhaften Geburt eines langersehnten Kindes das erste (1Sam 1), von der Versöhnung zwischen Gott, König und Volk das letzte (2Sam 24). Kinderlosigkeit, Mutterglück und Kindheit – also die Familie – hier, Findung einer heiligen Stätte, Altarbau und Opferdienst – also der Kult – dort. Neben Familie und Kult werden in den Samuelbüchern noch weitere nichtkriegerische Themen verhandelt: die Installation des Königtums, wirtschaftliche Gegebenheiten, Liebe und Hass, Alter und Tod. Und in all dies mischen sich immer wieder auch Friedensgeschichten.

## 2. *Friedensklänge in den Samuelbüchern*

Liest man das bisher Dargestellte so, dass man sich nicht von der düster glitzernden militärischen Oberfläche blenden lässt, erkennt man unter dieser auch gegenläufige Züge. Gleich die erste Kriegsgeschichte, die vom Verlust der Lade (1Sam 4), stellt ja alles andere dar als eine Verherrlichung des Kriegs, viel eher eine Warnung davor. Mag man Gott «vergessen» oder ihn, den man als über der Lade anwesend dachte, herbeigeholt haben: Man kann *jede* Schlacht verlieren.

Analoges ist über alle anderen verlorenen Schlachten, über alle militärischen Fehlschläge zu sagen. Saul führt Krieg gegen David – und dieser beerbt ihn doch. Abschalom führt Krieg gegen seinen Vater – und vermag diesen doch nicht zu verdrängen. Scheba probt den Aufstand gegen David – und verliert am Ende Kopf und Kragen. Ganz zu schweigen von den Kriegen, die *andere* vom Zaun brechen und dann verlieren. Man denke etwa an den bis an die Zähne bewaffneten, allseits Schrecken verbreitenden Goliat (1Sam 17,1–11), dessen Hochmut ein einziger Stein aus der Schleuder ein Ende bereitet. Oder das zynisch-brutale «Friedensangebot» des Ammoniterkönigs Nahasch, die Menschen von Jabesch-Gilead am Leben zu lassen, aber allen das rechte Auge auszustechen (1Sam 11,2), auf das dann Saul mit dem eilends aufgebotenen Heerbann die passende Antwort findet. Oder die frechen Einfälle der Philister ins judäische Bergland, die David mit Jhwhs Hilfe unterbindet (2Sam 5,17–25).

Hintergründiger noch: In Kriegen errungene Siege können Pyrrhussiege sein. David schlägt Ammon (und Aram), doch wird dies der Anlass zu seinem schwersten Sündenfall: dem Ehebruch mit Batscheba und dem Mord an Urija (2Sam 10–12). Und auch die von David gewonnenen Bürgerkriege (gegen Abschalom, gegen Scheba) hinterlassen einen schalen Geschmack: Da besiegt im Grunde ein König sein eigenes Volk; er verliert seinen eigenen Sohn und alles Ansehen bei den Untertanen.

Die gloriosen Heldensagen, die an verschiedenen Stellen der Samuelbücher auftauchen, haben spürbare Widerhaken: Könnte man nach dem Muster von Davids Sieg über Goliat – statt in Kampfrüstung nur mit einer Steinschleuder – Soldaten ausbilden? Was soll man dazu denken, dass in 2Sam 21,19 Elhanan aus Betlehem als Goliatbezwinger vorgestellt wird – anstelle Davids? Ist es ein Ruhmesblatt für David, wenn auch sonst im Anhang zu den Samuelbüchern nicht er, sondern immer nur andere als Kriegshelden erscheinen? Bieten nicht die Samuelerzählungen selbst Deutungen für seinen Aufstieg, die nichts mit kriegerischer Tüchtigkeit zu tun haben, sondern mit göttlicher Erwählung und musikalischer Begabung (1Sam 16)? Ferner: Welche Prinzessin – überhaupt: welche Frau – möchte um einen Brautpreis von hundert oder zweihundert Philistervorhäuten gefreit werden? Wie soll man die Versklavung der im Krieg bezwungenen Ammoniter einschätzen (2Sam 12,26–31)? Und wie die Nachricht, dass nur ein Drittel der Kriegsgefangenen Moabs am Leben gelassen, zwei Drittel aber hingeschlachtet worden seien (2Sam 8,2)? Und wie die Nachrichten von regelrechtem Genozid von Davids Soldateska an Beduinenstämmen des Südens (1Sam 27,9)? Schreckte nicht Saul vor dem göttlichen Befehl zum vollständigen Genozid an Amalek zurück – und möchten die Lesenden nicht eher für ihn Partei ergreifen als für den rigoros-blutrünstigen Samuel (1Sam 15)? Generell gefragt: Könnte es sein, dass viele, wenn nicht sogar die meisten der Kriegsnachrichten und Kriegsgeschichten der Samuelbücher weniger Begeisterung als vielmehr Horror auszulösen geeignet sind?

Es kommt hinzu, dass viele der einschlägigen Texte ausgesprochen unkriegerische, geradezu pazifistische Klänge aufweisen. Das Hannalied, eine Art Lese- und Verstehenshilfe, die den Samuelbüchern nachträglich vorangestellt wurde, redet davon, dass Gott Obere nach unten und Untere nach oben bringen kann; so «zerbricht der Bogen von Starken und Strauchelnde gürten sich mit Kraft» (1Sam 2,4) – will sagen: Nicht Waffen und militärische Kraftakte entscheiden über das Schicksal von Menschen und Völkern, sondern der Wille und der Plan Gottes. Die Ladegeschichte, die mit zwei krachenden Niederlagen Israels beginnt, schildert im Anschluss daran, wie Gott sich, ohne einen einzigen menschlichen Schwertstreich, aus der Gefangenschaft freikämpft und wie die siegreichen Philister klug und nachgiebig genug sind, dem unheimlichen Kultgegenstand Ehre zu erweisen und ihm den Weg zurück in die Heimat zu ebnen (1Sam 5–6).

Dafür, dass Samuel die Philister für lange Zeit aus dem Bergland vertreiben kann, bedarf es keiner schlagkräftigen Armee, sondern korrekt dargebrachter Opfer und flehentlich vorgebrachter Gebete – alles Weitere erledigt Gott (1Sam 7,7–14; dass die «Männer Israels» dem schon geschlagenen Feind nachsetzen und vermutlich unter ihm ein Blutbad anrichten, ist eher ein erzählerischer bzw. theologischer Schönheitsfehler). Als die Israeliten, trotz aller Erfolge Samuels, einen König eingesetzt haben möchten, warnt Samuel vor den damit verbundenen Kosten, namentlich durch die aufzustellende Armee (1Sam 8,11f – ohne diesen Gesichtspunkt wäre die Ankündigung, der König werde Israeliten zu Läufern und zu Offizieren machen, ja keine Drohung). Gegenüber dem dann eingesetzten König Saul beharrt Samuel auf der Prävalenz der Anweisungen Gottes vor militärischen, wirtschaftlichen und politischen Nützlichkeitserwägungen (1Sam 13,7b–15; 15)

War vorhin von mannigfachen, in den Samuelbüchern sichtbar werdenden kriegerischen Verwicklungen Israels mit Nachbarvölkern zu berichten, so gibt es doch auch Beispiele friedlicher Koexistenz Israels mit ihnen. Den Moabitern, die er später grausam geschlagen haben soll, vertraut David in der Verfolgung durch Saul seine Eltern an (1Sam 22,3). Die Philister, die er zu Hunderten und Tausenden erschlagen haben soll, gewähren ihm Unterschlupf gegen den ihn jagenden Saul und überlassen ihm sogar ein eigenes Stadtkönigtum im Süden ihres Machtbereichs (1Sam 27,1–6). Überhaupt hat es den Anschein, dass David nie versucht hat, diese Nachbarn im Westen zu unterwerfen und etwa ihr Gebiet zu besetzen. Außer den aramäischen Fürstentümern, gegen die David Krieg führt, gibt es eines, Aram-Geschur, dem er durch die Heirat einer Prinzessin verbunden ist (2Sam 3,3) und das nirgendwo als Kriegsgegner genannt wird. Die Phönizier tauchen nur einmal in den Davidüberlieferungen auf, und zwar als Wirtschafts- und Handelspartner: Der König der Stadt Tyrus soll, sicher gegen entsprechende Gegenleistungen, David beim Bau eines Palastes (und später dann Salomo beim Tempelbau) in Jerusalem behilflich gewesen sein (2Sam 5,11; vgl. 1Kön 5,15–25). Und ein gewisser Schobi, Spross der nämlichen ammonitischen Königsfamilie, mit der sowohl Saul als auch David schwer aneinandergeraten sind, gehört zu den Unterstützern Davids im Ringen mit dem aufständischen Abschalom (2Sam 17,27–29).

Einige Male wird in den Samuelbüchern ganz unverhohlen für ein friedfertiges und gegen ein gewalttätig-kriegerisches Verhalten Stellung bezogen. Saul, der David mit militärischem Aufgebot in der Wüste jagt, fällt zweimal in die Hände des Gesuchten – und wird von diesem bewusst verschont; David will, sagt er, seine «Hand nicht ausstrecken gegen den Gesalbten Jhwhs», das heißt, der König als Mandatar Gottes ist tabu gegen mörderische Handlungen (1Sam 24;

26). Im gleichen Zusammenhang wird erzählt, wie David auf den Rat einer Frau hin auf einen Rachefeldzug gegen einen widerspenstigen Herdenbesitzer und dessen Anwesen verzichtet (1Sam 25). Bei den Kämpfen zwischen seinen Truppen und denen Eschbaals vereinbaren die Truppenführer beider Seiten, Joab und Abner, den Abbruch von Kämpfen, um zusätzliches Blutvergießen zu vermeiden (2Sam 2,26–28); von dem gegnerischen General wird hier und in der umgebenden Überlieferung ein überraschend positives Bild gezeichnet – er ist eben keine Kriegsgurgel. Die Stadt Jerusalem, bis dahin selbstständig, nimmt David sich zur Residenz, ohne sie erkennbar mit militärischen Mitteln in seine Gewalt gebracht zu haben; vermutlich fügte sich die Bewohnerschaft ins Unvermeidliche und wusste aus der neuen Lage Vorteile zu ziehen (2Sam 5,6–8). Dem Aufstand seines ehrgeizigen Sohns Abschalom begegnet David anfangs mit Nachgiebigkeit und Friedenssignalen; er gibt die Hauptstadt Jerusalem kampflos auf und hinterlässt im Palast nur zehn wehrlose Nebenfrauen – wohl als letzte Mahnung und Warnung an den ungestümen Prinzen (die dieser freilich missachtet: 2Sam 15). Im letzten Kapitel der Samuelbücher schließlich rechnen es die Autoren David als schweren Fehler an, dass er von General Joab einen Zensus durchführen lässt, der offenbar militärischen Zwecken dient (2Sam 24,1–10): Ein König Israels hat nicht Soldaten zu zählen, sondern Gott zu vertrauen!

## 3. *Was ist in den Samuelbücher mehr zu vernehmen: Kriegsfanfaren oder Friedensschalmeien?*

Der vorstehend erhobene Befund ist uneindeutig, fast verwirrend. Den zahlreichen Kriegsdarstellungen steht eine Vielzahl eher kriegskritischer Züge gegenüber. Auf den ersten Blick scheint das Erste zu überwiegen, bei näherem Hinsehen hat aber auch das Zweite erhebliches Gewicht.

Stellt man in Rechnung, dass die Samuelbücher zunächst einmal Geschichtsschreibung sein wollen – sie bieten eine chronologisch geordnete Darstellung der Geschehnisse von der Installation des letzten «Richters» über die des ersten Königs zu der des zweiten Königs sowie die wichtigsten *res gestae* dieser Leitfiguren –, und unterstellt man, dass zumindest der Großteil der geschilderten kriegerischen Ereignisse Anhalt an der historischen Wirklichkeit hat, dann wird man zu sagen haben: Die Verfasser konnten kaum anders, als dem Faktor «Krieg» beträchtlich viel Platz einzuräumen. Sie wussten (bzw. ihre Quellen sagten ihnen), dass es in der Zeit der Staatsbildung vielerlei kriegerische Auseinandersetzungen gab, und diese Tatsache forderte in der Geschichtsschreibung ihr Recht.

Es ist allerdings nicht unmöglich – aber auch nicht positiv nachweisbar –, dass die Verfasser der Samuelbücher dem Krieg mehr Raum als nötig gaben und dafür andere, nichtkriegerische Themen zurücktreten ließen, dass sie also «kriegsaffin» waren. Doch die eben geschilderten, nicht-kriegsbegeisterten, sogar kriegskritischen Züge lassen es nicht geraten erscheinen, den Autoren eine Schlagseite zu Gewalt und Krieg zuzuschreiben. Mit mindestens gleichem Recht ließe sich behaupten, dass sie der gewalterfüllten Realität eher widerwillig gerecht wurden und sehr viel taten, um diese Realität als betrüblich und eigentlich verbesserungswürdig erscheinen zu lassen.

Auf der anderen Seite ist nicht zu verkennen, dass die Erzählungen der Samuelbücher streckenweise Kennzeichen klassischer Heldensagen tragen. Wie manche andere Völker, so scheint auch Israel die eigene Frühzeit bzw. den Beginn der Eigenstaatlichkeit als Epoche heldenhaft kämpfender Gestalten gesehen zu haben. Saul und Jonatan kämpfen tapfer und fallen tragisch gegen einen überlegenen Feind. David besiegt scheinbar unbesiegbare Einzelkämpfer wie auch große Heere. Prinz Jonatan vernichtet, unterstützt nur von seinem Waffenträger, einen zwanzigköpfigen Philisterposten (1Sam 14,6–14). Die Truppenführer Joab und Abischai bestehen einen eigentlich aussichtslosen Zweifrontenkampf (2Sam 10,6–14). Einzelne Soldaten Davids werden mit furchterweckenden philistäischen Elitekriegern fertig (2Sam 21,15–22). Der spätere Kommandeur von Davids Leibwache, Benaja, erledigt, nur mit einem Stock bewaffnet, einen ägyptischen Vorkämpfer mit dessen eigenem Spieß (2Sam 23,21). Das alles ist Stoff, aus dem man Kriegshelden und, ja, auch Kriegsbegeisterung macht. Unschwer ist den Darstellungen Stolz auf die Kampfkraft der eigenen Vorfahren abzuspüren. Die Zeit der ersten Könige, so sollen wir verstehen, war eine Zeit der Bedrohung Israels – und des überraschenden Bestehens solcher Drohungen. Mit Israel kann niemand einfach machen, was er will! Israel hat Männer, Kämpfer, Helden, die es mit jedem noch so gefährlichen Gegner aufnehmen können.

Solche Empfindungen und Stimmungen kann man naiv nennen, bis zu einem gewissen Grad vielleicht auch unschuldig, schwingt in ihnen doch das Erstaunen des Unterlegenen (des schlechter Bewaffneten und Trainierten) mit, dass er nicht nur und immer von vornherein auf verlorenem Posten steht. Es gibt gelegentlich Siege der Schwachen (oder sich schwach Fühlender) über die Starken (oder sich stark Wähnende) – das ist eine wichtige und ermutigende Botschaft solcher Überlieferungen. Wie viel taten und tun sich die Schweizer zugut auf die Unerschrockenheit und Tapferkeit ihres Wilhelm Tell! Dabei ist im Grunde nur dessen Existenz historisch glaubhaft zu machen; seine Heldentaten sind alles andere als historisch verbürgt, im Gegenteil, sind größtenteils als «fromme» Legende erwiesen. So ist es auch bei den Helden der Samuelbücher und ihren Taten alles andere als gewiss, was an ihnen Fakt ist und was Fiktion, was Realität und was schöner Schein. Im Fall Goliats und seines Bezwingers decken es die Samuelbücher selbst auf, dass das Gros der einschlägigen Überlieferung – die ausladende Darstellung in 1Sam 17 – unhistorisch ist; was aufgrund von 2Sam 21,19 bleibt, ist ein Philisterkämpfer namens Goliat aus der Stadt Gat mit einem Spieß, der ungewöhnlich (groß) war, und den ein tapferer Judäer unschädlich machte (ob mit einer Schleuder oder sonstwie, bleibt unklar).

Auch aus anderen Kriegsdarstellungen der Samuelbücher ist, wie gezeigt, ein zweifelnder, skeptischer, kritischer Ton zu vernehmen. Es ist, als solle ein ums andere Mal eine Erkenntnis aus den Psalmen veranschaulicht werden: «Keine Hilfe ist dem König das größte Heer, der Held wird nicht gerettet durch größte Kraft ... Seht, das Auge Jhwhs ruht auf denen, die ihn fürchten» (Ps 33,16.18). Sehr oft werden in den Samuelbüchern von Gewalt und Krieg Bedrohte gegen alle Erwartung «gerettet», indem sie nicht selbst zu den Waffen greifen oder auf deren Einsatz bewusst verzichten.

Zusammenfassend lässt sich sagen: Die Samuelbücher berichten viel von Krieg, aber sie verherrlichen ihn nicht. Sie weisen auf Möglichkeiten nicht nur gewaltsamer, sondern auch gewaltfreier Konfliktlösung hin. Sie plädieren für Friedfertigkeit, ohne blind zu sein und blind zu machen gegen die ernüchternde und erschreckende Realität von Krieg und Gewalt. Ihnen zufolge ist es nicht von vornherein verdächtig oder gar verboten, stark zu sein und wehrfähig; es ist aber besonders klug und lebensbewahrend, den jeweiligen Gegner nicht mit Gewalt überwinden und vernichten zu wollen. In einem Wort: Die Samuelbücher sind ein Aufruf zu wehrhafter Friedfertigkeit oder zu heldenhafter Sanftmut.

## *Vertiefende Literatur*


Albertz, Rainer, Schalom und Versöhnung. Alttestamentliche Kriegs- und Friedenstraditionen: Theologia Practica 18 (1983) 16-29.

Bezzel, Hannes / Kratz, Reinhard Gregor (eds.), David in the Desert. Tradition and Redaction in the «History of David's Rise», 2021 (BZAW 514).

Bietenhard, Sophia Katharina, Des Königs General. Die Heerführertraditionen in der vorstaatlichen und frühen staatlichen Zeit und die Joabgestalt in 2 Sam 2-20; 1Kön 1-2, Fribourg/Göttingen 1998 (OBO 163).

Crüsemann, Frank, „Das Werk der Gerechtigkeit wird Friede sein" (Jes 32,17). Aktuelle Überlegungen zur christlichen Friedensethik, in: F. Crüsemann (Hg.), Maßstab: Tora. Israels Weisung für christliche Ethik, Gütersloh 2003, 126-146.

Dietrich, Walter, Theopolitik. Studien zur Theologie und Ethik des Alten Testaments, Neukirchen-Vluyn 2002.

Dietrich, Walter / Mayordomo, Moisés, Gewalt und Gewaltüberwindung in der Bibel, Zürich 2005.

Dietrich, Walter / Link, Christian, Die dunklen Seiten Gottes, Bd. 1: Willkür und Gewalt, Neukirchen-Vluyn [6]2015.

Dietrich, Walter, Die Samuelbücher heute lesen, Zürich 2022 (bibel heute lesen).

Ebach, Jürgen, Ursprung und Ziel. Erinnerte Zukunft und erhoffte Vergangenheit, Neukirchen-Vluyn 1986.

Edenburg, Cynthia, David, the Great King, King of the Four Quarters. Structure and Signification in the Catalog of David's Conquests (2 Samuel 8:1–14, 1 Chronicles 18:1–13), in: K. L. Noll / B. Schramm (eds.), Raising up a Faithful Exegete, FS Richard D. Nelson, Winona Lake, IN 2010, 159-175.

Eisenbeis, Walter, Die Wurzel שלם im Alten Testament, Berlin 1969.

Fischer, Alexander A., Die literarische Entstehung des Großreichs Davids und ihr geschichtlicher Hintergrund. Zur Darstellung der Kriegs-Chronik in 2 Sam 8,1–14(15), in: U. Becker /

J. van Oorschot (Hg.), Das Alte Testament – ein Geschichtsbuch?! Geschichtsschreibung oder Geschichtsüberlieferung im antiken Israel, Leipzig 2005 (Arbeiten zur Bibel und ihrer Geschichte 17), 101-128.

Förster, Werner, Artikel εἰρήνη usw., in: Theologisches Wörterbuch zum Neuen Testament, Bd. 2, Stuttgart 1935, 398-418.

Galil, Gershon, David and Hazael. War, Peace, Stones and Memory: PEQ 139 (2007) 79-84.

Giercke-Ungermann, Annett, Die Niederlage im Sieg. Eine synchrone und diachrone Untersuchung der Erzählung von 1 Sam 15, Würzburg 2010 (Erfurter Theologische Studien 97).

Gilmour, Rachelle, Divine Violence in the Book of Samuel, New York 2021.

Gross, Heinrich, Die Idee des ewigen und allgemeinen Weltfriedens im Alten Orient und im Alten Testament, Trier 1967.

Hentschel, Georg, Die Kriege des friedfertigen Königs David (2 Sam 10,1-11; 12,26-31), in: Überlieferung und Geschichte, FS Gerhard Wallis, Halle 1990 (Wissenschaftliche Beiträge der Martin-Luther-Universität Halle-Wittenberg, Reihe A 125), 49-58.

Karasszon, Istvan, Ammon und Moab. Erwägungen zu Davids dynastischer Politik, in: W. Dietrich / C. Edenburg / P. Hugo (eds.), The Books of Samuel. Stories – History – Reception History, Leuven 2016 (BEThL 284), 439-447.

Kipfer, Sara / Hutton, Jeremy (eds.), The Book of Samuel and Its Response to Monarchy, 2021 (BWANT 228).

Na'aman, Nadav, In Search of Reality behind the Account of David's Wars with Israel's Neighbors, in: ders., Ancient Israel's History and Historiography. The First Temple Period. Collected Essays 3, Winona Lake, IN 2006, 38-61.

Naumann, Thomas, Zwischen Ehre und Schande. Männliche Praktiken im Krieg – Beispiele aus den Königsüberlieferungen des Alten Testaments, in: A. Müller / H. R. Velten / R. Weber (Hg.), Zwischen Ehre und Schande. Praktiken und Narrative vormoderner Männlichkeiten, Heidelberg 2021, 35-57.

Olyan, Saul M., Honor, Shame, and Covenant Relations in Ancient Israel and its Environment: JBL 115 (1996) 201-218.

Otto, Eckart, Krieg und Frieden in der Hebräischen Bibel und im Alten Orient. Aspekte für eine Friedensordnung in der Moderne, Stuttgart 1999.

Schmid, Hans Heinrich, šalôm. „Frieden" im Alten Orient und im Alten Testament. Stuttgart 1971.

Schöning, Benedict, Geschwisterlichkeit lernen. Eine neue theologische Einschätzung der Aufstiegserzählung Davids, Stuttgart 2019 (BWANT 223).

Schücking-Jungblut, Friederike, Macht und Weisheit. Untersuchungen zur politischen Anthropologie in den Erzählungen vom Absalomaufstand, Göttingen 2020 (FRLANT 280)

Westermann, Claus, Der Frieden (shalom) im Alten Testament, in: Studien zur Friedensforschung I, hrsg. von Georg Picht und Heinz Eduard Tödt, Stuttgart 1969, 144-177.

# Migration in den Samuelbüchern

## Einleitung

Die Menschen des alten Israel hingen sehr an ihrem Heimatland, in dem angeblich Milch und Honig flossen, und sie hielten die Stadt Jerusalem mit dem heiligen Berg Zion für den Mittelpunkt der Welt. Die starke Anhänglichkeit ans eigene Land rührte möglicherweise nicht zuletzt daher, dass sehr viele Israelitinnen und Israeliten nicht immer in ihm leben konnten, sondern zu Migrantinnen und Migranten wurden. Vielleicht gilt die Regel: Je gefährdeter oder entfernter die Heimat, desto höher ihr Stellenwert.

Zwei große Migrationsgeschichten des Alten Testaments sind allgemein bekannt: erstens der Aufenthalt des werdenden Volkes Israel in Ägypten und seine Flucht von dort nach Kanaan, wie sie im Buch Exodus geschildert werden, zweitens das Exil erheblicher Teile der Bevölkerung Judas in Babylon und die (teilweise) Rückkehr von dort, wichtiges Thema in zahlreichen Büchern des Alten Testaments (etwa in Deuterojesaja, Ezechiel, den Psalmen und Esra-Nehemia).

Wohl weniger bewusst ist, dass schon von den Erzeltern Israels Migrationsgeschichten erzählt werden: Abraham ging mit Sara nach Ägypten (Gen 12), Isaak bewegte sich mit Rebekka im Philisterland (Gen 26), Jakob gewann seine Frauen Rahel und Lea in Aram, dem heutigen Syrien (Gen 29). Später wanderte Jakob mit seiner gesamten Familie nach Ägypten aus (Gen 46), wohin es schon vorher seinen Sohn Josef verschlagen hatte (Gen 37). Wenig bekannt ist auch die Fluchtbewegung nach Ägypten nach dem Zusammenbruch des Königreichs Juda, die den Propheten Jeremia mit sich fortriss (Jer 43).

Auch in den Samuelbüchern[1] ist das Thema Migration präsent, und zwar in größerem Ausmaß, als man auf Anhieb annehmen möchte. Dieses biblische Doppelbuch erzählt von einer Zeit, in der Israels Sesshaftwerdung in Kanaan noch nicht allzu weit zurücklag, in der es gerade lernte, sich der zahlreichen missgünstigen Nachbarn zu erwehren und den eigenen Landbesitz zu sichern, in der die bis dahin einzeln agierenden Stämme sich zusammentaten, um ein eigenes Staatswesen zu errichten. Damals, so möchte man meinen, mussten alle Sinne auf das Leben *im* Land gerichtet sein, nicht auf Bewegungen aus dem Land *hinaus* oder ins Land *hinein*. Und doch handeln die Samuelbücher auch davon, und zwar in überraschender Vielfalt.

1 Erst kürzlich habe ich eine recht umfassende, aber allgemeinverständliche Einführung in sie geschrieben: Walter Dietrich, Die Samuelbücher heute lesen, Zürich 2022 (bibel heute lesen).

Im Folgenden wird das Wort «Migration» in einem weiten Sinn aufgefasst: schlicht als Abwesenheit vom heimatlichen Boden, kürzer oder länger andauernd, irgendwann von selbst endend oder nur mit Einsatz aller Kräfte zu beenden, freiwillig eingegangen oder unfreiwillig erlitten, Israeliten wie Nichtisraeliten (und sogar Gott!) betreffend. An Sesshaftigkeit gewöhnte Menschen werden Migration alles andere als erstrebenswert finden. Das kann bei Betroffenen ebenso sein, sie können darin aber auch eine Rettung sehen, eine Möglichkeit, Elend und Tod zu entkommen, eine Chance, anderswo ein besseres Leben zu führen. Sie können in der Fremde schlimme, aber auch gute und weiterführende Erfahrungen machen. Die Samuelbücher bieten Beispiele für all das.

## 1. Biblische Darstellung

### a) *Gott als Migrant*

Der erste große Migrant der Samuelbücher ist – Gott! Die Israeliten glaubten ihren Gott Jhwh in besonderer Weise verbunden mit der heiligen *Lade*, einem kastenförmigen, tragbaren Kultgegenstand, der entweder Gottes Thronsitz oder sein Fußschemel (eher Letzteres!) sein sollte. Dieses Gerät konnte an langen Stangen angehoben und herumgetragen werden – bei Stämmewanderungen oder bei Prozessionen, auch bei Kriegszügen. In Friedenszeiten stand die Lade im Heiligtum von Schilo, einem Ort im mittelpalästinischen Bergland, der offenbar eine Art Wallfahrtsort für die israelitischen Bauern der näheren und weiteren Umgebung war (vgl. 1Sam 1 und 3). Als es eines Tages zu militärischen Auseinandersetzungen mit den Philistern kam, einem Bund ägäisch beeinflusster Stadtstaaten in der südwestpalästinischen Küstenebene, endete ein erstes Treffen mit einer Niederlage der Israeliten. Diesen wurde plötzlich bewusst, dass sie «vergessen» hatten, die heilige Lade – und damit Jhwh – mit in den Krieg zu nehmen. Schleunigst wurde das Versäumte nachgeholt. Beim Eintreffen der Lade im Feldlager jubelten die Israeliten, während die Philister es mit der Angst zu tun bekamen. Doch auch die zweite Schlacht ging verloren, mit noch viel höheren Verlusten für Israel. Und die Lade? Sie fiel in die Hand der Feinde, die meinten, damit Israel das religiöse (und auch das militärische) Rückgrat gebrochen zu haben.

Jhwh befand sich ab jetzt im Ausland, zuerst in Aschdod, dann in Gat und Ekron – drei der fünf Städte des philistäischen Städtebundes. Doch statt, wie vorgesehen, zu einem Symbol des Triumphes wurde die Lade in Philistäa zu einem Symbol des Schreckens und der Angst. Vor ihr fielen Götterstatuen um, und wohin sie kam, wurden die Menschen schwer krank. So beschloss man, das unheimliche Ding so schnell wie möglich wieder loszuwerden. Ein nach allen Regeln der

Kunst durchgeführtes Divinationsverfahren[2] resultierte in der Rückkehr der Lade nach Israel bzw. nach Juda, zum Schluss in das Städtchen Kirjat-Jearim westlich von Jerusalem. Dort stand sie so lange, bis König David sich ihrer entsann und sie in seine neu erwählte Residenzstadt Jerusalem brachte. So, in kurzen Zügen, die sog. Ladegeschichte in 1Sam 4–6 und 2Sam 6.

Die Quintessenz dieser Erzählung: Ein Jhwh-Heiligtum wird ins Exil verschleppt, kämpft sich aber zurück in die Heimat, bis sie in der Hauptstadt einen festen und sicheren Ort findet. Dieser Plot ist erstaunlich. Nach biblischer Auffassung kann Gott nicht zu etwas gezwungen werden, was er nicht will. Sollte er damals zur Migration gezwungen worden sein? Nein, denn es gibt, vor Beginn der Ladeerzählung, zwei prophetische Ansagen, welche das bevorstehende Unheil als von Gott selbst gewollt ankündigen, als Antwort auf die Sünde Israels bzw. seiner Priesterschaft (1Sam 2,31–34; 3,11–14). Nicht die Militärmacht der Philister also zwang den Gott Israels ins Exil, nein, er verließ sein Land und sein Volk aus eigenem Entschluss – um am Ende aber doch zurückzukehren und Israel nahe zu sein.

## *b) Menschen als Migranten*

In den Samuelbüchern ist nicht nur Gott Migrant, sondern auch zahlreiche Menschen, allen voran David. Seine Familie war eine vielköpfige Bauernfamilie aus Betlehem (1Sam 16,1–13). Er als Jüngster suchte, typischerweise, sein Glück beim Militär, im Dienst des ersten israelitischen Königs, Saul. Vielleicht war schon das eine kleine Migration, denn das judäische Dorf Betlehem gehörte nicht zum Herrschaftsgebiet des Königs Israels. Es gibt mehrere Überlieferungen vom Beginn der Karriere Davids. Er soll vom Propheten Samuel aus dem Kreis seiner Brüder herausgefunden und zum kommenden König gesalbt worden sein (1Sam 16,1–13). Er soll des Königs Musiktherapeut gewesen und von diesem zu seinem Waffenträger ernannt worden sein (1Sam 16,14–23). Und er soll als junger Schleudersoldat (oder gar nur als Zivilist, als Hirtenjunge) den hoch gefürchteten Philistervorkämpfer Goliat besiegt haben und daraufhin an Sauls Hof geholt worden sein (1Sam 17,1 – 18,5). Der König, wird erzählt, habe ihn dann zum Kommandeur seiner stehenden Truppe und obendrein zu seinem Schwiegersohn gemacht. Doch bald witterte er in dem jungen Aufsteiger einen Konkurrenten und vertrieb ihn aus seiner Umgebung. David kehrte in die judäische Heimat zurück – aber nicht als geachteter Mann in ein ruhiges, gesichertes Leben, sondern als Staatsfeind Israels, dessen König seiner immer wieder habhaft zu werden versuchte. David hatte mittlerweile um sich eine kleine Privatarmee versammelt, bestehend aus «seinen Brüdern und dem ganzen Haus seines Vaters» und «allen, die bedrängt waren, und allen, die verschuldet waren, und allen, die verbittert

2 Das ist ein Verfahren zur Ermittlung des Willens der Gottheit.

waren» (1Sam 22,1f). So prekär war damals die soziale und ökonomische Lage in der Region Juda, dass die jungen Männer das risikoreiche Leben als Milizionäre der häuslichen Armut vorzogen. Anfangs hielt sich Davids Freibeutertruppe noch in Juda auf, jedoch in kaum bevölkerten, abgelegenen und abweisenden Gegenden – man könnte von Flüchtlingen im eigenen Land sprechen.

Zu regelrechten Migranten werden dann zuerst Davids Eltern. Anscheinend sind sie wegen ihres zu zweifelhafter Berühmtheit gelangten Sohns an Leib und Leben bedroht. (Bis heute halten sich Machthaber, die rebellische Personen nicht zu fassen bekommen, an deren Familien.) Die jungen Leute aus Davids Familie standen mittlerweile unter Waffen, die alten Eltern aber waren der Willkür Sauls (oder möglicher anderer Widersacher) wehrlos ausgesetzt. Da entschloss sich David, nach «Mizpe in Moab» zu gehen, einem nicht mehr lokalisierbaren Ort in einem ostjordanischen Nachbarland, und den «König von Moab» – vermutlich eine Art regionalen Scheich – um Asyl für seine bedrohten Eltern zu bitten. Diesem Wunsch wurde stattgegeben (1Sam 22,3f). Vermutlich konnten die Eltern später, als David ihnen die nötige Sicherheit bieten konnte, in ihr Heimatdorf zurückkehren, doch dies wird nicht eigens berichtet.

Nach der biblischen Darstellung veranlassten die ständigen Nachstellungen Sauls am Ende auch David dazu, mit seinen Leuten ins Exil zu gehen: nicht nach Osten, zu den Moabitern, sondern nach Westen, zu den Philistern. Das war ein bemerkenswerter Schritt, waren die Philister doch gewissermaßen der Landesfeind. Die Bibel lässt David Saul persönlich klagen, er werde «vertrieben», sodass er «nicht teilhabe am Erbbesitz Jhwhs» und «anderen Göttern dienen» müsse. Eine räumliche Verschiebung um vielleicht 50 Kilometer bedeutete, aus dem Herrschaftsbereich Jhwhs in den anderer Götter zu geraten. Konkret war es die damals führende Philisterstadt Gat, die David als Exilsort ausersehen hatte. Zweimal wird von seinem Übertritt dorthin berichtet. Einmal versucht er es inkognito, als namenloser Migrant, wird aber als berühmter Philisterfeind erkannt und kann seinen Kopf nur dadurch retten, dass er sich wahnsinnig stellt: mit den Fäusten gegen das Stadttor polternd, Schaum vor dem Mund – woraufhin der Stadtkönig findet, er habe schon «genug Verrückte» im Land; David wird ausgewiesen (1Sam 21,11–16). Das zweite Mal kommt er sozusagen mit offenem Visier, an der Spitze einer mehrhundertköpfigen Miliztruppe – und diesmal nimmt ihn der Fürst von Gat anstandslos auf: so wie immer wieder regionale Machthaber auswärtige Söldner in Dienst nehmen, zumal dann, wenn sie damit anderen regionalen Machthabern (in diesem Fall: Saul) besonderen Schaden zufügen können. David erhält Ziklag zum Lehen, ein Städtchen weit im Süden des philistäischen Machtbereichs: wohl zur Sicherung dort verlaufender Wüstenhandelswege und als Grenzposten gegen nomadisierende Verbände aus dem Negev. In dieser denkbar weit abgelegenen Ecke des Kulturlands sind David und seine Leute heimatlose Flüchtlinge. Sie sichern ihren Unterhalt durch Raubzüge – wobei nicht ganz klar ist, ob sie dabei eher den Israeliten als den Philistern nützen

(1Sam 27). Die Menschen der Umgebung werden sie als unheimliche, gewaltbereite Fremde wahrgenommen und so wenig geschätzt haben, wie heute eingesessene Bevölkerungen Gruppen von Einwanderern, die zwar von der Regierung ins Land gelassen wurden, aber nach ihren eigenen Gesetzen agieren.

Davids Exil in Südphilistäa dauerte «ein Jahr und vier Monate» (1Sam 27,7). Dann kam es zur Entscheidungsschlacht zwischen Israel und den Philistern, welche die Letzteren für sich entschieden. Saul und die meisten seiner Söhne fielen, im palästinischen Bergland tat sich ein Machtvakuum auf, in das David vorstieß. Er ließ sich zunächst zum König von Juda küren, der bis dahin politisch noch nicht vereinten Region zwischen Jerusalem und dem Negev, mit Königssitz in Hebron (2Sam 2,2–4). Von dort aus destabilisierte er den israelitischen Norden und sah (vermutlich nicht tatenlos) zu, wie die Saul-Sippe nach und nach die Macht und auch ihre führenden Köpfe verlor (2Sam 1–4) – bis schließlich die Ältesten der nordisraelitischen Stämme ihm, dem Judäer, die Königskrone antrugen (2Sam 5,1–5). Er gewann das zwischen den beiden Teilen der Doppelmonarchie liegende, bis dahin selbstständige Jerusalem hinzu und verlegte dorthin seine Residenz (2Sam 5,6–12). Jerusalem und erst recht Israel gehörten nicht zu seiner ursprünglichen Heimat; seine Herrschaft dort war in gewisser Weise die eines Fremden, der sich aber – etwa durch die Einholung der (ursprünglich israelitischen) Lade – den Einheimischen betont als einer der Ihren präsentierte.

Die zweite «Migrationsphase» Davids fällt in seine spätere Regierungszeit. Zuerst muss sein Zweitgeborener, Abschalom, ins Exil – aus wenig ehrenvollen Gründen. Er hat seinen älteren Halbbruder Amnon, nachdem der seine Schwester vergewaltigt hat, ermordet und sich der drohenden Blutrache durch Flucht ins Ausland entzogen (2Sam 13,37f). Das kleine aramäische Fürstentum Geschur, das ihm Schutz bot, lag nicht weit von Israel, nordöstlich des Sees Gennesaret. Es ist nicht klar, ob David versuchte, des gewalttätigen Sohns dort mit Gewalt habhaft zu werden, oder ob es ihn mehr und mehr drängte, ihm zu verzeihen.[3] Nach drei Jahren im Exil kehrte Abschalom nach Jerusalem zurück – um sich alsbald gegen seinen Vater zu erheben. Der von ihm angezettelte Aufstand war so kraftvoll, dass David anscheinend keine andere Möglichkeit sah, als aus Jerusalem in die ostjordanische Region Gilead zu fliehen (2Sam 15). Diese Gegend mag zum saulidischen Reich gehört haben, doch der Judäer David war dort eindeutig ein Fremder. Das gesamte Volk von Juda und Israel war von ihm abgefallen; zu ihm hielten nur seine Palast-Entourage, einige Einheiten zumeist ausländischer Berufssoldaten sowie ein paar wohlhabende Unterstützer aus Gilead und dem östlich anschließenden Königreich Ammon, die ihm logistische Unterstützung

3 Der Text von 2Sam 13,39 und 14,1 (in seiner hebräischen und seiner griechischen Fassung) lässt beide Deutungen zu, vgl. Walter Dietrich, David, Amnon und Abschalom (2Sam 13). Literarische, textliche und historische Erwägungen zu den ambivalenten Beziehungen eines Vaters zu seinen Söhnen, in: ders., Die Samuelbücher im deuteronomistischen Geschichtswerk. Studien zu den Geschichtsüberlieferungen des Alten Testaments II (Beiträge zur Wissenschaft vom Alten und Neuen Textament 201), Stuttgart 2012, 207–226.

boten (2Sam 17,27–29). Besonders hervorzuheben ist in diesem Zusammenhang eine 600 Mann starke Söldnertruppe aus Gat, die ihm, dem einstigen Söldner in Gat, nibelungenhaft die Treue hielt: Migranten, die sich als besonders treue Anhänger des in die Migration getriebenen Königs erwiesen (2Sam 15,18–22). In der Entscheidungsschlacht besiegten Davids Berufstruppen das von Abschalom aufgebotene Volksheer; Abschalom selbst kam auf elende Weise ums Leben (2Sam 18). Davids Rückkehr nach Jerusalem erfolgte nicht problemlos; zwar stellten sich ihm keine prominenten Widersacher mehr entgegen, doch gab es im Volk ein untergründiges Rumoren, das alsbald in einen Sezessionsversuch der Nordstämme mündete (2Sam 19–20). David ließ auch diesen militärisch niederschlagen, doch wird man ihn sich jetzt nicht mehr als beliebten Herrscher, sondern als ungeliebten Tyrannen vorzustellen haben. Hernach wird nur noch von seinem Alt- und Senilwerden und von seiner Ablösung durch Salomo berichtet (1Kön 1–2).[4]

## 2. Historische und theologische Einschätzung

Befragt man die eben vorgestellten Migrationsgeschichten der Samuelbücher auf ihre historische Glaubhaftigkeit und ihren theologischen Gehalt, ergibt sich ein recht differenziertes und farbiges Bild.

### *a) Historische Befragung*

Dass die heilige Lade eine Zeitlang in Philisterhand war, wird stimmen. Derlei berichtet ein Volk nicht, wenn es nicht wahr ist. Alles deutet darauf hin, dass die Philister seinerzeit die dominante Vormacht in Palästina waren.[5] Schon der «Richter» bzw. «Retter» Simson kämpfte zwar heldenhaft gegen sie, erlag ihrer Übermacht am Ende aber (Ri 13–16). Der Volkstribun Samuel soll sie einmal auf wunderhafte Weise aus dem Land geschlagen haben, doch ist die betreffende Überlieferung legendenhaft (1Sam 7,7–14). König Saul fand im Kampf gegen sie seine eigentliche Lebensaufgabe (vgl. 1Sam 13–14; 17–18), verlor dabei aber sein Leben (1Sam 31). David soll sie zwar besiegt haben (vgl. nicht nur 1Sam 17, sondern 2Sam 5,17–25), war aber selbst längere Zeit ihr Vasall – vielleicht länger, als die Bibel wahrhaben will; jedenfalls hat er ihr Land nie annektiert. Warum sollte dieser starke Nachbar nicht versucht haben, Israel durch die gewaltsame Ent-

4 Der sog. Anhang 2Sam 21–24 ist den Samuelbüchern erst nachträglich beigefügt worden.
5 Laut 1Sam 13,19f sicherten sie sich ein Metallbearbeitungsmonopol, damit «sich die Hebräer kein Schwert und keinen Speer machen» konnten.

führung der Lade zu demütigen? Im Alten Orient war derlei gang und gäbe: Siegreiche Völker oder Armeen nahmen den Unterworfenen ihre religiösen Symbole weg, um so ihre Unterlegenheit zu demonstrieren und ihre Unterwürfigkeit zu sichern. So glaubhaft es also ist, dass die Philister einmal die Lade in die Hände bekamen, so fraglich ist es, dass diese sich selbst aus dem Exil herauskämpfte. Vermutlich verloren die Philister einfach das Interesse an ihr, und David konnte sie als ein bedeutungslos gewordenes Kultobjekt problemlos nach Jerusalem holen, um sie zu einem Vehikel seiner Religionspolitik zu machen: «Seht her, ihr Israeliten, ich achte eure religiösen Gefühle und diene eurem Gott!»

Auch das andere, dass der später so hochgeehrte David selbst verschiedentlich Migrationserfahrungen machte, wäre wohl nicht erfunden worden, wenn es nicht wahr wäre. Den biblischen Autoren fällt es sichtlich schwer, davon zu berichten. Sie lassen den jungen David längere Selbstgespräche führen, in denen er erklärt, warum er wirklich nicht mehr anders kann, als zu den Philistern überzulaufen (1Sam 27,1). Von der für Saul und Israel so katastrophal verlaufenen Entscheidungsschlacht gegen die Philister auf den Bergen Gilboa (in Nordisrael) entfernen sie ihn geographisch so weit wie irgend möglich: Einige philistäische Militärs, wird erzählt, witterten in ihm einen unsicheren Kantonisten, weshalb er sich, als sie Saul nach Norden entgegen zogen, tief in den Süden, nach Ziklag, begeben musste (1Sam 29), ja, von da aus noch weiter in den Süden, weil er einer räuberischen Bande amalekitischer Nomaden, die Ziklag überfallen hatten, nachsetzen musste (1Sam 30). Sollte sich in dieser letzten Erzählung eine historische Tatsache spiegeln, wäre deren zeitliche Einordnung doch ungewiss: Eine solche Razzia gegen Wüstenbanditen kann David irgendwann – und muss sie nicht zur Zeit der Schlacht von Gilboa geführt haben. Eine gewisse historische Wahrscheinlichkeit spricht sogar dafür, dass David bei dieser Schlacht dabei war – und zwar auf der «falschen» Seite, war er doch Vasall der Philister. Dass er in deren Diensten stand, könnte übrigens nicht höchster Not (der Verfolgung durch Saul) geschuldet sein, sondern kühler Berechnung: Zu allen Zeiten verkauften Söldner ihre Dienste denen, von denen sie am meisten dafür bekamen.

Ähnlich steht es mit der Flucht des reifen David ins Ostjordanland. Sie wird jetzt als große Tragödie, als eigentliche Passion dargestellt, in der alle entsetzlich leiden: David, seine Anhänger, ja, «das ganze Land» (2Sam 15). Ein Frechling aus der Saulfamilie, Schimi ben Gera, kann den flüchtenden König straflos aufs Schwerste beschimpfen (2Sam 16,5–13). In der historischen Realität aber kann, ja, wird der Abzug ins Ostjordanland taktischer Natur gewesen sein. Dort meinte David dem Ansturm Abschaloms besser widerstehen zu können als in Jerusalem, wo er eingeschlossen worden wäre. Im ostjordanischen Gilead aber fand er Unterstützung (2Sam 17,27–29), und von dort aus konnte er den Kampfplatz im «Wald von Efraim», der mehr Menschen «gefressen» haben soll als das Schwert (2Sam 18,8), frei wählen. Ohnehin standen Abschaloms Chancen nicht mehr gut, seitdem es David gelungen war, in dessen Lager eine hochkarätige Fünfte Kolonne einzuschleusen, die es nicht nur ausspionierte, sondern die dort gefällten militärischen Entscheidungen in verhängnisvoller Weise beeinflusste (2Sam 15,27f.34–37; 17,1–22). Kurzum: Die ostjordanische Migration Davids war weniger, wie es die Bibel will, erlitten, als vielmehr kühl kalkuliert. Dass sie aber stattgefunden hat, daran dürfte kein Zweifel sein.[6]

## b) *Theologische Bewertung*

Die Ladegeschichte zeigt, dass Israel es für möglich hielt, sein Gott Jhwh könne einem Feind eine Zeitlang (scheinbar) unterlegen gewesen und von ihm gleichsam ins Exil verschleppt worden sein. Letztlich aber, das zeigt diese Geschichte auch, konnte ihn keine Macht der Welt dauerhaft in Fesseln schlagen. Er ließ sich vorübergehend gefangen nehmen, doch er kam wieder frei: Das ist ein kühner, gewiss ermutigender Gedanke für ein Volk, das selbst mancherlei Migrationserfahrungen machte. Es hatte einen Gott, der sich nicht immer so stark zeigte, wie man von ihm erwartete, der aber vor den starken Militärmächten, die sein Volk bedrängten, keinesfalls klein beigab. Einmal hatte er selbst das Migrationsschicksal zu ertragen, doch am Ende kehrte er triumphal zurück: eine unschätzbar kostbare Erfahrung im Blick auf das traumatische Erlebnis des babylonischen Exils![7]

Theologisch – und ethisch – sind auch die Migrationserlebnisse des Königs David von kaum zu überschätzender Bedeutung. Die Bäume auch dieses berühmten Königs, zeigen sie, wuchsen nicht in den Himmel. Schon in jungen Jahren, in scheinbar unaufhaltbarem Aufstieg begriffen, erfuhr er Vertreibung und Flucht. Und vom endlich erreichten Gipfel der Macht stürzte ihn ein ehrgeiziger Sohn herunter und drängte ihn aus dem Land. Dass David mehrfach zum Migranten wurde, hat ihn charakterlich aber vorangebracht. Er entfaltet auf der Flucht edle und fromme Seiten, die er als allzeit erfolgreicher Herrscher kaum entwickelt hätte. Als es ihm gelingt, aus dem ihn jagenden Saul den Gejagten zu machen, enthält er sich jeder Gewalttätigkeit gegen ihn (1Sam 24; 26), überlässt vielmehr

---

6 Dies gegen Alexander A. Fischer, Flucht und Heimkehr Davids als integraler Rahmen der Abschalomerzählung, in: Rüdiger Lux (Hg.), Ideales Königtum. Studien zu David und Salomo (Arbeiten zur Bibel und ihrer Geschichte 16), Leipzig 2005, 43–70. Fischer meint, David sei während des gesamten Abschalomaufstands in Jerusalem gewesen und nie ins Ostjordanland geflohen. M. E. gelingt aber der Nachweis dafür nicht.

7 Diese Erwägung hat nicht zu der Annahme zu führen, die Ladegeschichte sei damals erst, in der Exilszeit oder gar noch später, *entstanden*. Diese Meinung vertritt z. B. Klaas A. D. Smelik, Hidden Messages in the Ark Narrative, in: ders., Converting the Past. Studies in Ancient Israelite and Moabite Historiography, 1992 (Oudtestamentische studiën 28), 35–58.

Gott die Entscheidung zwischen sich und ihm (1Sam 24,13f). Seinem philistäischen Lehnsherrn schlägt er ein Schnippchen nach dem andern (1Sam 27,8–12), er wird geradezu zum Schwejk im Philisterlager (1Sam 21,13f; 29,2–12[8]). Auf der Flucht vor Abschalom zeigt er nicht nur große Leidensfähigkeit (2Sam 15), sondern auch Frömmigkeit, legt sein Schicksal demütig in Gottes Hände (2Sam 15,25f; 16,12), ruft ihn in höchster Not um Hilfe an (und wird erhört: 2Sam 15,31), zeigt sich ungemein edelmütig gegenüber Ittai, einem philistäischen Söldnerführer, der ihm die Treue hält (2Sam 15,19f), und sogar gegenüber dem Sauliden Schimi, der ihn beleidigt (2Sam 16,10f). Vor der Schlacht gegen Abschalom befiehlt er seinen Kommandeuren ausdrücklich, «den Jungen» zu schonen (2Sam 18,5), verfällt, nachdem dieser doch zu Tode gekommen ist, in bodenlose Trauer (2Sam 19,1.5), begnadigt bei seiner siegreichen Rückkehr nach Jerusalem seinen Feind Schimi (2Sam 19,24) und bringt seinem Unterstützer Barsillai größte Noblesse entgegen (2Sam 19,34–39). Es ist, als habe gerade die Erfahrung der Migration in David die besten Seiten geweckt.

Und Gott? Gott zeigt sich in den Davidgeschichten einerseits als der, der den gar zu hochgemuten Jüngling durch schmerzliche Erlebnisse formt und der seinem auf den Thron gelangten Günstling schwere Schuld nicht einfach durchgehen lässt (2Sam 11–12). Gott führt David nicht nur auf Höhen, er schickt ihn auch durch Tiefen und in die Buße. Immer aber ist er ihm unerschütterlich zugetan, bleibt seiner Verheißung, «den Thron seines Königtums feststehen» zu lassen (2Sam 7), treu. Gottes Wirken in allem Geschehen ist leise, leicht übersehbar und verwechselbar; es erfolgt allermeist hinter, nicht vor den Kulissen. Dennoch ist er in allen Wechseln und im Geschiebe der Geschichte die unablässig und zielstrebig wirkende Kraft, der – in sich äußerst flexible – Fixpunkt, an dem sich die Menschen orientieren können.

## Rückblick

In den Samuelbüchern kommen Migrationserfahrungen aller Art zur Sprache. Da entfliehen Menschen unhaltbaren Zuständen (der junge David und seine Mannen), werden vor Verfolgung in Sicherheit gebracht (Davids Eltern), suchen in einem fremden Land ein besseres Auskommen (der philistäische Söldnerfüh-

---

8 In 1Sam 29,8 zeigt David (bzw. der Erzähler, der ihm die Worte in den Mund legt) die Kunst der doppelsinnigen Rede: scheinbar ergeben-unterwürfig, in Wirklichkeit durchtrieben-aufsässig; vgl. Walter Dietrich, Uneindeutigkeit als Kennzeichen hebräischer Erzählkunst – am Beispiel der Samuelbücher, in: ders., Historiographie und Erzählkunst in den Samuelbüchern. Studien zu den Geschichtsüberlieferungen des Alten Testaments III (BWANT 221), 2019, 216–218.

rer Ittai und seine Leute), flüchten, weil sie sich etwas haben zuschulden kommen lassen (Abschalom) oder werden von Putschisten außer Landes gejagt (der alte David). Gott selbst wird zum Migranten: scheinbar eingefangen von den Philistern, in Wahrheit aus freiem Entschluss.

Niemand wird dafür kritisiert, die Heimat verlassen zu haben. Offenbar gibt es Situationen, in denen Menschen (und sogar Gott!) nichts anderes übrigbleibt, als sich in das Flüchtlingsschicksal zu ergeben. In keinem Fall führt die Migration zu Untergang oder Vernichtung, regelmäßig findet sie ein gutes Ende. Die Migranten kommen in der Fremde zurecht, finden dort ihr Auskommen, erhalten Schutz und Unterstützung, werden geschätzt (meist jedenfalls), haben (bis auf Ittai) aber doch den Wunsch, in die Heimat zurückzukehren, können aus ihren Gastländern meist problemlos abziehen (einzig Gott muss sich freikämpfen) und werden daheim in aller Regel selbstverständlich wieder aufgenommen.

Nach der Darstellung der Samuelbücher ist die Migration ein völlig «normales» Element im Fortgang der Geschichte und in den jeweiligen Gesellschaften, ja, sie bringt diese sogar voran. Die Migranten genießen die Sympathien der Erzähler (und damit der Leserschaft); man freut sich über ihre Resilienz, bewundert ihre Klugheit, Kraft und Ehrhaftigkeit, sieht, wie die meisten von ihnen charakterlich heranreifen. In der Regel sind sie die Helden der Geschichte, nicht die, bei denen sie, mehr oder weniger freiwillig, untergekommen sind. Migration rettet den Betroffenen nicht nur das Leben, sondern führt sie allermeist zu einem besseren Leben. Niemand wünscht sich oder sucht Migration, doch muss niemand, der zu ihr gezwungen ist, die Hoffnung verlieren. Gott selbst war einmal Migrant, also ist sein Volk offen für Migration und wohlwollend gegenüber Migrantinnen und Migranten.

# Haupt- und Nebenfrauen in den Samuelbüchern. Ein Beitrag zum biblischen Bild der Frau

## Einleitung

Die Bibel, gerade auch das Alte Testament, hat nicht den Ruf, besonders frauenfreundlich zu sein. Kein Wunder bei einem Buch, das aus einer von Grund auf patriarchal geordneten Welt stammt. Einer von vielen Beweisen dafür ist, dass es einen hebräischen Begriff für «Nebenfrau» gibt (*pilægæš*), während die Vorstellung eines «Nebenmanns» hebräisch undenkbar ist.

Männer, die vermögend genug waren, legten sich eine oder mehrere Nebenfrauen vor allem zu zwei Zwecken zu: zur Sicherung des Nachwuchses - insbesondere, wenn die ursprüngliche, die «Hauptfrau», keine Kinder bekam - sowie zur Festigung sozialer Beziehungen und zur Erhöhung des sozialen Status[1]. Die Samuelbücher bieten Beispiele für beides: Die kinderreiche Peninna sorgt für Nachwuchs anstelle der kinderlosen Hanna (1Sam 1), und König David unterhält eine größere Zahl an Haupt- und Nebenfrauen: nicht allein um zahlreichen Nachwuchses willen, sondern vermutlich, um möglichst viele Gruppen und Regionen seines Reichs familiär an sich zu binden (2Sam 5,13)[2].

Möglicherweise war es für Frauen aus armen Familien eine Ehre und bedeutete eine Existenzsicherung, von einem wohlhabenden Mann zur Nebenfrau erkoren zu werden[3] - auch wenn sie dann in dessen Familie oder Harem einen niedrigeren Rang einnahmen als die Hauptfrau(en). Allerdings war die Nebenfrau «abgesetzt von einer Geliebten oder Mätresse sowie von einer Prostituierten, weswegen ihre Stellung zumindest teilweise rechtlich geregelt wird. Sie galt wohl im Unterschied zu den Sklavinnen als Freie. Ihr Rechtsstatus wird in den Gesetzen allerdings nicht deutlich ... Nach der späteren talmudischen Differenzierung ... hatte eine Hauptfrau eine Ketubba (Ehevertrag), eine Nebenfrau nicht (Jerusalemer Talmud, Traktat Ketubbot 5,2,29d), was deren schlechtere Rechtsposition verdeutlicht»[4].

---

1 So S. Hanson im Artikel «Nebenfrau» im Biblisch-Historischen Handwörterbuch, Bd. 2 (Göttingen 1964), 1295.

2 Vgl. J. D. Levenson / B. Halpern, The Political Import of David's Marriages: JBL 99 (1980) 507–518.

3 So K. Engelken im Artikel «Nebenfrau» im «Neuen Bibel-Lexikon», Bd. 2 (Zürich/Düsseldorf 1995), 912f.

4 O. Dyna, Art. Ehe im «Wissenschaftlichen Bibellexikon im Internet», erstellt Nov. 2010, permanenter Link: https://www.bibelwissenschaft.de/stichwort/16896/.

Strittig ist, ob die Nebenfrau gegenüber der Hauptfrau im Erbrecht benachteiligt war. Es gibt Belege sowohl dafür, dass die Söhne beider in gleicher Weise erbberechtigt waren[5], wie auch dafür, dass die Söhne jedenfalls «unfreier Konkubinen» nur dann Erbrecht hatten, wenn sie «durch Adoption den Söhnen der Freien gleichgestellt» waren[6]. Das Richterbuch liefert Beispiele dafür, dass «nicht-reguläre» Söhne sich nur mit Mühe (oder Gewaltanwendung) gegenüber «regulären» Söhnen behaupten konnten[7]. In jedem Fall musste sich eine Nebendem Willen der Hauptfrau beugen[8], was in einem größeren Harem eine klare soziale Rangordnung bedeutet haben wird. Darüber, wie Männer jeweils ihre Neben- und ihre Hauptfrauen behandelten, geben keine Rechts-, wohl aber Erzähltexte Auskunft[9] – auch solche aus den Samuelbüchern.

Auf den ersten Blick hat man den Eindruck, in den Samuelbüchern machten allein Männer Geschichte. Die drei Hauptfiguren – Samuel, Saul und David – sind Männer, die verantwortlich sind für den Epochenwechsel von einer Stammes- zu einer staatlichen Ordnung. Ihre wichtigsten Begleiter sind wiederum Männer: bei Samuel der Priester Eli und die späteren Könige Saul und David, bei Saul neben Samuel der Kronprinz Jonatan und die Militärs Abner und David, bei David ebenfalls Prinzen (Amnon, Abschalom und Salomo) und Generäle (Abner, Joab, Ittai und Amasa), dazu Propheten (Samuel, Gad und Natan), Berater (Jonadab, Ahitofel und Huschai) und Oberpriester (Abjatar und Zadok) – um nur einige herausragende Gestalten zu nennen.

Wo bleiben in diesem Figurenensemble die Frauen? Sie machten ja auch damals rund die Hälfte der Bevölkerung aus, und sie werden schon damals auf diese und jene Weise das Leben in Familie und Gesellschaft (mit)bestimmt haben. Klar ist, dass sie all den genannten Männern das Leben geschenkt haben. Allerdings ist nicht bekannt, wie die Mütter Sauls und Davids hießen und wie ihr Leben verlief – im Unterschied zu den Vätern, die nicht nur mit Namen, sondern ein wenig auch in ihren Lebensumständen vorgestellt werden.

Gleichwohl – das ist immer schon aufgefallen – tritt in den Samuelbüchern eine erhebliche Anzahl klar profilierter Frauengestalten auf. Viele von ihnen[10]

---

5 Gen 15,2; 21,10. E. Otto (Theologische Ethik des Alten Testaments, Stuttgart 1994, 49) weist auch auf eine entsprechende altbabylonische Heiratsurkunde (CT 48 67) hin.

6 So R. de Vaux, Das Alte Testament und seine Lebensordnungen, Bd. 1 (Freiburg/Basel/Wien 1960), 97, unter Verweis auf Gen 30,3–13. Dagegen lässt sich Dtn 21,15–17 nicht geltend machen, da dort nicht von Haupt- und Neben-, sondern von «geliebter» und «ungeliebter» Frau die Rede ist.

7 Vgl. Ri 9,18; 11,1f

8 Vgl. Gen 16,6; 21,9f.

9 Ein schauerliches Beispiel übelster Misshandlung einer Nebenfrau wird in Ri 19 erzählt.

10 Nicht alle! Tamar etwa ist noch nicht verheiratet, als sie von ihrem Halbbruder Amnon missbraucht wird (2Sam 13). Zwei «weise Frauen» haben große Auftritte: eine, die aus Tekoa stammt (2Sam 14), und eine, die in Abel-bet-Maacha wohnt (2Sam 20); von ihnen sind freilich die Namen unbekannt. Gleiches gilt für die Totenbeschwörerin von En-Dor, die für Saul den toten Samuel aus der Totenwelt heraufgeholt haben soll (1Sam 28).

sind den drei Hauptfiguren ehelich verbunden, sei es als Haupt- oder als Nebenfrau. Auf Samuel trifft dies freilich nur indirekt zu. Von ihm erfährt man lediglich, dass er zwei Söhne hatte; diese sind mit Namen bekannt (1Sam 8,2), nicht aber ihre Mutter (oder Mütter). Von seinem Vater jedoch, Elkana, wird ausführlich berichtet, dass er eine Hauptfrau hatte, Hanna, und eine Nebenfrau, Peninna. Auch von König Saul sind die Namen einer Haupt- und einer Nebenfrau überliefert: Ahinoam und Rizpa. David hatte offenbar eine größere Zahl Haupt- wie auch Nebenfrauen; von den ersteren sind sechs namentlich genannt, die weiteren und die Nebenfrauen bleiben namenlos. Welche Rollen spielen diese Frauen in den Texten?

## Die Haupt- und die Nebenfrau des Vaters Samuels

Das erste Kapitel der Samuelbücher zeigt den späteren Vater Samuels, Elkana, mit bzw. zwischen einer Haupt- und einer Nebenfrau. Die eine, Hanna, genießt seine ganze Zuneigung, bleibt aber kinderlos. Die andere, Peninna, schätzt er offenbar weniger, doch hat sie viele Kinder. Vielleicht verdankt sie ihren Status überhaupt der Unfruchtbarkeit Hannas.

Analoge Fälle werden in den Erzelterngeschichten der Genesis geschildert. Abraham hat eine Frau, Sara, die er liebt, die aber – entgegen der an ihn ergangenen Verheißung – keine Kinder bekommt. So macht sie selbst ihre ägyptische Sklavin Hagar zu ihres Mannes Nebenfrau. Hagar wird prompt schwanger und gebiert einen Sohn. Als dann, wider Erwarten, auch Sara noch einen Sohn bekommt, führt das zu Konflikten (Gen 16; 21). Jakob hat zwei Hauptfrauen, die Schwestern Lea und Rahel. Seine Liebe ist zwischen ihnen ungleich verteilt; er liebt die jüngere, Rahel, mehr als die ältere, Lea, doch die ältere bekommt Kinder, die jüngere nicht bzw. erst sehr spät. Beide Hauptfrauen machen Mägde zu seinen Nebenfrauen, die ihm ebenfalls Söhne gebären (Gen 29–30).

Bei Hanna ereignet sich das Gleiche wie bei Sara und Rachel: Spät, sehr spät schenkt sie doch noch einem Sohn das Leben (und danach noch weiteren Kindern). Doch bevor es so weit ist, kommt es zwischen ihr und der Nebenfrau Peninna zu Konflikten, in die auch Elkana hineingezogen wird. Hanna neidet, so ist anzunehmen, Peninna deren Kinderreichtum, Peninna Hanna die Liebe Elkanas. Dieser gewährt Hanna bei Opferfesten (und vermutlich auch sonst) eine Vorzugsbehandlung – gerade weil Jhwh «ihren Mutterschoß verschlossen» hat, aus Mitleid also (1Sam 1,4f). Peninna rächt sich an Hanna mit Sticheleien: «Und ihre Rivalin kränkte sie tief, um sie zu bedrücken, weil Jhwh ihren Mutterschoß verschlossen hatte» (1Sam 1,6). So leidet Hanna nicht nur unter ihrer Kinderlosigkeit, sondern auch noch unter der Häme Peninnas. Elkana versucht sie zu trösten: Er sei doch mehr wert als zehn Söhne (1Sam 1,8), eine Einschätzung, die wiederum Peninna gekränkt haben muss, die aber auch Hannas Lage nicht wirklich ernst nimmt. So gerät der Mann zwischen Hammer und Amboss, und die missliche Stimmung in der Familie lässt sich leicht ausmalen.

Die verfahrene Situation ändert sich dadurch, dass Hanna eines Tages auf höchst ungewöhnlichem Weg eine Schwangerschaft erzwingt: Sie wendet sich an die Gottheit und verspricht ihr für den Fall, dass diese ihr zu einem Sohn verhilft, ihn an sie zurückzugeben. Ein seltsamer Handel, erklärbar aus dem unbändigen Mutterwunsch dieser Frau, vielleicht aber auch aus ihrer Absicht, am Heiligtum und im Kultbetrieb etwas zum Guten zu verändern, indem sie ihren erhofften Sohn gewissermaßen dort platziert. Und so kommt es dann auch: Klein-Samuel, nachdem er denn geboren und dem Säuglingsalter entwachsen ist, gelangt ans Heiligtum und überflügelt bald die beiden Söhne des Oberpriesters, um schließlich an ihrer Stelle in dessen Fußstapfen zu treten. Er bringt es danach noch viel weiter: Er wird zum Richter und Volkstribun, dem wesentlich die Gründung eines Staates in Israel zu verdanken ist.

Solange Samuel noch klein und ein Priesterzögling war, besuchte Hanna ihn regelmäßig im Heiligtum und brachte ihm passende Kleidung mit (1Sam 2,19). Dann aber entschwindet sie dem Auge der Leserschaft. Insgeheim indes bleibt ihr Geist anwesend: nicht nur in Gestalt ihres Erstgeborenen, sondern auch in Form eines großen Gesangs, der ihr zugeschrieben wird: des Hanna-Lieds (1Sam 2,1–10). Darin besingt sie die Umkehrung aller Werte, zu der Gott fähig ist – unter anderem im Blick auf die Mutterschaft von Frauen: «Die Unfruchtbare gebiert Sieben» (bei Hanna waren es am Ende sechs[11]) «und die Kinderreiche verwelkt» (was die Erzählung an Peninna nicht exemplifiziert). Frauenrollen, heißt das, sind nicht zementiert, so sehr die Männer (und vielleicht auch die Frauen selbst) das wünschen und erwarten mögen. Weil es einen Gott gibt, der die Geschicke der Menschen in der Hand hat, kann das Obere zuunterst und können Untere nach oben kommen. «Der Bogen von Starken zerbricht, und Strauchelnde gürten sich mit Kraft. ... Jhwh macht arm und macht reich, er bringt zu Fall und er erhöht» (1Sam 2,4.7). Beispiele dafür bieten die Samuelbücher zur Genüge: bei Männern wie bei Frauen.

## Die Haupt- und die Nebenfrau Sauls

In einem Summarium über die Herrschaft Sauls finden sich einige Angaben über seine engere Familie: «Und die Söhne Sauls waren Jonatan und Jischwi und Malki-Schua. Und der Name seiner beiden Töchter war: der Name der Erstgeborenen Merab und der Name der Jüngeren Michal. Und der Name der Frau Sauls

11 Vgl. 1Sam 2,21.

war Ahinoam, Tochter des Ahimaaz» (1Sam 14,49f). Mit der Constructus-Verbindung «die Frau Sauls» scheint angezeigt zu sein, dass der erste König Israels nur diese *eine* (Haupt-)Frau hatte und sie die Mutter der zuvor genannten fünf Kinder war[12]. Von ihr hört man nur an dieser Stelle. Anders als ihre Kinder kommt sie in den Saul-Erzählungen nicht mehr vor. Auch ihr Vater Ahimaaz lässt sich nicht identifizieren[13]. So tritt diese Frau nur einziges Mal in Erscheinung, um sogleich wieder im Dunkel der Überlieferung zu verschwinden.

Ein bestimmter Sachverhalt könnte dieser Einschätzung entgegenstehen: Auch David hatte eine Frau namens Ahinoam. Von ihr erfährt man nicht den Vatersnamen, sondern den Namen ihres Herkunftsortes: Jesreel[14]. Das ist nicht die spätere, etwa in 1Kön 21 und 2Kön 9 erwähnte nordisraelitische Königsresidenz, sondern ein gleichnamiges judäisches Dorf[15]. In der Forschung wurde gelegentlich die Hypothese vertreten, die beiden Ahinoams seien identisch, David habe mehr oder weniger gewaltsam Sauls Frau übernommen. Doch dafür spricht außer der Namensgleichheit nichts[16].

Eine tiefere Spur als Sauls Hauptfrau hat in der Überlieferung seine Nebenfrau hinterlassen: Rizpa, die Tochter eines gewissen Aja. Sie kommt zwar nicht in dem Summarium von 1Sam 14, dafür aber in zwei späteren Erzählungen vor. Ihr Name ist etymologisch nicht leicht zu bestimmen; er könnte etwas bedeuten wie «Intarsie, Holzornament» oder «Glühstein» – ein Haushaltsgegenstand, der zur Wärmung in der kalten Jahreszeit oder auch zur Herstellung von Fladenbrot dienen konnte[17]. Jedenfalls ist Rizpa ein sympathischer Name. Das Verhältnis seiner Trägerin zu Sauls Hauptfrau Ahinoam wird nirgendwo beschrieben. Kinder hatten beide: Ahinoam, wie oben erwähnt, drei Söhne und zwei Töchter, Rizpa, wie sich später zeigen wird, zwei Söhne. Bekam Ahinoam ihre Kinder erst spät, sodass Rizpa zuerst zur Sicherung des Nachwuchses gedacht war? Oder

12 In den späteren Erzählungen tauchen vier, teils abweichende, Namen von Saul-Söhnen auf: Jonatan, Abinadab, Malki-Schua (1Sam 31,2) und Eschbaal (1Sam 2,8 u. ö.). Eschbaal könnte identisch mit Jischwi sein, Abinadab aber fehlt in der Aufzählung 1Sam 1,49. Sollte er eine andere Mutter gehabt haben?

13 Der Sohn Zadoks gleichen Namens (2Sam 15,27.36 u. ö.) ist natürlich deutlich jünger und offensichtlich eine andere Person.

14 Vgl. 1Sam 25,43; 27,3; 2Sam 2,2; 3,2.

15 Es wird in Jos 15,55f erwähnt.

16 Zur näheren Begründung s. Dietrich, Samuel. 1Sam 13–26, 2015 (BKAT VIII.2), 794.

17 Vgl. W. Thiel, Rizpa und das Ritual von Gibeon, in: I. Kottsieper u. a. [Hg.], «Wer ist wie du, HERR, unter den Göttern?» Studien zur Theologie und Religionsgeschichte Israels, FS Otto Kaiser, Göttingen 1994, 247–262, hier 248. Demgegenüber deutet J. J. Stamm (Hebräische Frauennamen [1967], in: ders., Beiträge zur hebräischen und altorientalischen Namenkunde, 1980 [OBO 30], 97–135, hier 120) den Begriff «Glühkohle» als «Bild für die Glut der Augen».

nahm Saul diese Nebenfrau eher aus politischen oder womöglich aus persönlichen Gründen[18]?

Wie auch immer, nach dem Tod des Königs wurde Rizpa zum Zankapfel zwischen dessen Sohn und Nachfolger, Eschbaal, und seinem Heerführer und Cousin Abner. Diese beiden hatten die katastrophale Niederlage Israels gegen die Philister auf dem Gebirge Gilboa[19] offenbar überlebt, die Saul und drei seiner Söhne das Leben kostete. Vielleicht war Eschbaal zu jung, um in die Schlacht zu ziehen, und Abner könnte die Fähigkeit mancher Generäle besessen haben, die eigene Haut zu retten, während das Heer untergeht. Doch als es darum ging, in dem besiegten Israel eine gewisse politische Ordnung wiederherzustellen, wurde der General aktiv. Er griff nicht selbst nach der Krone, sondern setzte sie Sauls Sohn Eschbaal auf. Der Staat war allerdings so geschwächt, dass die Residenz in das abgelegene und für die Philister schwer erreichbare ostjordanische Mahanajim verlegt werden musste (2Sam 2,8f). Irgendwann kam es dort zum Konflikt zwischen Abner und Eschbaal. «Warum bist du eingegangen zur Nebenfrau meines Vaters?», hört man Eschbaal Abner tadelnd fragen. Offenbar wollte der junge Monarch den königlichen Haushalt beisammen und unter seiner Kuratel halten. Eine Beziehung einer Frau aus der Königsfamilie zu einem Mann – und gehörte er selbst zur Familie – durfte es nur mit Einverständnis des Königs geben. Das meinte jedenfalls Eschbaal. Dies umso mehr, als sich in Abners «Eingehen» zu Rizpa womöglich ein versteckter Macht- und Herrschaftsanspruch äußerte. Eine Generation später wurde dem Prinzen Adonija zum Verhängnis, dass er eine Nebenfrau des verstorbenen Königs David begehrte; der eben frisch auf den Thron gelangte Salomo reagierte höchst empfindlich: Sein Bruder hätte ja «auch gleich das Königtum» verlangen können! Kurz darauf war Adonija ein toter Mann (1Kön 2,13–25).

Wir wissen nicht, was Abner bewog, ein Verhältnis mit Rizpa aufzunehmen. Vielleicht hatte er wirklich politische Absichten, vielleicht fand er sie auch einfach nur attraktiv. Ebenso wenig ist bekannt über die Art ihrer Beziehung. Abner dürfte altersmäßig schon recht fortgeschritten gewesen sein; wie alt Rizpa war, wie sie aussah, was ihre Ambitionen waren, welchen Lebensplan sie hatte, ob sie die Annäherung des Generals begrüsste oder ablehnte, ob er sie hochschätzte oder einfach nach ihr griff, weil er die Macht dazu hatte, sie womöglich schlicht vergewaltigte, ob es nur zu einem einmaligen sexuellen Akt kam oder die Bindung längerfristig war – all dies bleibt ungesagt. Rizpa ist in dieser knappen Erzählung nichts als ein Objekt, um das zwei mächtige Männer streiten.

Abner empörte es, dass Eschbaal ihn wegen Rizpa zur Rede stellte: Er sei kein «Hundskopf», er habe so viel für das Königshaus und den jungen König getan, er

18 Thiel (a. a. O. 247) hält für wahrscheinlich, «daß sie keiner kanaanäischen Familie entstammte, sondern Israelitin war und vielleicht aus einem der mittelpalästinischen Stämme kam» – die nicht zur Hausmacht Sauls, dem Stamm Benjamin, gehörten.

19 Vgl. 1Sam 31.

müsse sich doch von diesem keine Vorhaltungen wegen einer «Weiberschuld» machen lassen! Angeblich teilte der wütende General auch gleich mit, was er nun tun werde: das Königtum über Israel dem Judäer David antragen – eigentlich ein klassischer Fall von Hochverrat. Doch statt den Heerführer verhaften zu lassen oder ihn wenigstens scharf in die Schranken zu weisen, «vermochte Eschbaal Abner kein Wort mehr zu sagen aus Furcht vor ihm» (2Sam 3,6–11). Das sagt viel aus über die Machtverhältnisse im damaligen Staat Israel und seinem Königshaus.

Die nachfolgenden Erzählungen verlieren Rizpa aus dem Blick und handeln nur noch von Abner: wie dieser tatsächlich versuchte, mit David über eine Personalunion Juda-Israel handelseinig zu werden, aber von dessen General Joab ermordet wurde. So verlor Rizpa nach dem Mann, der sie in die Königsfamilie eingeführt hatte, Saul, auch den mächtigen Heerführer, der zu ihr «eingegangen» war. Über ihre Empfindungen, ihre Situation, ihre möglichen Ängste oder Hoffnungen verliert die Bibel kein Wort. Gäbe es nicht einen «Anhang» an die Samuelbücher, in dem späte Redaktoren sonst unverwendet gebliebenes Material über die Davidszeit zusammenstellten, hätte es dabei sein Bewenden gehabt; Rizpa wäre gewissermaßen verschollen.

Nun aber findet sich in 2Sam 21,1–14 eine berührende Erzählung, in der Rizpa erneut – diesmal zusammen mit den beiden Söhnen, die sie Saul geboren hatte, Armoni und Meribaal, sowie mit der Saultochter Michal und deren fünf Söhnen – zum Objekt in einem politischen, auch kultischen, Macht- und Ränkespiel wird. Eine langjähre Dürre und Hungersnot ist über Israel gekommen, David meint als König die Ursache dafür herausfinden und beheben zu müssen, erfährt durch ein göttliches Orakel von einer Blutschuld Sauls gegen die Bewohnerschaft von Gibeon, einer kanaanitischen Enklave in Israel, fragt die Gibeoniter, was zur Sühne getan werden könne, hört deren Forderung, es müssten sieben Saulnachkommen rituell umgebracht werden (eben die Söhne Rizpas und Michals), stimmt diesem Ansinnen zu – und dann nimmt das Unheil, das angeblich dem Heil dienen soll, seinen Lauf: Die Sieben werden an einem Tag hingerichtet, und, fast schlimmer noch: Ihre Leichen bleiben, offenbar auf königliche Anordnung, unbestattet – eine zusätzliche, ultimative Entehrung. Da nun hat Rizpa ihren schaurigen, heldenhaften Auftritt. Sie «nahm das Trauergewand und breitete es auf dem Felsen aus vom Beginn der Ernte an, bis sich Wasser über sie ergoss vom Himmel. Und sie ließ es nicht zu, dass die Vögel des Himmels sich niederließen auf ihnen bei Tag noch die Tiere des Feldes bei Nacht» (2Sam 21,10).

Vieles an dieser Schilderung bleibt undeutlich: Wie alt die sieben zum Zeitpunkt ihrer Hinrichtung waren, wie sie ihr Schicksal aufnahmen, auf welche Weise genau sie umgebracht und in welcher Art sie der Witterung und den wilden Tieren (Hyänen und Wildhunden vermutlich und Krähen und Aasgeiern) ausgesetzt wurden. Nicht einmal der Ort des Geschehens ist ganz klar: Gibeon oder das Gibea Sauls, auch nicht, was es mit jenem «Felsen» auf sich hatte, ob es etwa ein in besonderer Weise heiliger Fels war. Unbestimmt ist sodann, wie lang die Totenwache Rizpas vom «Beginn der Gerstenerte» an anhielt: bis zum regulären Beginn der Regenzeit oder bis zu einem vorzeitigen Regenguss, bis zum Herbst also oder nicht gar so lang?

Das alles tritt zurück gegenüber der Tat Rizpas. Wieder werden ihre Gefühle – Schmerz, Wut, Verzweiflung –, werden auch die näheren Umstände, ihr wahrscheinlich zunehmender Erschöpfungsgrad u. dgl., nicht ausgemalt. Sie ist einfach präsent am Ort des Schreckens, nah ihren zu Tod gebrachten Söhnen, ohne Hoffnung, sie zurückzubekommen. Schlicht eine leidende, dabei aber enorm tapfere und starke Frau, die sich entgegen königlichen Geboten einsetzt für das, was Anstand und Liebe gebieten[20].

Anscheinend blieb sie unbehelligt, dort auf dem «Felsen». Die gewiss anwesenden Ordnungskräfte ließen sie gewähren. Schließlich wurde dem König gemeldet, was sich an der Hinrichtungsstätte zutrug, und dieser rang sich zu einer humanen Geste durch, soweit in solchem Zusammenhang von Humanität überhaupt die Rede sein kann: Die Gebeine der Getöteten wurden eingesammelt und gemeinsam mit den exhumierten Gebeinen Sauls und Jonatans in der saulidischen Familiengruft beigesetzt (2Sam 21,11–14a). Da nun «ließ Gott sich für das Land erbitten» (2Sam 21,14b). Die Versöhnung wurde also nicht erwirkt durch die mörderische Sühnetat an sieben schuldlosen Opfern, sondern durch Rizpas mütterliche Liebestat. Ein ehrenvolleres Denkmal hätte der Nebenfrau Sauls kaum gesetzt werden können.

## Die Haupt- und Nebenfrauen Davids

Im Fall Davids sind die Informationen über Haupt- und Nebenfrauen anders gelagert und gestaltet als beim Vater Samuels und bei Saul. David hatte nicht nur *eine* Haupt- und *eine* Nebenfrau, sondern deren jeweils viele. Während man in den beiden anderen Fällen die Namen der Nebenfrauen kennt – Peninna und Rizpa –, bleiben die zehn Nebenfrauen Davids namenlos. Sie agieren auch nicht als unterscheidbare Individuen, sondern immer als Kollektiv – bzw. werden als solches behandelt; denn auch Davids Nebenfrauen sind kaum viel mehr als Objekte, Schachfiguren in männlichen Machtspielen. Um sie ringen nicht ein König

20 T. Davidovich (The Mystery of the House of Royal Women. Royal Pīlagšīm as Secondary Wives in the Old Testament, Upsala 2007 [Studia Semitica Upsaliensia 23], 127) vermutet, Rizpa habe eine hohe Stellung im Königshaus gehabt: allein schon, weil ihr Name überliefert werde, sodann, weil ihre Söhne als vollwertige Saul-Söhne gälten. Davidovichs Idee jedoch, dass Rizpa «held the rank of ‹Chief of *pīlagšīm*› in the house of Saul» (176), krankt daran, dass nirgendwo weitere Nebenfrauen Sauls erwähnt werden, denen Rizpa vorgestanden haben könnte.

und sein General, wie im Fall Rizpas, sondern ein König und einer seiner Söhne, David und Abschalom.

David entschließt sich, als er zu Beginn von Abschaloms Aufstand gezwungen ist, seine Residenz Jerusalem zu verlassen, dort nicht nur einige Männer zurückzulassen, die ihm politische Dienste leisten[21], sondern auch seine zehn Nebenfrauen, «um das Haus zu hüten» (2Sam 15,16). Das ist ein seltsamer Auftrag für wehrlose Frauen angesichts eines mit militärischer Macht vorgetragenen Putschs. Mit Waffengewalt den Palast verteidigen können sie nicht, vielleicht aber mit ihrer puren Präsenz den Anspruch des bisherigen Königs verkörpern, dass dies sein – und niemandes anderen – Palast sei. Ein Machtmensch wie Abschalom wird sich, so ist zu fürchten, durch eine solche Besitzmarkierung nicht besonders beeindrucken lassen. So könnte hinter Davids Entscheidung noch etwas anderes stecken: eine gewissermaßen letzte Warnung an den Aufrüher: Betrachte diese unbewaffneten Frauen als Signal dafür, dass ich auf Waffengewalt verzichten will. Du wirst es doch nicht wagen, sie anzutasten?!

Sollte dies die Rechnung Davids gewesen sein, dann hätte er sie ohne den Wirt – bzw. ohne zwei Wirte gemacht: den zu allem entschlossenen Prinzen Abschalom und dessen Chefberater Ahitofel, der von David zu den Aufständischen übergelaufen war. Dieser Mann genoss den Ruf eines unübertrefflich gescheiten *master mind* (2Sam 16,23). Er erteilte seinem neuen Herrn Abschalom zwei Ratschläge: Er solle erstens demonstrativ zu Davids Nebenfrauen «eingehen», damit er sich bei seinem Vater «stinkend mache» und seine Mitstreiter umso fester an sich binde (2Sam 16,21); und zweitens solle er ihm, Ahitofel, freie Hand geben zur sofortigen Verfolgung Davids (2Sam 17,1–3).

Der zweite Rat hat militärische Ratio, doch auch der erste ist so abstrus nicht, wie er auf den ersten Blick wirkt. Ein Übergriff auf Davids Harem bedeutet den endgültigen Bruch mit diesem und die schroffe Zurückweisung des vermuteten «letzten Friedensangebots». Ein Rebell, der sich an den Frauen des Königs vergreift, kann nur noch mit äußerster Härte bekämpft werden – und die, die es mit ihm halten, wissen, dass es jetzt kein Zurück mehr gibt. Wenn Abschalom zu seines Vaters Nebenfrauen «eingeht», bedeutet das totalen Krieg!

Und Abschalom folgt diesem Rat tatsächlich. Es wurde, heißt es, auf dem Flachdach des Palasts ein Zelt aufgeschlagen, und in aller Öffentlichkeit schritt Abschalom zur Tat: nicht zur militärischen, sondern zur sexuellen (2Sam 16,22). Die Details werden, dankenswerterweise, nicht beschrieben, auch nicht das Empfinden und Verhalten der armen zehn Frauen, denen «vor den Augen ganz Israels» die Ehre genommen wurde.

Man weiß, wie die Geschichte weiterging: Abschaloms Volksarmee wurde von den Söldnertruppen Davids geschlagen, der Prinz selbst verlor auf elende Weise sein Leben. David betrauerte ihn inständig, kehrte dann aber zielstrebig

21 Es handelt sich um den Berater Huschai und die Priester Zadok und Abjatar sowie deren Söhne, Ahimaaz und Jonatan, vgl. 2Sam 15,27f.33–36.

an die Macht zurück. Seine erste Sorge nach dem Wiedereinzug in Jerusalem soll jenen zehn Nebenfrauen gegolten haben. Nicht, dass er ihnen Anteilnahme gezeigt oder sie gar getröstet hätte, nein, er ließ sie, die sein «Haus» hatten «bewachen» sollen, in ein «bewachtes Haus» einschließen. Dort wurden sie versorgt, doch der König hatte keinen Umgang mehr mit ihnen, sodass sie zu «Witwen auf Lebenszeit» wurden (2Sam 20,3).

Der gesamte Erzählzug von den Nebenfrauen Davids, so ist aus literaturgeschichtlicher Perspektive festzuhalten, wurde in die Davidgeschichte sekundär eingeführt. Anlass bot eine eher beiläufige Bemerkung in der alten Überlieferung. Unmittelbar nach dem Bericht über die Einnahme Jerusalems heißt es: «Und David nahm nach seiner Ankunft aus Hebron weitere Nebenfrauen und (Haupt-)Frauen aus Jerusalem» (2Sam 5,13). Hierauf basiert ein Drohwort, das der Prophet Natan David nach dessen Übergriff auf Batscheba und Urija entgegengeschleudert haben soll: «So spricht Jhwh: Siehe, ich richte gegen dich auf Schlimmes aus deinem Haus und nehme deine Frauen vor deinen Augen und gebe sie deinem Nächsten, und er wird bei deinen Frauen liegen vor den Augen der Sonne; denn du hast es im Verborgenen getan, und ich, ich tue diese Sache vor ganz Israel und vor dieser Sonne» (2Sam 12,11f) – eine Voraussage, die sich im Schicksal jener zehn Nebenfrauen erfüllt. Diese waren hiernach ein Spielball nicht nur im Ringen zwischen David und Abschalom, sondern auch zwischen David und Gott. Was ihnen widerfuhr, sollte in Wahrheit David treffen; ihm sollte klargemacht werden, dass er nicht tun konnte, was er wollte, dass vielmehr Gott in der Lage war, ihm anzutun, was *er* für richtig hielt. So dienen jene zehn Frauen als Beweis dafür, dass Gott mächtiger ist als der König. Aus Frauensicht bzw. aus feministischer Perspektive wird eine solche Beweisführung problematisch erscheinen. Ein kleiner Trost ist, dass man es hier nicht mit einem historischen Faktum zu tun hat, sondern mit einem theologischen Konstrukt.

Was die Hauptfrauen Davids angeht, ist die Quellenlage ganz anders. Über sie informieren einerseits knappe, trockene Listen, andererseits ausgeführte, farbige Erzählungen.

Eine erste Liste zählt sechs Hauptfrauen mit ihren (erstgeborenen) Söhnen auf (2Sam 3,2–5): 1) Ahinoam aus Jesreel mit Amnon, 2) Abigajil, die Frau Nabals aus Karmel, mit Daluja, 3) Maacha, die Tochter Talmais, des Königs von Geschur, mit Abschalom, 4) Haggit mit Adonija, 5) Abital mit Schefatja, 6) Egla, «die Frau Davids», mit Jitream. Die Überschrift der Liste lautet: «David wurden Söhne geboren in Hebron»[22], womit deutlich wird: Es geht hier in erster Linie um die Söhne, nicht ihre Mütter. Nach siebeneinhalb Jahren Herrschaft in Hebron[23] verlegt David seine Residenz nach Jerusalem. Von seiner Jerusalemer Zeit gibt es

22 2Sam 3,2. Die Nachschrift in 3,6 lautet fast wortgleich: «Diese wurden David in Hebron geboren». Als Sohn Davids in Hebron geboren zu sein, war offenbar eine Art Gütezeichen, verlieh jedenfalls Anciennität.

23 Vgl. 2Sam 2,11.

eine zweite Liste mit weiteren elf Söhnen, in der aber die Mütter nicht mehr genannt werden[24], sodass unklar bleibt, wie viele (Haupt-)Frauen David insgesamt hatte.

Diese beiden, wohl aus dem Hofarchiv stammenden Listen fixieren die Reihenfolge, in der die Davidsöhne zur Welt kamen. Das war vermutlich wichtig für die Thronfolge, und tatsächlich gerieren sich späteren Erzählungen zufolge jedenfalls Abschalom und Adonija als Thronprätendenten. Vermutlich war auch Amnon ein solcher und wurde nicht zuletzt deswegen vom Nächsten, Abschalom, aus dem Weg geräumt. Der zwischen diesen beiden zur Welt gekommene Daluja[25] ist verschollen – womöglich, weil er schon früh starb oder aus gesundheitlichen Gründen nicht thronfähig war.

Von da her haben die Frauen, welche die ersten Davidsöhne zur Welt brachten, eine besondere Würde nicht nur durch ihre Mutterschaft, sondern durch ihre gute Position im Blick auf die Thronfolgefrage. Das Amt der Königsmutter war in Juda und Israel (wie auch in einigen Nachbarländern) von erheblicher Bedeutung[26]; denn in aller Regel dürften die Könige einen kleineren oder größeren Harem unterhalten haben, weshalb verschiedene Frauen Königsmutter werden konnten. Derjenigen, der dies schließlich gelang, und ihrer Familie (bzw. der Region, aus der sie stammte) wuchs ein hohes Renommee und wohl auch ein Stück Macht im Staat zu. Bei der Nachfolge Davids machte Batscheba mit ihrem Sohn Salomo das Rennen, obwohl dieser erst der Zehnte in der Reihe war und seine Mutter nicht zu den ersten sechs Frauen Davids gehörte, sondern von ihm erst in Jerusalem geehelicht wurde. Vielleicht aber war gerade das ausschlaggebend für ihren Erfolg[27].

Von Batscheba handeln zwei besonders farbige Erzählungen: die eine darüber, wie sie Davids Frau wurde (in 2Sam 11), die andere darüber, wie sie Salomo auf Davids Thron brachte (in 1Kön 1–2). Beide Erzählungen scheinen Teile einer eigenen Novelle gewesen zu sein[28], deren Verfasser das Dreigestirn David-Batscheba-Salomo (und dazu einige weitere einflussreiche Männer, etwa den Propheten Natan und den General Benaja) sehr kritisch sah. Spätere Überarbeitungen haben die harsche Kritik etwas gemildert, machten Natan zum Bußprediger, David zum reuigen Sünder; den im Ehebruch gezeugten Erstgeborenen

24 Vgl. 2Sam 5,13–15.

25 Im hebräischen Text heißt er Kilab. Zu den unterschiedlichen Namensformen siehe Dietrich, Samuel. 1 Samuel 27 – 2 Samuel 8 (BKAT 8.3), Göttingen 2019, 351f.

26 Vgl. den Artikel «Königinmutter» von R. Jost im «Wissenschaftlichen Bibellexikon im Internet» aus dem Jahr 2008 (permanenter Link: https://www.bibelwissenschaft.de/stichwort/23748/).

27 In der Erzählung 1Kön 1 scheint sich eine «Jerusalemer Partei» um Batscheba und Salomo abzuzeichnen, die über eine «landjudäische Partei» um Adonija die Oberhand behielt.

28 Näheres dazu bei W. Dietrich, Die frühe Königszeit in Israel. 10. Jahrhundert v. Chr. (Biblische Enzyklopädie 3), Stuttgart 1997, 253–257, sowie bei W. Dietrich, Samuel. 2Sam 9–14 (BKAT VIII.4), Göttingen 2021, auf den im Register (451) unter «Batscheba-Salomo-Novelle» aufgeführten Seiten.

Batschebas ließen sie sterben, doch den Zweiten, Salomo, von Jhwh «geliebt» werden (2Sam 12)[29]. Geraume Zeit später ist Batscheba in eine Intrige verwickelt, in der Salomo an dem eigentlich erbberechtigten Adonija vorbei auf den Thron geschoben wird. Und sie hat auch wesentlichen Anteil daran, dass Salomo den Rivalen, als dieser sich nicht völlig unterwürfig zeigt, ums Leben bringen lässt. War Batscheba in der ersten Geschichte Opfer königlicher Macht, so greift sie in der zweiten entschlossen selbst nach der Macht. Ist das Zweite die späte Rache für das Erste? Erweist sich die anfangs gedemütigte Batscheba am Ende als starke Frau mit langem Atem und überlegenem Verstand?

Über die ersten sechs Hauptfrauen Davids aus der Hebroner Zeit gibt es keine Erzählungen – abgesehen einzig von Abigajil: der in jener Liste als Zweiter genannten Gattin – und ausgerechnet derjenigen, deren Sohn nicht in den Nachfolgekampf eingriff. In 1Sam 25 wird erzählt, was es mit der Bezeichnung «Frau Nabals aus Karmel» (2Sam 3,3) auf sich hat. Wie Batscheba, so war auch Abigajil mit einem anderen Mann verheiratet, ehe sie an die Seite Davids gelangte. Und so wie Batschebas Mann Urija, so musste auch Abigajils Mann Nabal sterben, ehe sie Königsgattin werden konnte. Den Tod Nabals soll freilich nicht David veranlasst haben – jedenfalls nicht unmittelbar. Nabal starb an einem Herzversagen, als seine Frau ihm berichtete, dass sie dem Bandenführer David, ohne dem Gemahl etwas zu sagen, einen großen Tribut entrichtet hatte.

In einer ursprünglichen Form mag 1Sam 25 relativ grob und unverblümt den doch einigermaßen anrüchigen Seitenwechsel Abigajils berichtet haben. Im jetzigen Text aber erscheint ihr Mann Nabal als ungehobelt und dumm, sie hingegen als schön, klug und tatkräftig. Sie hält dem zu einer blutigen Razzia angerückten David eine ebenso sanfte wie überzeugende Rede, in der sie ihm klarmacht, dass es für seine künftige Karriere besser ist, jetzt auf Gewalt zu verzichten. Wenn ihn dann Jhwh ans Ziel gebracht habe, möge er ihrer «gedenken» (1Sam 25,31) – was David, kaum dass Nabal tot ist, auch tut. «Und sie ging hinter den Boten Davids her und wurde ihm zur Frau» (1Sam 25,42).

In der Liste der Hauptfrauen Davids fehlt auffälligerweise eine, von der die Samuelbücher besonders ausführlich berichten, ja, die angeblich seine allererste Gemahlin war: Sauls Tochter Michal[30]. Sie nahm ihn vor der Wut des Vaters in Schutz, musste (oder wollte) aber zurückbleiben, als David sein unstetes Leben als Bandenführer aufnahm. Saul gab sie einem anderen Mann zur Frau, doch David holte sie, als er die Macht dazu hatte, zu sich zurück, überwarf sich dann aber mit ihr, sodass sie von ihm keine Kinder bekam. Aus ihrer früheren Ehe hatte sie

29 Vgl. die Analyse und Interpretation des Kapitels durch W. Dietrich in dem in der vorangehenden Anmerkung genannten Kommentarband, 197–275.

30 Von ihr handeln folgende biblische Passagen: 1Sam 18,20–27; 19,11–17; 25,44; 2Sam 3,12–16; 6,20–23; 21,1–14.

jedoch fünf Söhne, die auf Anordnung Davids alle hingerichtet wurden[31]. Warum fehlt Michal in der Liste von Davids Hauptfrauen? Man kann verschiedene Erklärungen erwägen: Möglicherweise wurde ihre Ehe mit David nie richtig vollzogen, sondern frühzeitig getrennt[32]. Oder man fand, sie passe nicht in eine Liste mit Müttern von Davidsöhnen, da sie ihm ja keine Kinder gebar[33]. Oder jemand hielt es für degoutant, dass David mit einer Saulidin verheiratet gewesen sein sollte. Oder, die kritischste Möglichkeit: Die Ehe von Michal und David ist ein rein schriftstellerisches Phantasieprodukt.

So oder so hatte David eine größere Zahl sowohl an Haupt- als auch an Nebenfrauen. Dieses Faktum bedeutet eine exzessive Steigerung gegenüber der jeweils nur *einen* Haupt- und Nebenfrau des Vaters Samuels und des Königs Saul. So wuchs der dritte Hauptakteur der Samuelbücher auch in diesem Punkt über die ersten beiden weit hinaus – ob zu seinem Ruhm und Heil, sei dahingestellt.

## Rückblick

Was eingangs behauptet wurde, hat sich bestätigt: Auf den ersten Blick sind es in den Samuelbüchern Männer, die Geschichte machen – doch bei näherem Hinsehen erkennt man eine ganze Reihe von Frauenfiguren, die den Lauf der Dinge mitbestimmen. Viele von ihnen sind Haupt- oder Nebenfrauen der drei wichtigsten Protagonisten Samuel (bzw. von dessen Vater), Saul und David. Zu Hauptfrauen wichtiger Männer dürften in einer patriarchal und hierarchisch strukturierten Gesellschaft wie der altisraelitischen eher Frauen aus gehobenen Kreisen geworden sein, zu Nebenfrauen hingegen sozial weniger Hochstehende. Damit jedoch ist über die individuellen Qualitäten der jeweiligen Frauen nicht viel gesagt. Manchen Hauptfrauen – etwa Hanna, der Gattin des wohlhabenden Farmers Elkana (1Sam 1), oder Maacha, der gebürtigen Prinzessin und dritten Gattin des Königs David (2Sam 3,3) – war es gleichsam von Haus aus bestimmt, eine wichtige Rolle zu spielen. Bei Rizpa, der Nebenfrau Sauls, war das nicht so –

31 An diesem Punkt gibt es freilich ein textkritisches Problem. In 2Sam 21,8 spricht der masoretische Text von fünf Söhnen, die «Michal Adriël, dem Sohn Barsillais, des Meholatiters» geboren hatte. «Adriël der Meholatiter» war laut 1Sam 18,19 freilich der Gemahl von Michals Schwester Merab. So bietet die griechische Textüberlieferung in 2Sam 21,8 anstelle von «Michal» denn auch «Merab». Wer aber sollte den Namen Michals in den MT-Text gebracht haben? Ich neige zu der Annahme, dass im Text ursprünglich Michal und ihr Gemahl Paltiël genannt waren (vgl. 1Sam 25,44; 2Sam 3,2). Jemand fand es anstößig, dass David seine Stiefsöhne zur Hinrichtung freigegeben hätte, und machte diese flugs zu Söhnen Merabs und Adriëls.

32 Jedenfalls der jetzigen Textfolge nach musste David sehr bald nach der Heirat mit Michal (1Sam 18) fliehen (1Sam 19).

33 Vgl. 2Sam 6,23.

und doch überstrahlt ihr Bild die meisten anderen Frauenbilder der Samuelbücher; Rizpa wurde von Männern schwer mitgespielt, doch am Ende kämpfte sie heldenhaft für die Ehre ihrer Söhne, die man ihr genommen hatte, während von ihrer Leidensgenossin, der Prinzessin Michal, die sogar fünf Söhne verlor, an dieser Stelle kein Wort verlautet[34]. Und die zehn Nebenfrauen Davids spielen im Abschalom-Aufstand eine bedeutsame, wenn auch tragische Rolle, während von den Hauptfrauen so gut wie nichts zu hören ist[35].

Es zeigt sich: Die Bedeutung einer Frau, und was sie zu leisten vermag, hängt nicht davon ab, ob sie Haupt- oder Nebenfrau ist. Diese Einteilung ist männergemacht und dient vorrangig männlichen Interessen. Darüber aber, wie Frauen die ihnen zugewiesenen Rollen ausfüllen, entscheiden nicht die Männer.

Die Männer wiederum, denen die Haupt- und Nebenfrauen zugehören, machen nicht immer eine gute Figur. Elkana vermag die Spannungen zwischen Hanna und Peninna nicht zu beheben. Sauls Verhältnis zu seiner Hauptfrau Ahinoam und seiner Nebenfrau Rizpa bleibt völlig blass. David hat viele, wohl zu viele, Frauen. Sauls Tochter Michal kann er emotional nicht an sich binden, sie und zwei weitere Frauen hat er anderen Männern weggenommen. David scheint sich mit Frauen vor allem geschmückt und sie zur Sicherung seiner Herrschaft sowie zur Zeugung zahlreichen Nachwuchses benutzt zu haben. Seine Nebenfrauen liefert er kaltblütig seinem völlig außer Kontrolle geratenen Sohn Abschalom aus und behandelt sie hernach wie kontaminierte, verächtliche Objekte.

Heutige Frauen, jedenfalls solche in westlich-demokratischen Ländern, werden nicht mehr von Männern in die Kategorien Haupt- oder Nebenfrau eingeteilt, sie bestimmen über ihr Leben weitgehend selbst. Doch werden sie in den Haupt- und Nebenfrauen der Samuelbücher Schwestern erkennen, die – unter sehr viel schwierigeren Bedingungen – schon früh um eine angemessene Rolle der Frau in der Gesellschaft kämpften: manche mit tragischem Ausgang, manche aber höchst erfolgreich.

---

34 Vgl. 2Sam 21,1–14.

35 General Joab erwähnt einmal die Haupt- und Nebenfrauen Davids in einem Atemzug (2Sam 19,6), als handelnde Erzählfiguren treten aber nur die Letzteren hervor.

# Auch eine Art Nebenfrau: die Samuelbücher

In hiesigen Breiten und heutigen Zeiten ist die Vielehe nicht statthaft. Mir ist das vollkommen recht, habe ich doch an meiner einzigen und besten Ehefrau, Hannelore, vollauf genug. Wenn ich trotzdem einräume, möglicherweise eine Nebenfrau zu haben, dann kann das nur metaphorisch gemeint sein. Diese «Nebenfrau» ist nicht Bein und Fleisch, sondern Text und Schrift. Ich meine die biblischen Samuelbücher. Mit ihnen bin ich ungefähr genauso lang verbunden wie mit meiner Ehefrau, nämlich deutlich über fünfzig Jahre. Meine Frau – soll ich sagen: die Hauptfrau? – schickte mir der Himmel im 3. Semester meines Theologiestudiums über den Weg. Nur wenige Jahre später kam ich erstmals intensiv mit den Samuelbüchern in Berührung. Meine Examensarbeit handelte von den Propheten in den Geschichtserzählungen des Alten Testaments. Daraus wurde dann meine Doktorarbeit «Prophetie und Geschichte». Sie behandelt hauptsächlich Texte aus den Königs-, aber auch solche aus den Samuelbüchern: insbesondere die Konfrontation des Propheten Natan mit König David in 2Sam 12[1].

Im Zuge meines Habilitationsverfahrens, wieder einige Jahre später, hatte ich der Fakultät (es war die Theologische in Göttingen) drei Vortragsthemen zur Auswahl anzubieten. Eines handelte von Stefan Heyms 1972 erschienenem Roman «Der König David Bericht». Meine Ausführungen dazu wurden bald darauf gedruckt[2]. Bis heute halte ich Heyms Roman für eine herausragende Verarbeitung des Stoffs der Samuelbücher. Studierenden sagte ich immer, sie müssten erstens diesen Roman lesen, aber zweitens immer fein unterscheiden, was in ihm und was in der Bibel stehe. Heyms Buch hat mich fast mein ganzes Leben lang beschäftigt. Ich behandelte es – neben wissenschaftlichen Werken, aber etwa auch neben Karl Barths Abhandlung über Saul und David in seiner «Kirchlichen Dogmatik» und einer Predigtreihe von Manfred Josuttis über König David – in einer Sammelrezension der Zeitschrift «Verkündigung und Forschung» im Jahr 1977[3]. 1991 war ich beteiligt an der Verleihung des Berner theologischen Ehrendoktors an Stefan Heym. Zu einem Symposium aus Anlass seines 100. Geburtstags reiste ich 2001 in seine Geburtsstadt Chemnitz. Meine Aufmerksamkeit (und die des Publikums) beanspruchte sein David-Roman noch einmal, als ich 2014 die «presidential address» beim «Colloquium Biblicum Lovaniense» in Leuven/Belgien zu halten hatte.

1 Prophetie und Geschichte. Eine redaktionsgeschichtliche Untersuchung zum deuteronomistischen Geschichtswerk, Göttingen 1972 (FRLANT 108).

2 Wort und Wahrheit. Studien zur Interpretation alttestamentlicher Texte, Neukirchen-Vluyn 1976.

3 David in Überlieferung und Geschichte, VuF 22 (1977) 44–64.

Doch zurück zu den Anfängen. Frisch habilitiert übernahm ich eine Pfarrstelle in der Hannoverschen Landeskirche, von wo ich nach fünf Jahren Pfarramt in eine Professur für Altes Testament am religionspädagogischen Studiengang der Universität Oldenburg wechselte. Dort ereilte mich die Anfrage des Neukirchener Verlags bzw. des Herausgeberkreises des «Biblischen Kommentars Altes Testament», ob ich die Samuelbücher für diese Reihe kommentieren wolle. Ich sagte zu. Es war ein Wagnis von beiden Seiten. Die Kommentar-Verantwortlichen kauften gewissermaßen die Katze im Sack, ich meinerseits übersah noch kaum die Langzeitfolgen dieses Entschlusses – oder, um noch einmal das eingangs gebrauchte Bild aufzunehmen: des Eintritts einer durchaus anspruchsvollen Nebenfrau in mein Leben. Dieses war ja schon reichlich ausgefüllt durch die Hauptfrau und deren drei Kinder und natürlich durch den Beruf als Hochschullehrer.

Von vornherein war mir klar, dass die Auslegung eines umfangreichen biblischen Doppelbuchs in einer quantitativ wie auch qualitativ hochambitionierten Kommentarreihe nicht übers Knie zu brechen war. Der «Biblische Kommentar» erschien damals noch in Lieferungen à 80 Seiten, von denen dann mehrere zu einem Band aufgebunden wurden. Meine Horrorvorstellung war, nach der Publikation einiger Lieferungen feststellen zu müssen, dass der eingeschlagene Weg der falsche war, dass ich auf ihm das überaus dichte und verschlungene Dickicht von Textgestalt und Textentstehung und Textüberlieferung, dazu einer enorm facettenreichen Auslegungs-, Forschungs- und Wirkungsgeschichte der Samuelbücher nicht durchdringen konnte. Um nicht eines Tages alles bis dahin Gedachte und Gesagte revozieren und ganz von vorn beginnen müssen, nahm ich mir vor, die eigentliche Kommentierung erst dann in Angriff zu nehmen, wenn ich das Ganze der Samuelbücher einigermaßen überblickte.

Ein erster Schritt dazu war eine noch in meiner Oldenburger Zeit verfasste Monographie «David, Saul und die Propheten», in der ich die Fragestellung meiner Dissertation mit Blick auf die Samuelbücher vertiefte. Jetzt kamen außer Natan auch die Propheten Samuel und Gad in den Blick. In Bern dann, ab dem Jahr 1986, befasste ich mich zunehmend intensiv mit meiner «Nebenfrau» (ohne natürlich bzw. hoffentlich die Hauptfrau zu vernachlässigen). Die Samuelbücher (oder Teile von ihnen) wurden Gegenstand von Vorlesungen und Seminaren und auch von Qualifikationsschriften Nachwuchsforschender; schon von den ersten beiden, Sophia Bietenhard und Thomas Naumann, habe ich viel Neues erfahren und gelernt. Davon zeugt eine Reihe von Spezialaufsätzen in verschiedenen Zeitschriften und Sammelbänden, von denen ich viele in der Reihe «Beiträge zur Wissenschaft des Alten und des Neuen Testaments» als «Studien zu den Geschichtsüberlieferungen des Alten Testaments» (Bände I, II und III, jetzt auch noch IV) erneut abdrucken konnte[4]. Hinzu kamen einschlägige Artikel in verschiedenen Lexika[5].

1995 brachte die Wissenschaftliche Buchgesellschaft (Darmstadt) in der Reihe «Erträge der Forschung» eine zusammen mit Thomas Naumann verfasste Forschungsgeschichte zu den Samuelbüchern heraus, 1997 der Kohlhammer Verlag (Stuttgart) in der Reihe «Biblische Enzyklopädie» eine Darstellung der «Frühen Königszeit in Israel». In diesen Büchern habe ich die wichtigsten literaturhistorischen Hypothesen entwickelt, anhand derer ich dann die Kommentierung der Samuelbücher anging. Im Jahr 2003 erschien die erste Lieferung des Kommentars, 2011 der erste Teilband, bestehend aus zehn Lieferungen. Nach der Emeritierung 2009 erhöhte sich der Schreibtakt. Mittlerweile sind fünf Teilbände mit zusammen über 3200 Druckseiten erschienen[6]. Den sechsten und abschließenden wird Hans-Peter Mathys (Basel) mit mir verfassen.

Die Arbeit an den Samuelbüchern hat mir die Bekanntschaft mit einer erheblichen Zahl internationaler Samuelforschender eingebracht: hauptsächlich während einer Reihe von Fachtagungen, zu denen manche der Teilnehmenden immer kamen, manche unregelmäßiger, einige im Lauf der Zeit durch den Tod ausschieden (etwa der Finne Timo Veijola oder der Israeli Shimon Bar-Efrat oder die Deutsche Christa Schäfer-Lichtenberger), andere, jüngere dafür wieder nachrückten. Die erste große Konferenz dieser Art konnte ich im Jahr 2000 im Auftrag der «Schweizerischen Akademie der Geistes- und Sozialwissenschaften» ausrichten und mit einem großen Sammelband abschließen[7]. Zwei weitere Tagungen ermöglichte der «Schweizerische Nationalfonds zur Förderung der Wissenschaften»; sie fanden 2003 und 2009 in Bern statt und waren ebenfalls gefolgt von Tagungsbänden[8]. Ein herausragendes Ereignis dieser Art war das schon er-

4 Von David zu den Deuteronomisten. Studien zu den Geschichtsüberlieferungen des Alten Testaments I, Stuttgart 2002 (BWANT 156); Die Samuelbücher im deuteronomistischen Geschichtswerk. Studien zu den Geschichts-überlieferungen des Alten Testaments II, Stuttgart 2012 (BWANT 201); Historiographie und Erzählkunst in den Samuelbüchern. Studien zu den Geschichtsüberlieferungen des Alten Testaments III; Stuttgart 2019 (BWANT 221); Hauptfiguren und Kernthemen der Samuelbücher. Studien zu den Geschichtsüberlieferungen des Alten Testaments IV, Stuttgart 2023 (BWANT 243).

5 Hiervon seien erwähnt: Amasa, EBR 1, 2009, 942; David, RGG[4] II, 1999, 594f.; Eli / Eliden, RGG[4] II, 1999, 1209; Geschichte und Geschichtlichkeit (AT), Lexikon der Bibelhermeneutik 2009, 205f.; Nathan, TRE 24, 1994, 18–21; Obed-Edom, WiBiLex 2013 (http/www.WiBiLex.de); Salomo (I. Bibel), RGG[4] VII, 2004, 801–803; Samuel, RGG[4] VII, 2004, 823f.; Saul, RGG[4] VII, 2004, 850f.; Samuel- und Königsbücher, TRE 30, 1998, 5–20.

6 Teilband 1 zu 1Sam 1–12, Neukirchen-Vluyn 2011; Band 2 zu 1Sam 13–26, Neukirchen-Vluyn 2015; Band 3 zu 1Sam 27 – 2Sam 8, Göttingen 2019; Band 4 zu 2Sam 9–14, Göttingen 2021; Band 5 zu 2Sam 15–20, Göttingen 2023.

7 König David – biblische Schlüsselfigur und europäische Leitgestalt, Fribourg/Stuttgart 2003.

8 David und Saul im Widerstreit – Diachronie und Synchronie im Wettstreit. Beiträge zur Auslegung des ersten Samuelbuchs, Fribourg/Göttingen 2004 (OBO 206) bzw. Seitenblicke.

wähnte «Colloquium Biblicum Lovaniense» 2014 zu den Samuelbüchern, das neben zehn Hauptvorträgen und vier Seminarien mehrere «shortpaper sessions» bot, größtenteils dokumentiert in einem Sammelband[9]. Die bei diesen Gelegenheiten sich herausbildende informelle «Samuel community» wurde mehrfach auch von anderen zusammengerufen, und zwar nach Nijmegen, Edinburgh, Helsinki, Ljubljana, Jena, Aberdeen und Zürich; auch hier entstanden jeweils Tagungsbände, ediert von den einladenden Kolleg*innen. Kostbar an dieser Forschungsgruppe ist nicht nur ihre hohe Produktivität, sondern ihre große Methodenvielfalt bei ganz außergewöhnlicher gegenseitiger Toleranz.

Der Schweizerische Nationalfonds ermöglichte mir nicht nur zwei Fachtagungen, sondern gewährte mir fünf, jeweils dreijährige Forschungsprojekte zur «Erforschung der Samuelbücher». Mit den dafür gesprochenen Mitteln konnten einerseits begabte junge Nachwuchswissenschaftler*innen gefördert werden, die sich mittlerweile alle einen Namen gemacht haben[10]. Andererseits ermöglichten sie die Schaffung einer Infrastruktur zur Unterstützung meiner eigenen Forschung: etwa die Zuarbeit studentischer Hilfskräfte oder den Aufbau einer umfassenden Datenbank und einer umfangreichen Copythek zu den Samuelbüchern[11].

Im Lauf der Jahre öffnete sich auch immer wieder der Horizont über die alttestamentliche Fachwissenschaft hinaus zu anderen Disziplinen und Fächern. Dafür zwei Beispiele. Anfang des neuen Jahrtausends erwuchs aus dem intensiven Gespräch mit einem medizinischen Kollegen ein «psychoanalytisch-theologischer Dialog» über die Davidfigur[12]. Vor etwa fünf Jahren führte ein Berner Oratorienchor das fast gänzlich vergessene Oratorium «Il Samuele» von Giovanni Simone Mayr (vom Anfang des 19. Jahrhunderts) auf; aus diesem Anlass gab es ein interdisziplinäres Symposium vor allem mit musikwissenschaftlicher Beteiligung, dokumentiert wiederum in einem Sammelband[13].

Schließlich darf ich noch die Entstehung einiger selbstverfasster Monographien erwähnen: neben dem großen Kommentar etwa auch ein allgemeinverständliches Buch über «David, den Herrscher mit der Harfe»[14], oder ein Büchlein «Die Samuelbücher heute lesen», eine Art Summa meiner Beschäftigung mit

---

Literarische und historische Studien zu Nebenfiguren im zweiten Samuelbuch Fribourg/Göttingen 2011 (OBO 249).

9 Es handelt sich um den von Cynthia Edenburg, Philippe Hugo und mir herausgegebenen Band «The Books of Samuel: Stories – History – Reception History», Leuven 2016 (BEThL 284).

10 Erwähnt seien stellvertretend Regine Hunziker-Rodewald, Stefan Wälchli, Jürg Hutzli, Johannes Klein und Sara Kipfer.

11 Letztere umfasst etwa 12 Laufmeter Fotokopien von Spezialaufsätzen.

12 David – ein Königsweg, Göttingen 2002, zusammen mit Hans-Jürgen Dallmeyer.

13 Samuelmusik. Die Rezeption des biblischen Samuel in Geschichte, Musik und Bildender Kunst, Berlin 2021 (Studies of the Bible and Its Reception 19).

14 David, Herrscher mit der Harfe, Leipzig 2006, 2. Aufl. 2016 (Biblische Gestalten 14).

diesen biblischen Texten und ihrer Wirkungsgeschichte[15]. Diese letztgenannte Publikation hat mir besondere Freude gemacht dadurch, dass eine Gruppe interessierter Laien an ihr mitwirkte: Die Teilnehmenden an einem Kurs der Berner Vereinigung «Collegium 60 plus» lasen den entstehenden Text von der ersten bis zur letzten Seite streng und wohlwollend mit, merzten Fehler aus, beanstandeten Unklarheiten, schlugen Änderungen vor usw. Das war ein absolutes Sonderereignis, doch habe ich auch bei allen anderen Büchern und Aufsätzen die Hilfe anderer Menschen genossen: von Hilfskräften, Probeleser*innen, Verlagslektor*innen, Herausgeber*innen usw.

Einen Teilbereich der Beschäftigung mit den Samuelbüchern habe ich noch nicht erwähnt: den praktisch-theologischen bzw. kirchgemeindlichen. Immer wieder hat es mich, den früheren Pfarrer, auf die Kanzel zurückgezogen: etwa im Berner Münster oder bei der Lutherischen Gemeinde Bern oder in der reformierten Stadtkirche Burgdorf. Oft lagen meinen Predigten Texte aus den Samuelbüchern zugrunde; neunzehn davon sind in ein Bändchen der Reihe «bibel heute predigen» eingegangen[16]. Darin wird eine gute alte reformierte Tradition fortgeführt: Reihenpredigten zu einzelnen biblischen Büchern (während in lutherischen Kirchen die Perikopenordnungen dominieren – und in diesen gibt es nur ganz wenige Predigttexte aus den Samuelbüchern).

Man könnte nun fragen, ob ich den ständigen Umgang mit der «Nebenfrau Samuelbücher» nicht leid geworden bin. Das ist nicht der Fall, und zwar vor allem aus drei Gründen.

Erstens sind die Inhalte der Samuelbücher ungewöhnlich vielfältig und spannend. Es geht in ihnen um eine wichtige Ära der Geschichte Israels: die Zeit der Staatsgründung. Ungemein viele und bedeutende Personen treten auf: Könige, Prinzen und Prinzessinnen, Minister, Generäle, Oberpriester und Propheten – daneben aber auch einfache Leute: Mägde, Soldaten, Botenläufer, Herolde, Turmwächter, Diener, überhaupt «das Volk», «die Stämme», «die Ältesten», «die Frauen». Schauplätze sind wichtige Städte wie unbedeutende Dörfer, fruchtbare Agrarzonen wie dünnbesiedelte Berggebiete. Es werden Kriege, Feldzüge, Schlachten und Scharmützel geschildert, aber auch Auseinandersetzungen in Familien und Spannungen zwischen Eheleuten. Die Beziehungen Mächtiger zu Machtlosen, von Frauen zu Männern, von Männern untereinander, auch der Menschen zu Gott werden beschrieben. Rührende Freundschaften, tödliche Feindschaften, Liebesbegegnungen wie Vergewaltigungen, Vorgänge in Heiligtümern, Privathäusern wie am Königshof: kurz, es ist das volle Kaleidoskop einer ganzen Epoche, das uns vor Augen gemalt wird.

Das zweite ist die Form (bzw. sind die Formen), in denen all dies zur Sprache kommt. Die Samuelbücher bestehen weit überwiegend aus Erzählung – und es

15 Die Samuelbücher heute lesen, Zürich 2021 (bibel heute lesen).

16 Vorgesehener Titel: «Gott, Macht und Liebe. Die Samuelbücher heute predigen», Erscheinungstermin: Anfang 2024.

sind mit die spannendsten und kunstvollsten Geschichten der Bibel, die wir hier lesen. Neben ausgeführten Erzählungen finden sich aber auch knappe Anekdoten, z. T. gebündelt zu kleinen Sammlungen, dazu Listen mit Personen oder Ortschaften oder Sachgütern, es finden sich Lieder – kurze, volkstümliche wie auch ausführliche, artifizielle. In alledem spiegelt sich die geistige Produktivität eines kunstsinnigen und wissbegierigen Volks. Kluge Köpfe haben diese Überlieferungen geschickt zusammengestellt, geordnet, kombiniert, aufeinander abgestimmt, kommentiert, und das über Jahrhunderte hinweg in immer neuen Anläufen mit dem Ergebnis einer enorm abwechslungs- und facettenreichen Geschichtsdarstellung, die in der Antike ihresgleichen sucht.

Das dritte ist die Vielfalt der Aspekte und entsprechend der Methoden, mit denen die Samuelbücher anzugehen sind. Der hebräische Text hat eine komplizierte Textgeschichte durchlaufen. Hinzu kommt eine reichhaltige Übersetzungsgeschichte ins Griechische, Lateinische, Syrische, Koptische usw. bis hin zum Englischen und Deutschen. Und dann erst die Auslegungsgeschichte! Sie hebt schon im Alten Testament an (man denke etwa an die Bücher der Chronik oder den Psalter), setzt sich im frühjüdischen und frühchristlichen Schrifttum fort (im Neuen Testament etwa und bei den Kirchenvätern genauso wie im Talmud und bei den großen jüdischen Bibelauslegern des Mittelalters), und sie läuft auf diesen beiden Bahnen, der jüdischen und der christlichen, weiter bis in die Gegenwart. Was jedes Jahr weltweit an Forschungsarbeiten zu den Samuelbüchern produziert wird, nimmt dem, der einigermaßen den Überblick behalten möchte, schier den Atem. Und schließlich noch die außerexegetische Wirkungsgeschichte in Musik, Literatur und Bildender Kunst. Aus hunderten und tausenden einschlägiger Namen seien ein paar erhabene hervorgehoben: Abaelard, Michelangelo, Rembrandt, Händel, Rilke, Chagall.

Angesichts einer solchen «Nebenfrau» könnte man ins Schwärmen geraten – und ich kann nur von Glück sagen, dass meine Hauptfrau mich dafür nicht verurteilt. Keinesfalls werde ich mich dazu hinreißen lassen, die Vorzüge von Haupt- und Nebenfrau gegeneinander abzuwägen. Ich liebe beide, die eine mit Leib, Seele und Geist, die andere mit dem Verstand. Die eine hat mir drei Kinder (und über sie fünf Enkelkinder) geschenkt, alle aus Fleisch und Bein, während die Kinder der anderen, so zahlreich sie sein mögen, fast alle papieren sind. So würde ich, müsste ich zwischen beiden wählen, doch keinen Moment zögern; bisher ist mir das aber glücklicherweise erspart geblieben.

# Bibliographie Walter Dietrich 2019–2024

Dies ist die Fortsetzung zweier früherer Bibliographien:

- 1972–2008, in: Regine Hunziker-Rodewald / Thomas Naumann (Hg.), Diasynchron, FS Walter Dietrich, Stuttgart 2009, 433–445
- 2009–2019, in: Walter Dietrich, Historiographie und Erzählkunst in den Samuelbüchern. Studien zu den Geschichtsüberlieferungen des Alten Testaments III (BWANT 221), Stuttgart 2019, 343–350

## *Monographien*

Samuel (Biblischer Kommentar Altes Testament 8, Band 4 [2Samuel 9–14]), Göttingen 2021.

Die Samuelbücher heute lesen (bibel heute lesen), Zürich 2022.

Samuel (Biblischer Kommentar Altes Testament 8, Band 5 [2Samuel 15–20]), Göttingen 2023.

Gott, Macht und Liebe. Die Samuelbücher heute predigen, Zürich 2024.

Samuel (Biblischer Kommentar Altes Testament 8, Band 6 [2Samuel 21–24]; zusammen mit Hans-Peter Mathys, Göttingen *(in Vorbereitung).*

## *Sammelbände*

Historiographie und Erzählkunst in den Samuelbüchern. Studien zu den Geschichtsüberlieferungen des Alten Testaments III, Stuttgart 2019 (BWANT 221).

Hauptfiguren und Kernthemen der Samuelbücher. Studien zu den Geschichtsüberlieferungen des Alten Testaments IV, Stuttgart 2023 (BWANT 243).

The Books of Samuel and the Deuteronomistic History (ed. by Andrew Knapp), Atlanta, GA *(in Vorbereitung).*

## *Herausgeberschaft*

Die Welt der Hebräischen Bibel. Umfeld – Inhalte – Grundthemen, 2. erweiterte Auflage, Stuttgart 2021.

Samuelmusik. Die Rezeption des biblischen Samuel in Geschichte, Musik und Bildender Kunst, Berlin 2021 (Studies of the Bible and Its Reception 19).

War and Peace in the Books of Samuel, Leuven (OBO) *(in Vorbereitung).*

## *Aufsätze und Beiträge zu Sammelwerken*

David zwischen Poesie und Prosa in den Samuelbüchern, in: Friedhelm Hartenstein / Thomas Willi (Hg.), Psalmen und Chronik, Tübingen 2019 (FAT II/107), 257–276.

König David – Fakten und Fiktionen, in: Walter Dietrich, Historiographie und Erzählkunst in den Samuelbüchern. Studien zu den Geschichtsüberlieferungen des Alten Testaments III (BWANT 221), Stuttgart 2019, 203–215.

Interreligiosität in den Samuelbüchern?, in: Alina Patru (ed.), Meeting God in the Other. FS Dorin Oancea, Münster 2019 (Orientalia-Patristica-Oecumenica 16), 185–196.

Gottes Wort in unberufenem Mund. Zu einem spezifischen Erzählzug in den Samuelbüchern, in: Walter Dietrich, Historiographie und Erzählkunst in den Samuelbüchern. Studien zu den Geschichtsüberlieferungen des Alten Testaments III 2019 (BWANT 221), 268–272.

Schalom – unverlierbares alttestamentliches Friedenserbe, in: Quatember 83 (2019) 159–166.

König David – ein andächtig-kritisches Porträt, in: Sacra Scripta (Cluj) 17 (2019) 165–178.

Israelite State Formation and Early Monarchy in History and Biblical Historiography, in: Brad E. Kelle / Brent A. Strawn (eds.), The Oxford Handbook of the Historical Books of the Hebrew Bible, New York, NY 2020, 94–108.

Zephaniah in the Book of the Twelve, in: Lena–Sofia Tiemeyer / Jakob Wöhrle (eds.), The Book of the Twelve: Composition, Reception, and Interpretation, Leiden 2020 (VT.S) 114–124.

Gottesbilder und Gottesworte. Zum Phänomen theologischer Fortschreibung in den Samuelbüchern, in: Reinhard Müller / Urmas Nõmmik / Juha Pakkala (Hg.), Fortgeschriebenes Gotteswort. Studien zu Geschichte, Theologie und Auslegung des Alten Testaments, FS Christoph Levin, Tübingen 2020, 175–183.

Gewaltfreie versus gewalttätige Konfliktbewältigung im Alten Testament, in: Ines-Jacqueline Werkner / Heinz-Günther Stobbe (Hg.), Friedensethische Prüfsteine ziviler Konfliktbearbeitung, Wiesbaden 2020, 13–35.

Der Mann, mit dem Gott war. Kompositions- und quellenkritische Überlegungen zur Darstellung des Aufstiegs Davids in den Samuelbüchern, in: Hannes Bezzel / Reinhard Gregor Kratz (Hg.), David in the Desert. Tradition and Redaction in the «History of David's Rise», Berlin/Boston 2021 (BZAW 514), 127–143.

«Il Samuele». Das Libretto des Oratoriums von Giovanni Simone Mayr und Bartolomeo Merelli im Licht seiner biblischen Vorlage, in: Walter Dietrich (Hg.), Samuelmusik. Die Rezeption des biblischen Samuel in Geschichte, Musik und Bildender Kunst, Berlin 2021 (Studies on the Bible and Its Reception 19), 183–198.

Die Samuelbücher und das Königtum, in: Sara Kipfer / Jeremy Hutton (Hg.), The Book of Samuel and Its Response to Monarchy, Stuttgart 2021 (BWANT 228), 311–320 (*englische Version: 321–330*).

Botho Strauß' «Saul» – ein biblisch-modernes Drama, in: Veronika Bachmann / Annette Schellenberg / Frank Überschär (Hg.), Menschsein in Weisheit und Freiheit, FS Thomas Krüger, Leuven 2022 (OBO 296), 518–533.

Davids Frömmigkeit – religiöses Phänomen und historisches Problem, in: Johannes Klein (Hg.), Between Fiction and Facts. Historicity and Religiosity in the Books of Samuel, Stuttgart 2023 *(in Vorbereitung).*

Von den ersten Königen Israels. Ein weiteres Jahrzehnt Samuelforschung (2012–2022), in: ThR 2024 *(in Vorbereitung).*

Christentum: Friedens- und Gerechtigkeitsnarrative im Alten und Neuen Testament, in: Ines-Jacqueline Werkner (Hg.), Religion in Konflikten und Friedensprozessen *(in Vorbereitung).*

The Aims and Historiography of the David Narrative: History Writing, Literary Drama, or Political Discourse?, in: Lena-Sophia Tiemeyer / David Shepherd (eds.), The Oxford Handbook of King David *(in Vorbereitung).*

The Main Figures of the Books of Samuel in Western Prose Literature, in: Rachelle Gilmour / Benjamin Johnson (eds.), Explorations in the Interpretation of Samuel. Intertextuality and Reception *(in Vorbereitung).*

Migration in den Samuelbüchern: *im vorliegenden Band.*

Der kleine Samuel: *im vorliegenden Band.*

Haupt- und Nebenfrauen in den Samuelbüchern. Ein Beitrag zum biblischen Bild der Frau: *im vorliegenden Band.*

Auch eine Art Nebenfrau: die Samuelbücher: *im vorliegenden Band.*

## *Lexikonartikel*

Pentapolis: WiBiLex 2020 (https://www.bibelwissenschaft.de/stichwort/30687).

Psalmen: Родољуб Кубат (прр), Лексикон библијске херменеутике, Филон & Службени гласник, Београд 2022 (Serbisches Bibellexikon), 506–508.

## *Rezensionen*

Ida Fröhlich (ed.), David in Cultural Memory, Leuven/Paris/Bristol 2019 (Contributions to Biblical Exegesis and Theology 93), in: RBL 2019 (https://www.bookreviews.org/ BookDetail.asp?TitleId=12882).

Edward Lipiński, A History of the Kingdom of Israel, 2018 (OLA 275), in: BN NF 186 (2020) 132–135.

Miller, Virginia: A King and a Fool? The Succession Narrative as a Satire, 2019 Leiden u. a. (Biblical Interpretation Series 179), in: ThLZ 145 (2020) 798–801.

Renz, Thomas, The Books of Nahum, Habakkuk, and Zephaniah, Grand Rapids 2021 (The New International Commentary on the Old Testament), in: ThLZ 147 (2022) 193–196.

## *Journalistische Arbeiten*

Was bedeutet mir die Bibel? In: Die Bibel aktuell. Die Zeitschrift der Schweizerischen Bibelgesellschaft 2/2019, 20.

Heisser, kalter Gott, in: Magazin Bildungskirche, Zürich 2020, 14–16.

# Indizes

## *Stichwörter*

## *Personen aus der Wirkungsgeschichte der Samuelbücher*



## *Biblische Orte und Personen*

# *Bibelstellen*

# Nachweis der Orte der Erstveröffentlichung

Die Hauptfiguren der Samuelbücher und ihre literarische Wirkungsgeschichte. Samuel, Saul und David in Libretto, Drama und Roman: *englische Version vorgesehen für:* Rachelle Gilmour / Benjamin Johnson (eds.), Explorations in the Interpretation of Samuel: Intertextuality and Reception (Studies of the Bible and Its Reception).

Der kleine Samuel: *unveröffentlicht.*

«Il Samuele». Das Libretto des Oratoriums von Giovanni Simone Mayr und Bartolomeo Merelli im Licht seiner biblischen Vorlage: Walter Dietrich (Hg.), Samuelmusik. Die Rezeption des biblischen Samuel in Geschichte, Musik und Bildender Kunst, Berlin 2021 (Studies on the Bible and Its Reception 19), 183–198.

Botho Strauß' «Saul» – ein biblisch-modernes Drama: Veronika Bachmann / Annette Schellenberg / Frank Überschär (Hg.), Menschsein in Weisheit und Freiheit, FS Thomas Krüger 2022 (OBO 296), 518–533.

König David – ein andächtig-kritisches Porträt: Sacra Scripta (Cluj) 17 (2019) 165–178.

Davids Frömmigkeit – religiöses Phänomen und historisches Problem: *vorgesehen für:* Johannes Klein (Hg.), Between Fiction and Facts. Historicity and Religiosity in the Books of Samuel, Stuttgart 2023 (BWANT).

«Gott sieht aufs Herz» (1Sam 16,7). Art und Absicht der David-Erzählung der Samuelbücher: *englische Version vorgesehen für:* Lena-Sofia Tiemeyer / David Shepherd (eds.), The Oxford Handbook of King David.

Krieg und Frieden im Alten Testament und insbesondere in den Samuelbüchern: Teil I: Quatember 83 (2019) 159–166; Teil II: *englische Version vorgesehen für:* Walter Dietrich (Hg.), War and Peace in the Books of Samuel, Leuven 2025 (OBO).

Migration in den Samuelbüchern: *unveröffentlicht.*

Haupt- und Nebenfrauen in den Samuelbüchern. Ein Beitrag zum biblischen Bild der Frau: *unveröffentlicht.*

Auch eine Art Nebenfrau: die Samuelbücher: *unveröffentlicht.*